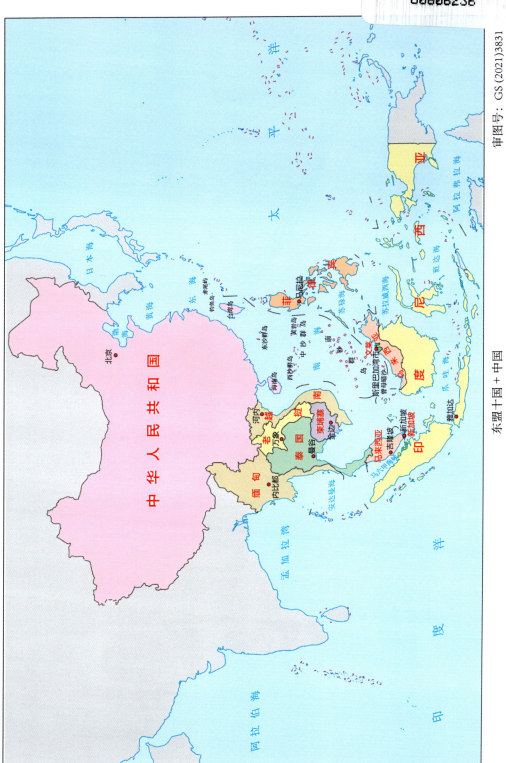

审图号：GS (2021)3831

东盟十国＋中国

海世通文莱项目基地

海世通养殖网箱

柬埔寨—中国热带生态农业合作示范区

柬埔寨—中国热带生态农业合作示范区内部

中国热带农业科学院专家到访印度尼西亚 PSMI 公司

专家指导甘蔗种植农艺

老挝波罗芬高原上的咖啡种植园

老挝香蕉种植基地

老中农业研究和生产合作项目奠基仪式

炫烨（老挝）有限公司与中联重科股份有限公司合作签约仪式

2019 年 5 月 30 日，华中农业大学党委副书记姚江林一行来访示范园

2020 年 8 月 10 日，示范园区水稻育种 / 高产示范田

马来西亚橡胶园

马拉西亚油棕

Berhad (IOI) 公司

顶级手套（Top Glove）集团

缅甸水稻种植

缅甸海鲜批发市场

中国—缅甸大豆示范基地种植的大豆

菲律宾椰子油

菲律宾渔业

深圳市万国城商业管理发展有限公司

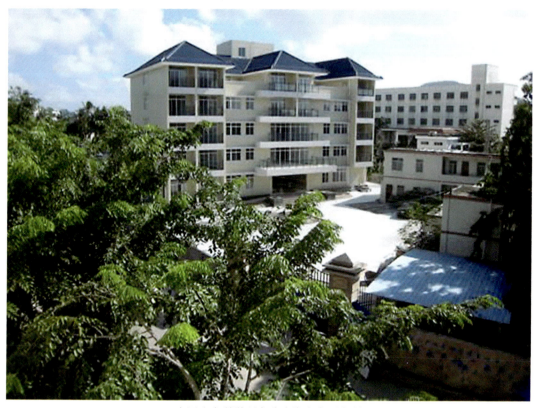

中国水产科学研究院南海水产研究所

益丰国际参加中国国际进口博览会

泰国渔场

泰国割胶工人

泰国水稻种植

子公司：

控股：

战略合作：

(你没有看错)

正大集团子公司及合作公司

正大食品

防城港市、百色市、崇左市以及广西万生隆投资有限公司等与越方有关省市和企业签署合作协议

东盟国家农业发展现状及合作前景分析

王　飞　李积华　霍剑波　主编

中国农业出版社

北　京

图书在版编目（CIP）数据

东盟国家农业发展现状及合作前景分析 / 王飞，李
积华，霍剑波主编 . —北京：中国农业出版社，2021.5（2022.4 重印）
ISBN 978-7-109-28440-1

Ⅰ.①东… Ⅱ.①王… ②李… ③霍… Ⅲ.①东南亚
国家联盟－农业发展－研究②东南亚国家联盟－农业合作
－国际合作－研究 Ⅳ.①F313

中国版本图书馆 CIP 数据核字（2021）第 127840 号

审图号：GS（2021）3831 号

中国农业出版社出版

地址：北京市朝阳区麦子店街 18 号楼
邮编：100125
责任编辑：卫晋津 文字编辑：林维潘
版式设计：王 晨 责任校对：吴丽婷
印刷：北京科印技术咨询服务有限公司
版次：2021 年 5 月第 1 版
印次：2022 年 4 月北京第 2 次印刷
发行：新华书店北京发行所
开本：700mm×1000mm 1/16
印张：11.5 插页：8
字数：300 千字
定价：68.00 元

本书编写人员

主　编：王　飞　李积华　霍剑波
副主编：李端奇　李　特　王　刚
参　编（按姓氏笔画排序）：
　　　　　王　会　王　槊　王雷雨　王晓芳
　　　　　刘洋洋　李亚会　李甜甜　宋小林
　　　　　陈玉梁　何俊燕　曹玉坡　潘　睿
Jarnthong Methakarn（泰）

前　言

　　新冠肺炎疫情全球肆虐，百年变局加速演进，世界处于剧烈的动荡变革期。在这一关键时期，作为中国重要的合作伙伴和贸易伙伴，东盟与中国率先推动复工复产合作，携手维护地区产业链、供应链稳定，共同提振地区经济复苏，成为全球经济复苏的领头羊。2020年是中国—东盟自由贸易区全面建成10周年，2021年是中国—东盟建立对话关系30周年，从建立对话到互联互通，双方关系定位不断提升、政治互信不断增强、贸易往来不断扩大、合作内容不断深化，成为推动构建人类命运共同体的生动例证。

　　农业是中国与东盟国家开展经济合作的重要领域。2001年，第五次中国—东盟领导人会议把农业确定为面向21世纪合作的重点领域之一，中国与东盟农业合作迈入了发展的"快车道"。经过近20年的努力，目前双方合作机制不断完善，投资贸易水平不断提升，科技交流不断深化，合作项目大放异彩。自中国—东盟自贸区升级《议定书》全面生效后，双方在原产地规则、贸易通关规定、服务贸易、投资领域等方面都降低了门槛，进一步释放自由贸易区实施的红利，有力促进了双边农产品贸易发展。2019年东盟已成为中国第一大农产品贸易伙伴，也是中国农产品第一大出口市场和第二大进口来源地。中国热区与东盟各国农业生产条件及农产品种类的差异性使双方各具特色农产品资源，具有较强贸易互补性。但中国—东盟农产品贸易仍存在着国别分布不均衡、结构性失调、品类相对集中、产品附加值低、产业内合作层次低等问题。这与顶层设计、技术水平、标准互认等方面息息相关。随着全球贸易一体化进程的逐步推进，中国—东盟农业合作领域不断拓展，从最初的海外直接种植、渔业捕捞发展到加工、仓储、物流、贸易全产业链构建，涉及粮食（水稻）、经济作物（橡胶、棕榈、木薯、甘蔗）等多种农产品，且呈迅速扩大趋势。

　　中国拥有发展农业的先进技术、雄厚资本和农业产业化的丰富经验，并与东盟各国达成共识进一步加强农业科技合作，分享中国农业发展经验、先进生产技术，在东盟国家推广优良品种、栽培管理技术、农业机械、加工技术等，开展玉米种植、园艺作物栽培、饲料加工等示范项目，启动中国—东盟科技合作伙伴计划，举办农业技术与管理培训班，有力促进了双方农业技术合作。农业科技合作极大提升了当地农业生产力，为当地民生改善作出巨大贡献，促进当地农业加快转型升级。

为进一步推进中国—东盟在农业领域的务实合作，促进中国—东盟双边关系提质升级，本书从东盟各国对外交流与合作、农业发展情况以及与中国的农业合作情况等几个方面进行系统梳理，结合东盟各国发展需求、中国农业农村发展经验及现有技术优势阐述未来中国—东盟合作建议方向，为双方可持续性发展与合作提供重要的理论和技术参考。回首历史，成果丰硕；携手同行，未来可期。该书的出版是我国农业对外合作领域的一项重要成果，为提升我国农业产业国际竞争力和影响力、推动全球农业经济发展和农民增收、构建更为紧密的中国—东盟命运共同体具有重要支撑作用。

本书分十章阐述了文莱、柬埔寨、印度尼西亚、老挝、马来西亚、缅甸、菲律宾、新加坡、泰国、越南十国的对外交流与合作、农业发展情况以及与中国的农业合作情况等，并结合东盟各国发展需求提出了中国—东盟未来合作建议，期望为中国农业国际合作发挥积极作用。

这本书的编撰得益于笔者在农业农村部国际合作司亚非处一年的借调工作，感谢国际合作司各位领导的谆谆教导及同事的无私帮助，使笔者深刻感受到农业国际合作对中国及东盟各国，尤其是发展中国家的重要性。如何分享我国农业农村发展的成功经验和先进技术成为中国—东盟开展自愿、平等、互利、共赢的基础。感谢原联合国粮农组织驻中国朝鲜蒙古国助理代表徐及老师的大力帮助，由衷希望能为中国—东盟农业合作提供一定的帮助。

由于编者水平与时间有限，书中错漏及不当之处在所难免，恳请读者批评指正。

编　者

2021 年 4 月

目　　录

绪　　论

东南亚国家联盟（Association of Southeast Asian Nations），简称东盟（ASEAN），成立于 1967 年，秘书处设在印度尼西亚首都雅加达。东盟位于亚洲东南部，由中南半岛和马来群岛组成，是世界上最大的热带经济作物生产基地。成员国包括文莱、柬埔寨、印度尼西亚、老挝、马来西亚、缅甸、菲律宾、新加坡、泰国、越南。随着东盟地区社会经济的发展及国际政治经济格局的变化，东盟在地缘政治方面的重要性日益凸显。东盟是中国山水相连的友好邻邦，命运休戚与共的重要伙伴，中国周边外交和"一带一路"倡议合作的优先区域，也是全球抗疫的示范区、经济复苏的助推器。2013 年 9 月和 10 月中国国家主席习近平分别提出建设"新丝绸之路经济带"和"21 世纪海上丝绸之路"的合作倡议。2015 年 3 月，中国国家发展改革委、外交部、商务部联合发布了《推动共建丝绸之路经济带和 21 世纪海上丝绸之路的愿景与行动》。在此方针指导下，作为"一带一路"沿线的核心区域，东盟国家与中国的合作进入了"快车道"，中国—东盟关系已经从快速发展的成长期迈入提质升级的成熟期，进入全方位发展的新阶段。

中国与东盟自 1991 年开启对话进程，并于 2003 年 10 月在第七次中国—东盟领导人会议上确定建立战略伙伴关系。中国高度重视并致力于发展深化同东盟的睦邻友好合作关系。在东盟对话伙伴中，中国第一个加入《东南亚友好合作条约》，第一个与东盟建立战略伙伴关系，第一个明确支持《东南亚无核武器区条约》，第一个确定同东盟建立自贸区。经过 20 多年共同努力，双方政治互信明显增强，各领域务实合作成果丰硕。政治上，中国于 2003 年作为东盟对话伙伴率先加入《东南亚友好合作条约》，与东盟建立了面向和平与繁荣的战略伙伴关系。经济上，自 2010 年中国—东盟自贸区全面生效以来，双边投资与贸易发展迅速，极大促进了双边经济往来。根据海关总署数据，2019 年中国—东盟贸易额达到 6 415 亿美元，同比增长 9.2%，快于中国对外贸易平均增速，历史性成为中国的第二大贸易伙伴，彰显了双方经贸合作活力，尤其是 2020 年东盟已成为中国最大的贸易伙伴，占中国贸易总额的 14.7%。农业上，第五次中国—东盟领导人会议把农业确定为面向 21 世纪合作的重点领域之一，中国与东盟在粮食安全合作、生物质能源利用、大米紧急储备、粮食安全信息系统、跨境动物疫病防控、农产品加工、能力建设、科技合作等领域开展了广泛的沟通与交流。同时，在中国—东盟自贸区及其升级项下，极大地促进了双边农产品投资与贸易，农产品贸易成为双边经贸合作持续高涨的"首要驱动"。2019年中国—东盟双边农产品贸易额达到401.19亿美元，同比增长11.30%，已成为中国第一大农产品贸易伙伴，也是中国农产品第一大出口市场和第二大进口来源地。东盟是中国企业对外农业投资的首选区域，企业数量和投资规模占比均较大。2018年，中国在东盟国家投资成立农业企业365家，占境外农业企业总数的41.1%，仅老挝和缅甸两国企业数量占比就接近20%。

东盟成员国中，除新加坡外，大部分国家都属于典型的农业大国，其中泰国、越南和缅甸是全球前十大水稻种植国家，有世界三大"谷仓"之称。东盟的棕榈油、橡胶、咖啡、椰子、茶叶、木薯等农产品产量在世界上占有重要地位。泰国、马来西亚、印度尼西亚三国橡胶产量之和占世界总产量70%以上；越南咖啡产量仅次于巴西，位居世界第二。印度尼西亚的木棉、胡椒、奎宁产量均居世界第一。中国属于发展中国家，农业在国民经济中占重要地位，与东盟国家空间区位毗邻、文化背景相似，自然环境存在异同，使得中国与东盟在农业领域开展合作具有诸多天然优势，从而起到资源互补、技术互通、信息共享、贸易提速的作用。农业是中国与东盟合作的优先领域，也是我国实施农业"走出去"政策的重要区域。截至目前，中国已经与东盟8个国家签订了双边农业合作协定或谅解备忘录，加强了农业合作政策的制定和农业技术交流，为双方农业深化合作打下了良好基础，展现出广阔的合作前景。东盟重视农业发展，正在实施《东盟食品、农业和林业合作及其战略计划（2016—2025年）》，这与中国农业合作愿景相一致。在此基础上，中国—东盟农业合作不断深入发展，合作内容日益丰富，合作方式持续创新，农产品贸易及相互投资持续增长，涉及种植业、畜牧业、水产养殖业、农产品加工、动物疫病防治、农村能源与生态等各个领域。以东盟国家为重点开展合作，有助于我国打造贯通东南亚—南亚的陆上"农业经济合作带"和面向印度洋、太平洋的海上"农业合作走廊"，能够进一步壮大东盟农业产业发展、促进当地经济发展，为巩固与发展我国与东盟国家友好关系作出贡献。同时，也能丰富我国农产品市场供应，为我国农业企业"走出去"进一步拓展空间。

2016年9月，李克强总理在第19次东盟与中日韩（10＋3）领导人会议上提出"推动农业和减贫合作，创新产能合作模式"的建议，为推动农业对外合作开创了新局面。2017年中央一号文件指出，以"一带一路"沿线及周边国家和地区为重点，支持农业企业开展跨国经营，建立境外生产基地和加工、仓储物流设施等。这为中国—东盟农业合作提供了重大机遇与有利条件。《三亚宣言》《金边宣言》《澜湄合作五年行动计划（2018—2022）》等重要文件均明确指出，扩大农业科技领域的交流与合作，与东盟国家开展农产品加工领域的深入合作，对于促进区域国家经济社会发展、增强参与国际农产品加工业的竞争和合作能力、构建面向和平与繁荣的东盟国家命运共同体具有重要意义。随着农业农村经济结构战略性调整的不断推进，人民消费结构和膳食结构的不断调整和升级，农产品加工业已经成为我国国民经济发展中总量最大、发展最快、对"三农"带动作用最强的产业之一，在促进农业提质增效和农民就业增收等方面具有积极的推动作用。农产品加工企业具有资金、管理、市场和技术等优势，对农业的带动最直接、最有效。通过全产业链上企业和种养大户、农民合作社的共同参与，形成利益联结机制，发挥联动作用，能切实提高农业产业增值能力。大多数东盟国家以原料或鲜果销售、出口为主，从而造成商品附加值低、出口产品结构简单、品牌意识薄弱等问题。东盟国家关注区域粮食安全，越来越重视农业产业结构调整及科技创新，增强农产品市场竞争力，进一步提高农业生产水平、开拓国内国际两个市场。在与中国农业技术合作的过程中，大部分国家希望在区域多边合作机制框架下进一步加强与中国在农业领域的合作，在种质资源、加工技术和农业机械方面表现出巨大的需求。目前中国农产品精深加工技术在东盟国家推广示范不足，引进比例只有 11.2%，影响了中国—东盟在农产品加工技术上的合作。这是由于东盟国家农业生产技术主要以自农户家庭祖传为主，以当地农业相关部门的推广技术为辅，从而造成农户对现代农业技术不了解、不接受等问题。由此，农产品加工产业在未来中国—东盟农业合作具有无限的发展空间。

为了进一步加快中国与东盟在农产品加工领域的合作：一是根据东盟成员国之间农产品加工水平的差异性制定契合双方的农业合作政策，从而引导优势产业和优势技术的优先合作。二是构建和完善农产品加工对外合作平台，加大对加工技术的宣传与推介，加强行业协会与加工企业的参与。围绕国际区域合作中的农产品加工重点企业，发挥龙头企业的带动和支撑作用，培育和重点支持契合度高、市场前景好、发展潜力大、外向型强的龙头企业。三是推进农产品加工业与新兴市场的全面对接。在面向东盟区域发展的背景下，放宽眼界、调整思维，充分利用国际国内两个市场，充分发挥东盟地区的资源优势，从而适应我国农产品加工的产能变革。四是完善农产品加工产业服务体系。建立农产品加工业信息系统，及时掌握国际、国内行业发展动态和先进的生产技术、管理模式，为农产品加工企业提供有效的信息服务。

因此，全面梳理东盟各国的农产品加工产业情况及需求，对于深化与东盟国家在农业领域的合作内容、合作模式和合作层次，全面构建新型中国—东盟农业国际合作关系，促进中国—东盟农业合作健康可持续发展具有重要的参考价值。

第一章　文莱农业发展现状及合作前景

文莱达鲁萨兰国（Negara Brunei Darussalam），简称文莱（Brunei），国名寓意"和平之邦"，位于亚洲东南部，加里曼丹岛西北部，北濒南中国海，东南西三面与马来西亚的沙捞越州接壤。全国共有四个区：文莱—摩拉区（Brunei‐Muara）、都东区（Tutong）、马来奕区（Belait）和淡布隆区（Temburong）。其中，文莱—摩拉区是文莱的政治、文化和商业中心，都东区是文莱土著居民居住地，马来奕区是文莱的经济中心，淡布隆区属于文莱的木材、建筑的沙石基地。

文莱属热带雨林气候，雨量充沛，湿度较大，森林覆盖率为72.11%，耕地面积只占国土面积的5%。文莱经济以石油天然气产业为支柱。据文莱官方统计，2019年文莱石油日产量约12.1万桶，天然气日产量约3 600万立方米。非油气产业较不发达，主要有制造业、建筑业、金融业及农、林、渔业等。文莱主要出口原油、石油产品和液化天然气，主要进口机器和运输设备、工业品、食物、药品等。据文莱官方统计，2019年文莱进出口贸易总额达到125.16亿美元，其中出口73.46亿美元，进口51.70亿美元，主要贸易伙伴为日本、韩国、马来西亚、泰国和新加坡等。

为摆脱单一经济束缚，近年来文莱政府大力发展油气下游产业、金融及清真产业、物流与通信科技产业、旅游业等，加大对农、林、渔业以及基础设施建设投入，积极吸引外资，推动经济向多元化方向发展，国内生产总值（GDP）也稳步增长。根据文莱经济规划与统计局数据，2017年，文莱国内生产总值为183.8亿文币（约合141.3亿美元），同比增长1.3%，这是文莱经济连续4年负增长后首次回升。2018年文莱国内生产总值183.9亿文币（约合135亿美元），同比增长0.1%。2019年文莱国内生产总值184.4亿文币（约合136亿美元），同比增长3.9%，人均国内生产总值达到2.9万美元。虽受新冠肺炎疫情影响，2020年上半年文莱国内生产总值仍达到85.12亿文币，同比增长2.6%。其中，油气行业产值为43.24亿文币，同比下降22.22%；非油气行业产值为43.59亿文币，同比增长10.89%。

世界经济论坛（WEF）发布的《2019全球竞争力报告》指出，文莱在141个经济体中排名第56位，较2018年的第62位上升6位，同时在12项重点评估项目中，机构排第50位、基础设施排第58位、信息通信技术（ICT）应用排第

26 位、宏观经济排第 87 位、卫生排第 62 位、技能排第 59 位、产品市场稳定排第 37 位、劳动力市场排第 30 位、金融体系排第 98 位、市场规模排第 116 位、商业活力排第 62 位、创新能力排第 51 位。总体看来，文莱属于中等水平，在基础设施、贸易投资、金融改革、技术创新等方面具有较强的发展潜力。

一、对外交流与合作

文莱奉行不结盟及同各国友好的外交政策，坚持相互尊重与合作的外交准则。文莱重视同中国、美国、日本等大国关系，积极发展同伊斯兰国家间的关系，是伊斯兰会议组织成员国，也是英联邦和不结盟运动等国际组织成员国。近年来，文莱积极参与地区及国际事务并积极发声继续推进多元化外交政策，与世界各国保持友好关系，加强国际合作与贸易往来。

中国和文莱于 1991 年 9 月 30 日建立外交关系，各领域友好交流与合作逐步展开，双边关系稳步提升。文莱是东盟成员国中与中国建交最晚的一个，但建交后双边关系发展势头良好，各方面的交流与合作不断推进。1999 年，两国签署联合公报，发展为在相互信任和相互支持基础上的睦邻友好合作关系。2013 年，两国建立战略合作关系。2018 年，两国关系提升为战略合作伙伴关系。近 20 年来，中文两国签有《鼓励和相互保护投资协定》（2000 年）、《避免双重征税和防止偷漏税的协定》（2004 年）、《促进贸易、投资和经济合作谅解备忘录》（2004 年）、《农业合作谅解备忘录》（2009 年）、《"一带一路"建设谅解备忘录》（2017 年）、《加强基础设施领域合作谅解备忘录》（2017 年）等重要文件。2018 年 11 月，中国国家主席习近平对文莱进行国事访问，双方发表联合声明，将两国关系提升为战略合作伙伴关系。同时两国签署《中华人民共和国政府与文莱达鲁萨兰国政府在共同推进"一带一路"倡议框架下的合作规划》，进一步深化中文两国在各领域的务实合作，为两国关系发展注入了新动力。2019 年是新时期发展中国—文莱战略合作伙伴关系的开局之年，以 2018 年中国国家主席习近平访问文莱期间与文莱苏丹哈桑纳尔·博尔基亚达成的重要共识为指导，以"一带一路"为重点，增强政治互信、深化经济互利、密切人文互通、加强多边互助，推动两国关系快速发展。

文莱与美国的合作主要集中在能源、防务和军事合作等领域，美国是文莱重要的合作伙伴。文莱与美国长期友好的防务合作关系始于 1994 年两国签署的国防合作谅解备忘录，涉及高层互访、国防和军事会议、军事演习、培训与课程等。

2019 年文莱与韩国进行领导人级别双边会谈，并就投资合作、知识产权及科学技术三大事项签订了《促进投资合作谅解备忘录》《韩国知识产权局为文莱知识产权局认定国际查询中心谅解备忘录》及《科学与技术合作谅解备忘录》。

马来西亚是文莱最大的商业伙伴，两国在商贸、国防、安全与教育等多个领域都保持着密切合作，未来将在运输与信息通信、能源、旅游、种植业、畜牧业和渔业领域进一步加强合作，发挥促进合作方面的协同作用。

近年来，文莱与越南的合作有所加强。2019 年 3 月，文莱苏丹哈桑纳尔·博尔基亚应越南共产党中央委员会总书记、越南国家主席阮富仲邀请，对越南进行国事访问，这是文莱苏丹时隔 21 年对越南进行的第二次国事访问。其间，两国发表了建立全面伙伴关系的联合声明，这是文莱—越南友好合作关系发展的重要里程碑，也预示着两国合作迈上新台阶。

文莱与泰国将在农业上建立深入和广泛的合作。文莱初级资源和旅游部与泰国农业和合作部签署的谅解备忘录涵盖了大部分农业合作范围，其中包括文莱清真农业和农业倡议。鉴于泰国是世界十大大米生产国之一，文莱与泰国建立更深入和更广泛的农业合作，对于提升文莱国内粮食安全、增强文莱农业经济多样化和可持续增长具有重要意义。

二、农业发展情况

（一）文莱农业基本情况

文莱农业比较落后，传统农作物以水稻为主，也生产少量蔬菜和水果。文莱的农业从业人员（包括林业和渔业）约占总劳动力的 5％。由于石油、天然气的生产和公共服务业的快速发展，很多人弃农转业，传统农业受到冲击，而现代化农业又远未发展起来。目前文莱仅种植少量水稻、橡胶、胡椒、椰子和木瓜等农作物，生产力水平较低，一般是家庭式的经营。随着政府大力实施经济多元化战略，鼓励本国公民从事农业活动，重视发展现代化农业，加强农业基础设施建设，扩大粮食和果菜的种植面积，农业对 GDP 的贡献有所增加。但蔬菜、水果、装饰植物、鲜花只能部分满足国内市场需求，而肉类、大米和新鲜牛奶的自给率还非常低，离自给自足目标相差较远，90％左右的食品仍需进口。目前，文莱主要从泰国进口大米。文莱政府对大米市场价格实行补贴和管制政策，其国内市场上国产大米价格远高于进口泰国大米售价。近年来，文莱国内大米产量虽有所增长，但远不能满足市场需求。近期全球粮食供应危机和国际市场粮食价格飙升对文莱冲击较大，高粮价也加重了政府财政负担，粮食安全已成为文莱政府面临的重要社会经济问题，引起高层高度关注。文莱多届政府呼吁加强国家粮食安全意识，提高国内大米等农产品的自给率，强调要制定国家粮食安全战略和农业发展政策，并积极寻求国际合作。

为保障国家粮食安全，提高粮食自给率，文莱政府 2009 年年初制定了农业中长期发展规划（表1-1）。但文莱目前农业基础薄弱，且没有专门从事水稻高产栽培研究的人员，水稻栽培技术落后。文莱农田属强酸性土壤，在高温高湿环境下极易暴发病虫害、草害、鸟害等，对文莱水稻生产影响较大。截至2019年年底，文莱未完成长期规划指标，粮食自给率未实现10%。文莱苏丹哈桑纳尔·博尔基亚希望通过培育高产量稻种和扩大水稻种植面积两项举措提高本国粮食产量，实现预期粮食自给率。为进一步提高产量，文莱政府农业机构与中国袁隆平农业高科技股份有限公司、新加坡Sunland公司、菲律宾国际水稻研究所、马来西亚亚洲米业等各国机构合作，以期培育出更适合文莱种植环境的高产量稻种。目前，文莱产量最高、规模最大的品种是印度尼西亚的杂交水稻品种"Sembada188"，每公顷产量可达6吨。文莱计划2020年大规模种植首个国产杂交水稻"Titih"，每公顷产量8吨，有望成为文莱产量最高的品种。同时，文莱计划新开垦约700公顷雨林用于大规模种植水稻，第一阶段规划于2019年10月前在马来弈区完成500公顷农田开垦，并在其中20公顷新开垦农田上进行首批试种，最终用3~4年时间在全部新开垦农田上完成水稻种植。

表1-1　文莱农业中长期发展规划指标

单位：万文币

指标	2008年	2013年	2023年
农业加工品产值	4 470	1 900	4 900
畜牧业加工品产值	790	32 100	182 100
农作物产值	4 130	11 500	26 700
畜产产值	13 160	15 700	60 000

从联合国粮农组织公布的数据可知，1989—2019年30年间文莱水稻产量波动较大，产量在2015年达到峰值1 983吨（图1-1）。

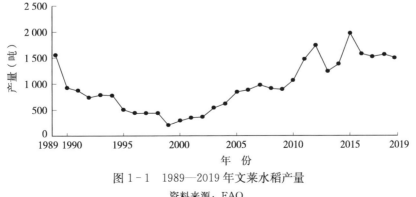

图1-1　1989—2019年文莱水稻产量

资料来源：FAO。

文莱蔬菜产业 21 世纪初发展良好，基本实现规划预期目标，但由于农业结构有所调整，蔬菜产业大幅下滑。从联合国粮农组织发布的数据可知，1989—2019 年 30 年间文莱新鲜蔬菜产量波动较大，产量在 2002 年达到峰值 9 593 吨，之后不断下降，2019 年产量降为 430 吨（图 1-2）。

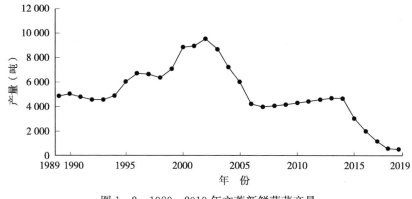

图 1-2　1989—2019 年文莱新鲜蔬菜产量

资料来源：FAO。

（二）文莱渔业基本情况

文莱地处东南亚中心位置，拥有丰富的渔业资源。全国有约 25 艘较小作业渔船，吨位在 30～60 吨，多数集中在 20 海里内作业。文莱渔港主要是摩拉渔港，有两个渔船码头，附近有制冰厂和加油码头为渔船服务。文莱海域没有污染，又无台风、地震等自然灾害袭击，非常适宜海洋捕捞和鱼虾养殖。据文莱渔业局统计，文莱海域最大可捕捞量约 2.13 万吨，同时还是金枪鱼洄游的途经之路，有丰富的金枪鱼资源。自文莱将 200 海里的水域设定为专属经济区后，渔业获得迅速发展。目前，渔业收入占文莱国内生产总值的 0.5%，年均消费海产品 17 100 吨，人均消费量为 45 千克，居捕捞专属经济区之首。文莱国内的渔业年均增长率为 17%，渔业发展潜力估计保持在每年 2 亿文币的水平。预期到 2023 年，渔业产量可达 4 亿文币，为 1 500 多人提供就业机会。

海水养殖业是文莱渔业中发展较快的行业之一。文莱利用水池养虾始于 1994 年，至今有 13 家企业投资养虾业。文莱全国共有 50 个鱼虾养殖场，养殖品种为虎虾和蓝虾，总面积达 230 公顷。随着全球市场对虾需求增加，文莱工业与初级资源部已开始研究引进国外投资和技术，增加养虾产量，现已在都东县规划 459 公顷新地作为海水养殖专用。文莱十分重视食品卫生安全，建有鱼类实验室，用于检验鱼病、测试水质等，软硬件设施条件较好。但文莱海产品加工业规模较小，目前仅有 66 家国内企业和一家合资企业从事海产品食品加工，主要在本国销售。文莱海产品品质优良，符合区域内安全和清真食品要求，存在市场需求和巨大商机。文莱政府推行国民经济多元化发展战略，为减少国家对进口渔产品的依赖，进而降低外汇流失，渔业被列为重点发展领域。文莱渔业发展政策包括港口设施现代化、设立新渔业设施、提升港口内外设施、提供奖励和培训等。文莱政府鼓励外资与文莱公司开展渔业和海水养殖业合作，希望凭借得天独厚的地理位置，将文莱建成区域海产品加工中心和海产品批发及进出口中心，为加工产业发展提供有利条件。新加坡最大的澳洲尖吻鲈鱼养殖场 Barramundi Asia 公司将在文莱建立一个 6 613 公顷的近海渔场，同时配备一个占地 25 公顷的 Meragang 加工中心，设有孵化场和苗圃。2032 年，该渔场和加工中心一旦全面投产，婆罗洲将能生产 3.6 万吨鱼，价值超过 2.37 亿美元，是文莱水产养殖领域最大的外商直接投资项目之一。

（三）文莱农产品投资贸易相关政策

文莱对大部分行业外资企业投资没有明确的本地股份占比规定，对外国自然人投资亦无特殊限制，仅要求公司董事至少 1 人为当地居民，主管投资的政府部门为工业与初级资源部和经济发展局。根据文莱投资促进法令，从事有关农业技术服务的公司被定义为"先锋服务公司"，享受免交所得税，免30％公司税，免部分原材料进口税等优惠政策。从事农业、林业或渔业的企业，若产品出口不低于其销售总额的 20％，且年出口额不低于 2 万文币，文莱工业与初级资源部可认定其为"出口型生产企业"并颁发证书。出口型生产企业享受 6～8 年的免税期限，并可申请续期。如果满足下列条件之一，则可获得 15 年的免税期：已经或者将要发生的固定资产开支不低于 5 000 万文币；固定资产开支在 50 万文币以上、5 000 万文币以下，本地公民或持居留许可人士占股 40％以上，且该企业已经或将要促进文莱经济或科技发展。

文莱对农产品的进口实施零关税，也没有非关税壁垒，只是对某些食品实行较严格的穆斯林检疫。进口农产品不交个人所得税、增值税、销售税。植物、农作物和牲畜须由文莱工业与初级资源部农业局签发进口许可证（植物不能带土），大米、食糖、盐由信息技术和国家仓库发证，鲜、冷冻的鸡肉和牛肉由宗教部、卫生部和农业局发证。除以上有关部门发放进口许可证外，农产品进口还须提供相关的原产地证书和检验证明。文莱《公共卫生（食品）条例》规定所有食品，无论是进口产品还是本地产品，都要安全可靠，具有良好品质，符合伊斯兰教清真食品的要求，尤其对肉类的进口实行严格的清真检验。对于某些动植物产品，如牛肉、家禽，需提交卫生检疫证书。进口食用油不能有异味、不含任何矿物油，动物脂肪须来自在屠宰时身体健康的牲畜并适合人类食用，动物脂肪和食用油须是单一形式，不能将两种或多种脂肪和食用油混合。脂肪和食用油的包装标签上不得有"多不饱和的"字眼或相似字眼。非食用的动物脂肪须出具消毒证明。进口活动物必须有兽医证明。豆奶应是从优质大豆中提取的液体食品，可包括糖、无害的植物物质，除了允许的稳定剂、氧化剂和化学防腐剂外，不得含有其他的物质，并且其蛋白质含量不少于2%等。此外，该条例对食品添加剂、包装，以及肉类产品、鱼类产品、调味品、动物脂肪和油、奶产品、冰激凌、糖与干果、水果、茶、咖啡、无酒饮料、香料、粮食等，都规定了相应的技术标准。

三、中国—文莱农业合作情况

（一）中国—文莱政府间合作成效

在多双边农业合作机制框架下，中文两国各级农业部门建立了良好的合作关系。2019年10月，中国农业农村部部长韩长赋率团出席在文莱举行的第19次东盟与中日韩（10＋3）农林部长会，其间与文莱苏丹哈桑纳尔·博尔基亚进行了双边会见，肯定了双方农业合作成效，就加强双边农业科技、投资和能力建设合作建议达成一致，为进一步提升中文两国农业合作夯实了基础。

2009年5月4日，中国农业部与文莱工业与初级资源部在北京签署了《中华人民共和国农业部与文莱达鲁萨兰国工业与初级资源部农业合作谅解备忘录》；2008年和2011年，广东省海洋渔业局和广西区水产畜牧兽医局分别和文莱工业与初级资源部渔业局签署《渔业合作谅解备忘录》；2014年，广西壮族自治区政府与文莱政府签署了《广西—文莱经济走廊经贸合作谅解备忘录》，确定文莱和中国广西在食品加工、制药、化妆品生物技术研究和医疗保健品等领域优先开展合作。中国—文莱合作研发水稻试验示范、文莱鸣铭农业产业园，以及在"文莱—广西经济走廊"框架下建设的中国—文莱农业产业园等项目取得积极进展，有力地带动了两国农业经济发展。2018年在文莱财政和经济部第二部长与中国驻文莱大使见证下，中国品珍鲜活国际控股有限公司和文莱加尼姆国际公司签署了一份关于整体水产养殖发展和加工的战略合作伙伴关系的谅解备忘录，除了增加出口机会和促进经济之外，还将进一步促进文莱水产养殖业的创新发展。

（二）中国—文莱农业合作成效

文莱在农业领域发展的重点是水稻、蔬菜、热带水果、药用植物、花卉、咖啡等，其中国农业科研机构和企业与文莱相关农业机构已经开展农作物种植示范、产地初加工和绿色农业等方面的合作，但农产品深加工产业亟须提升。2010 年广西旺旺大农牧有限公司在文莱巴东地区实施的"中文合作研发水稻试验示范项目"在当地引起巨大反响，其试种的 10 个水稻品种平均每公顷干谷产量达 6.86 吨，高于文莱本地水稻品种"莱拉"的 5.41 吨。2017 年起，袁隆平农业高科技股份有限公司（隆平高科）承办了文莱杂交水稻增产技术支持海外培训班项目，旨在为文莱培训及储备一批杂交水稻专业技术人才。在中国农业农村部和文莱初级资源与旅游部农业和粮食局的支持下，隆平高科又承担了文莱杂交水稻高产栽培示范项目，在文莱农业主产区建立了一个水稻品种筛选基地，对土地进行平整，改善灌溉条件，开展杂交水稻品种筛选工作，共计完成 12 个品种的筛选试验，其中 3 个品种表现良好，理论产量达到每公顷 10.2 吨。同时对杂交水稻高产品种 LP937、M38 进行高产栽培技术示范，示范产量不低于每公顷 8.6 吨，形成技术操作规程，指导文莱后续水稻生产，解决了文莱高产栽培的技术路线问题，项目实现了广泛的社会效益。

中国—文莱务实高效的农业合作，有效提高和推广适合文莱本地发展的农业产业，提升了文莱农业生产技术水平，加深了两国友好关系，为中国杂交水稻在文莱示范推广奠定了基础，助力文莱政府实现既定大米战略。

（三）中国—文莱渔业合作成效

中国—文莱两国渔业发展的差异性和互补性，为中国与文莱渔业合作提供了坚实的基础。从地域上看，文莱处于热带地区，而中国海域大部分地区处于温带，双方主要的水产品种类不同，存在较强的互补性。从渔业资源开发角度来看，中国拥有丰富的人力资源和自然资源，沿海渔业捕捞和养殖技术相对成熟，但渔业资源相对有限，人均资源拥有量相对稀缺。文莱渔业、养殖业及热带生物资源都十分丰富，与中国在渔业捕捞、养殖、加工以及市场等方面具有明显的互补性。在发展水产养殖方面，文莱有很多优势，例如气候条件好、水质洁净、气温常年稳定在 25～36℃，并且文莱政府会为养殖企业提供劳动力、出口等方面的便利，以及饲料、苗种进口等方面的许可支持和便利。两国在渔业资源开发和加工业领域已经展开多类型的合作。根据中国海关总署 2019 年年底发布的文莱水产品生产企业在华注册名单，在华文莱水产品生产企业共有 6 家，包括品珍国际控股有限公司、广西海世通文莱渔业有限公司、广东国泰文莱海洋生物有限公司（原广东金航文莱海洋生物有限公司）、广州顺帆渔业文莱公司等。

为落实广东省海洋与渔业局与文莱渔业局签署的合作谅解备忘录，广东饶平金航公司与文莱当地企业于 2009 年 11 月共同筹资成立原广东金航文莱海洋生物有限公司，合作经营网箱养殖和加工基地。该公司主要是依托文莱海域优良的水质及气候条件，大力开展深水网箱养殖、海洋生物开发、水产技术培训、清真水产品加工及国际贸易等业务。2010年4月，第一批金鲳鱼苗和龙虎斑鱼苗下水投放。半年后，第一批养殖金鲳鱼上市，供应文莱市场。2012年10月，文莱本地养殖的渔产品首次实现对外出口，首批45吨石斑鱼出口中国香港。该项目已建设成为初具规模的综合渔业养殖和加工基地。根据公司未来发展规划，除发展深水网箱养殖之外，还将逐步进行配套设施建设，重点是建设渔业码头、育苗场和鱼苗标粗场、成品鱼加工厂、产品质量检测室、水产技术培训中心、饲料加工厂、海洋生物深加工厂等设施以及成立远洋捕捞船队，力争在文莱建成具有国际市场竞争力、设备完整、技术先进、年成品鱼产量达到5 000吨以上的深水网箱产业化养殖基地。

中国品珍国际控股有限公司与文莱国企Ghanim International Corporation联合投资，于2017年4月在文莱摩拉港建立海外首个海洋业孵化基地——文莱东南亚水产加工中心，以文莱原产地产品孵化打造文莱蓝虾、清真食品等全球品牌，该项目是文莱—中国产业园的重要子项目之一，也是中国首个海洋产业合作典范。文莱东南亚水产加工中心引进全球领先的整线水产加工设备，由专业人员甄选出国际一线品牌及行业内最新技术的单冻机、分选机、水煮生产线设备、片冰机、金属检测机、包装设备、冷冻冷藏设备机组等先进生产设备，力图实现生产高度自动化。

广西海世通文莱渔业有限公司于2016年6月注册成立，并开始投资运营。主要从事海洋水产品的种苗繁育、养殖、收购、加工与销售等。海世通文莱项目是广西海世通食品股份有限公司响应国家"一带一路"倡议的对外投资项目，也是"广西—文莱经济走廊"走出去的第一个落地项目。目前，该企业正在承担的文莱—中国（广西）渔业合作示范区项目，是广西壮族自治区农业农村厅在文莱实施的省级境外农业合作示范项目，包括离岸深水设施化养殖牧场建设、苗种繁育、冷链物流加工等方面。该项目的实施帮助文莱首次实现鱼苗本土化供给，成功在文莱开展批量化规模化热带经济性鱼类的全人工繁育养殖，构建了文莱首个外海海洋牧场，结束了文莱鱼类养殖用苗全部依靠进口的历史。在相关海域安装了29口大型网箱和128口小型网箱并投入养殖生产，实现文莱外海海洋牧场建设零的突破，首次将养殖海水鱼出口国外。2018年，文莱开始将养殖海水鱼出口加拿大、美国。根据文莱财政部发展规划，以海世通渔业项目作为文中渔业合作、科技合作的支撑，希望未来打造更大的合作平台——东盟渔业研发中心。目前由海世通牵头，联合文莱大学、文莱国家渔业发展中心、文莱技术教育学院等文莱科研机构，以及上海海洋大学、中国水产科学研究院等中国科研院所，筹划打造中国—文莱渔业技术交流与合作平台。

（四）中国—文莱农产品贸易情况

2019 年，中国仍是文莱最大的进口来源国以及第二大贸易伙伴（第一大贸易伙伴是日本）。2019 年中国—文莱农产品贸易总额为 1 731 万美元，同比减少 11.57%。其中，中国自文莱进口农产品 154 万美元，同比增长 8.21%，主要进口水产品；中国对文莱出口农产品 1 577 万美元，同比减少 19.10%，主要出口畜产品、蔬菜、水果、糖料及糖等（表 1－2）。中国—文莱农产品贸易总额约占中国—东盟农产品贸易总额的 0.04%。相比于其他东盟国家，中国与文莱开展农产品贸易的竞争较为激烈，文莱需求较为迫切的水稻、水果、蔬菜等农产品，其周边国家（马来西亚、越南、泰国等）较中国有地缘优势、文化优势和产品优势。而中国在育种技术、加工产品等领域的优势愈加凸显，双方未来在种质资源、清真食品、农业食品、水产养殖及加工等领域的贸易往来将会不断加强。

表 1－2　中国—文莱 2019 年贸易数据

项目	全年出口金额（亿美元）	全年进口金额（亿美元）	全年出口数量	全年进口数量	全年出口金额比同期（%）	全年出口数量比同期（%）	全年进口金额比同期（%）	全年进口数量比同期（%）
农产品	0.157 7	0.015 4	13 690.950	229.949	−19.10	−6.53	8.21	−65.52
水产品	0.028 2	0.015 3	626.126	228.217	−7.95	2.56	9.35	−65.55
花卉	0.001 1	0.000 0	46.502	0.000	−0.54	−20.44	0.00	0.00
蔬菜	0.066 5	0.000 0	9 004.733	0.000	−23.18	−7.90	−100.00	−100.00
水果	0.011 9	0.000 0	783.716	0.000	−39.57	−38.39	−100.00	−100.00
饮品类	0.000 8	0.000 0	34.179	0.045	62.51	−26.01	−79.96	−81.48
植物油	0.000 0	0.000 0	0.274	0.000	−81.84	−8.67	−100.00	−100.00
糖料及糖	0.005 7	0.000 0	568.458	0.000	133.97	584.24	0.00	0.00
油籽	0.002 2	0.000 0	104.704	0.000	−32.27	−35.56	−100.00	−100.00
畜产品	0.012 1	0.000 0	496.979	0.000	−53.72	−61.60	−100.00	−100.00
其他农产品	0.023 6	0.000 1	1 814.071	1.687	29.86	63.88	43.48	18.80
粮食（谷物）	0.000 1	0.000 0	2.000	0.000	0.00	0.00	0.00	0.00
粮食制品	0.003 8	0.000 0	149.983	0.000	8.35	17.46	−100.00	−100.00
坚果	0.001 6	0.000 0	59.000	0.000	−27.00	−1.10	−100.00	−100.00
精油	0.000 0	0.000 0	0.225	0.000	0.00	0.00	0.00	0.00

2019 年 6 月 25 日中国海关总署与文莱初级资源与旅游部在文莱首都斯里巴加湾市签署了《关于文莱输华野生水产品检验检疫和兽医卫生要求议定书》，将强化中文两国在野生水产品生物安全、检验检疫领域的合作，这将有利于两国扩大在农林水产品领域的经贸合作，以推动两国农林水产品贸易健康发展。2019 年 12 月 27 日，中国海关总署发布《关于进口文莱鲜食甜瓜植物检疫要求的公告》，文莱甜瓜正式获得准入，成为该国首个输华水果品种。文莱希望尽快与中国就食品和农产品贸易便利化协议达成一致，进一步扩大合作范围，将食品和农产品出口到中国。

目前，中国—文莱农产品贸易合作面临着良好机遇，应充分发挥中国国际进口博览会、中国国际农产品交易会以及中国东盟博览会等平台的宣传优势，促进两国农业贸易合作持续发展。

四、中国—文莱农业合作前景分析

（一）加强杂交水稻及小型机械化示范推广

现阶段，粮食安全仍是文莱政府的关注重点，重点发展国内水稻等粮食作物产业，从而提高本国粮食自给率。考虑到中国在杂交水稻领域拥有成熟的技术储备、完善的人才团队建设、先进的示范推广经验、优质的龙头企业运营等优势基础，根据文方迫切需求，建议在杂交水稻领域进一步深化合作，提高粮食产量。以杂交水稻为切入点，以点带面加强上下游产业（农业机械、加工、物流、贮藏、农药等领域）与文莱相关部门进行合作对接，进入文莱相关领域市场，有针对性地提升文莱关联产业发展，促进中国绿色产能转移，提升文莱本地杂交水稻种植与栽培技术水平，实现粮食增产目标。

同时，减少粮食生产过程中的损耗也是帮助文莱缓解粮食危机的有效手段。粮食损耗则主要发生在仓储、运输和加工等环节，可以通过提高机械化水平等手段，实现减少粮食损耗的目标。重点加强与文莱相关机构在粮食贮藏与加工基础设施、技术培训、农户培训等领域的合作，宣介中国先进的绿色储粮技术及智能设施，推动相关国内企业"走出去"，切实有效提升文莱粮食贮藏水平及产地初加工水平，从而保障文莱粮食安全。

（二）推进海产品养殖及加工技术推广

渔业是文莱政府推行经济多元化的主要领域之一，也是文莱最具有发展潜力的产业之一，是文莱实施经济多元化战略的重要组成部分。其中，海水养殖业在文莱渔业中发展较快，是文莱的重要经济来源。由于文莱政府鼓励外资与文莱本地公司开展渔业合作，中国、日本、新加坡等国企业已经在文莱开展具有一定规模的海水养殖,在供应文莱国内市场的同时,也部分出口国外,主要以冷冻和冰鲜等初加工产品为主。提高海产品加工的技术含量、多元化多梯度开发海产食品、由"初加工"向"精深加工"方向发展,是产业发展的未来趋势。

为进一步加强中国与文莱在渔业领域的合作关系,中国渔业相关企业抓住此次机会与文莱渔业养殖业等企业展开密切合作在原有基础上增加海产品养殖种类,提升机械化初加工和深加工水平,升级冷链物流体系,提高当地就业人数,加大对技术人员培训力度,与文方联合开展监测能力建设(对生态环境质量的监测和对生物资源监测体系)、管理能力建设(包括管理体系建设和管理政策研究等)和配套技术建设(工程技术、鱼类选种培育技术、环境改善修复技术和渔业资源管理技术),确保作为渔业生产基础的水产资源的稳定和持续增长,实现可持续生态渔业。

海产品深加工可以提升水产品资源利用率,提高水产品附加值,为渔业带来更多的经济价值。深加工产品主要包括低值产品的综合利用,优质产品的精深加工,合成水产食品及保健美容水产食品等。目前文莱尚无海产品深加工企业,鼓励企业充分利用优势资源和研发平台,联合国内外海产科研机构,推动海水产业提质升级,建立集育苗、养殖、初加工、精深加工及废弃物综合利用于一身的科技园区,帮助文莱建立完善的水产养殖加工产业链。

(三)提升农产品加工技术水平及食品安全标准

文莱农产品加工产业集群尚处于发展的初级阶段,存在产业集群数量规模较小、产业集群地域分布发展不均衡、产业集群技术水平较低、产业集群品牌竞争力薄弱等问题。由于文莱的重点发展产业为杂交水稻种植和渔业养殖,建议重点针对杂交水稻产地初加工技术和智能机械化加工、海水养殖和海产品加工开展梯度化合作,促进商品化处理,减少产后损失,夯实农产品产地初加工基础。

重点开展新型非热加工、新型杀菌、高效分离、节能干燥、清洁生产等成熟技术推广,提升文莱农产品精深加工水平。加强农产品及其加工副产物综合循环利用、全值利用、梯次利用。采取先进的分级、提取、分离与制备技术,集中建立副产物收集、运输和处理渠道,提高副产物综合利用水平,协助文莱提升杂交水稻初加工技术与水产养殖加工产业链。

为进一步扩大中国—文莱两国的农产品贸易以及在食品安全领域的合作与交流,积极推进双方在食品安全法律法规、标准、信息方面的交流,增强法律法规、标准和信息方面的透明度;增强食品安全管理和技术人员的互访和交流,共同提高食品安全管理和技术保障水平;担负起食品安全监管责任,确保相互出口食品的安全。

（四）扩大互补和特色农产品国际贸易

"一带一路"倡议的提出，对于加强中国和"一带一路"沿线国家的合作、扩大中国互补及特色农产品的国际贸易、调整农村产业结构、推动农村经济发展具有重要意义。

近年来，中国与文莱签署了一系列关于水果和水产品的议定书，双方农产品经贸往来愈加频繁，未来几年在热带果蔬及海产品、清真食品领域的贸易总额将会突飞猛进。以文莱—广西经济走廊为切入点，加强云南、广西、广东、海南等地与文莱开展贸易合作，重点推动双方关切的农渔产品进出口准入手续。

创建特色农产品跨境贸易平台，用互联网强大的传播功能宣传产品的特色优势，积极拓展多元化电商贸易路径，借助"一带一路"的政策支持，构建在物流、交通方面的信息网络，开辟促进特色农产品多元化发展的有效通道，从而扩大互补农产品和特色农产品贸易。

（五）鼓励中国农产品企业"落地"文莱

中国农产品需求总量非常大并且呈刚性增长趋势，新冠肺炎疫情的发生更加凸显了粮食安全的极端重要性。但中国自然资源相对紧张，农业渔业规模化、集约化程度偏低，积极开发利用文莱丰富、优质的农业与渔业资源，大力拓展在文莱的农业渔业投资市场，是实现农业渔业优势互补、构建持续稳定的农产品供应网络的重要途径。

完善农业企业"走出去"总体规划和协调服务机制，引导和支持企业在全球范围内寻找优质农场、牧场，构建宣介平台介绍在文莱的投资政策及文莱相应的法律法规；重点支持中国重点企业大力参与文莱农业和渔业投资开发，建立海外农业和渔业基地；依托重点农业企业在文莱适宜地区建设一批规模化、有重大影响力的农业示范基地和海洋牧场，构建集粮食种植（渔业养殖）、收割（收获）、仓储、加工、运输于一体的现代农业产业链，从而达到综合投入利用的效益最大化，更好地满足人们对绿色安全优质农产品的需求。

加快农业"走出去"步伐，合作开发农业、渔业基地，互利双赢建立粮食及海产品基地，协同发展，促进中国—文莱双方的农业渔业进步和保障粮食安全。

（六）完善当地行业协会和科技创新体系

参考中国国内农产品生产和加工产业集群发展的成功经验，在文莱扶持和帮助行业协会实施规范化建设，构建科学合理的利益分配和衔接机制，加强合作社与企业之间的一体化经营，促进产业集群中农产品的生产、加工和销售各环节紧密连接，形成利益共同体。同时，充分发挥行业协会的引导、协调功能，保护农民的权益与利益，完善产业链社会化服务体系，促进农产品生产加工产业集群保持健康稳定发展。

创新是经济社会发展的第一驱动力，尤其对农产品生产与加工行业更是如此。要充分发挥产业集群的集聚优势，鼓励企业与科研院校（国内与国际两个体系）深入合作，构建以企业为主体、市场为导向、产学研一体化的科技创新体系，加大科技研发投入，围绕农产品生产及加工产业链各环节进行科技研发与成果转化、示范推广，借助产业集群平台，实现科技成果的产业化发展。

参 考 文 献

段有洋，勾维民，高文斌，2009. 中国与文莱渔业合作的分析 [J]. 大连水产学院学报，24（S1）：244-246.

林草，2004. 文莱农业生产与森林资源保护利用概况 [J]. 世界热带农业信息，11：46-48.

刘静，李先德，2004. 中日韩与东盟稻米生产及贸易分析 [J]. 世界农业，9：14-16.

刘新生，潘正秀，2005. 列国志：文莱 [M]. 北京：社会科学文献出版社.

马金案，黄斗，2008. 文莱国情与中国—文莱关系 [M]. 北京：世界知识出版社.

马静，马金案，2016. 文莱：2015 年回顾与 2016 年展望 [J]. 东南亚纵横（2）：20-25.

聂德宁，2008. 中国与文莱经贸关系发展的现状及前景 [J]. 南洋问题研究（4）：32-40.

佟家栋，2000. 国际贸易理论的发展及其阶段划分 [J]. 世界经济文汇（6）：39-44.

中国—东盟商务理事会中方秘书处，2011. 中国—东盟互联互通 [M]. 北京：中国铁道出版社.

周国列，2011. 文莱水稻生产现状及发展思路 [J]. 南方农业学报，42（1）：114-116.

周雨思，阮雯，王茜，等，2013. 文莱渔业近况与发展趋势 [J]. 渔业信息与战略，28（4）：312-316.

ANAMAN K A，2004. Determinants of economic growth in Brunei Darussalam [J]. Journal of Asian Economics，15（4）.

BHASKARAN M，2010. Economic diversification in Brunei Darussalam [J]. CSPS Strategy and Policy Journal（1）.

CHEN H J，CHEN P J，OKUMUS F，2013. The relationship between travel constraints and destination image：A case study of Brunei [J]. Tourism Management，35（4）：198-208.

GUNN G C，2008. Brunei Darussalam：Dynastic Fallout，Economic Crisis and Recovery [J]. Annual Report on Southeast Asia.

SIDDIQUI S, 2012. Development and Growth through Economic Diversification: Are there Solutions for Continued Challenges Faced by Brunei Darussalam [J]. Journal of Economics and Behavioral Studies (7).

WONG J, CHAN S, 2003. China - ASEAN Free Trade Agreement: Shaping Future Economic Relations [J]. Asian Survey, 43 (3): 507 - 526.

第二章 柬埔寨农业发展
现状及合作前景

柬埔寨王国（The Kingdom of Cambodia），简称柬埔寨（Cambodia），位于中南半岛，西部及西北部与泰国接壤，东北部与老挝交界，东部及东南部与越南毗邻，南部则面向泰国湾。柬埔寨总人口约 1 600 万，高棉族占 80%。柬埔寨国土面积约 18 万平方千米，农业用地约占 20%。柬埔寨最南端至西边区域地处热带区域，北方以扁担山脉与泰国柯叻交界，东边的腊塔纳基里台地和高地与越南中央高地相邻。柬埔寨的政体是议会制君主立宪制，实行自由民主制和自由市场经济，立法、行政、司法三权分立。

柬埔寨是传统农业国，农业资源丰富，土地肥沃，水资源和热量均较为充足，农业、畜牧业、渔业发展潜力较大，农产品加工业前景广阔。全国共有 670 万公顷土地可作为耕地，但目前耕种面积仅为 260 万公顷左右，加之农业生产水平低下，基本处在"靠天吃饭"的耕种阶段，土地单产极低，国内粮食尚不能完全满足自给。大量土地适宜种植橡胶、棉花、木薯、腰果、热带水果等经济作物。全国人口 1 340 万，85% 以上的国民以务农为业，主要农作物是水稻。由于水利等基础设施缺乏，柬埔寨农业连年遭受旱、涝灾害的影响，面临缺粮威胁，贫困人口占总人口的 28%。

柬埔寨矿藏主要有金、磷酸盐、宝石和石油，还有少量铁、煤。林业、渔业资源丰富，盛产贵重的柚木、铁木、紫檀、黑檀、白卯等热带林木，并有多种竹类。森林覆盖率 61.4%，主要分布在东、北和西部山区。木材储量约 11 亿多立方米。洞里萨湖是东南亚最大的天然淡水渔场，素有"鱼湖"之称。西南沿海也是重要渔场，多产鱼虾。而由于生态环境失衡和过度捕捞，水产资源正在减少。

柬埔寨政府实行对外开放的自由市场经济，推行经济私有化和贸易自由化，把发展经济、消除贫困作为首要任务，把农业、加工业、旅游业、基础设施建设及人才培训作为优先发展领域，推进行政、财经、军队和司法等改革，提高政府工作效率，改善投资环境，目前已经取得一定成效。2012 年柬埔寨 GDP 约 140.38 亿美元，同比增长 7.3%，人均 GDP 达到 987 美元，其中，农业增长 4.3%（种植业和水产业分别增长 4.9% 和 6.7%），工业增长 9.2%（制衣业增长 6.9%），服务业同比增长 8.1%（酒店和餐饮业增长

12.5%）。国家外汇储备37亿美元。年均通货膨胀率为2.9%，同比下降2.6个百分点。失业率为1.7%。外贸总额达136.3亿美元，同比增长19%。财政收入约19.53亿美元，同比增长17%，占GDP的13.9%；财政支出约16.95亿美元，同比增长2%，占GDP的12.1%。财政结余约2.57亿美元。美元兑瑞尔平均汇率为1∶4 040。2016年7月1日，世界银行宣布柬埔寨正式脱离最不发达国家，成为中等偏下收入国家。截至2017年12月，银行存款总额同比增长23.4%，增至189.57亿美元，约占GDP的86%；银行贷款总额同比增长20.4%，增至199.77亿美元，约占GDP的90%；银行总资产同比增长21.8%，增至331.65亿美元，约占GDP的150%。2018年7月8日，柬埔寨国家银行报告显示，国内银行流动资产已增至310亿美元，贷款额达170亿美元，存款额190亿美元。银行业的流动资产比1998年增长了73倍。2017年，柬埔寨GDP约为222.8亿美元，对外贸易总额238亿美元。2018年经济增长率约为7%。

工业被视为推动柬埔寨国内经济发展的支柱之一，但其基础薄弱，门类单调。1991年年底，柬埔寨实行自由市场经济以来，国营企业普遍被国内外私商租赁经营。工业领域为50万名柬埔寨国民创造就业机会。2003年9月，柬埔寨正式加入世界贸易组织。2019年，柬埔寨纺织品及成衣出口总值达23.1亿美元，较前一年度同期增长20%，主要出口项目为成衣及服饰，主要出口市场为美国、欧盟、加拿大、日本、韩国和中国。制衣业继续保持柬埔寨工业主导地位和出口创汇龙头地位，是柬埔寨重要的经济支柱。2018年，柬埔寨对外贸易总额为249.85亿美元，同比增长5%。其中，出口112.14亿美元，同比增长4.05%；进口137.71亿美元，同比增长5.78%，贸易逆差25.57亿美元。2019年柬埔寨进出口总额为367亿美元，其中，出口145.3亿美元，进口221.9亿美元，同比分别增长12.7%和18.6%，贸易逆差为76.6亿美元，较2018年增长31.6%。柬埔寨向美国、日本、德国、中国和英国等主要市场出口的产品主要是服装和纺织产品、鞋类、碾米和自行车，主要从中国、泰国、越南、日本和韩国进口服装业原材料、汽车、石油、建筑材料和日用消费品。柬埔寨主要贸易伙伴为美国、欧盟、中国、日本、韩国、泰国、越南和马来西亚等。

农业是柬埔寨经济第一大支柱产业。农业人口占总人口的85%，占全国劳动力78%。2012年，全年全国水稻种植面积297.1万公顷，同比增加20.4万公顷。水稻产量931万吨，同比增长6%，每公顷产量3.13吨。除满足柬埔寨国内需求外，剩余475万吨水稻，可加工成约300万吨大米供出口。天然橡胶种植面积28万公顷，产量为6.45万吨，同比分别增长31%和26%。渔业产量66.2万吨，同比增长13%。柬埔寨政府高度重视水稻生产和大米出口，2015 年，柬埔寨政府提出百万吨大米出口计划的号召，不但提升了本地农民的积极性，也让众多投资者更热衷于投资农业、利用先进的管理技术改良稻种、建立现代化碾米厂。

据《世界经济论坛》2019 年 10 月 8 日全球竞争力报告，柬埔寨全球竞争力在 144 个国家与地区中的排名上升 4 个名次，至 2019 年排名第 106 名，柬埔寨得分 52.08 分（满分 100 分），比 2018 年提高 1.9 分。根据这份报告，柬埔寨全球竞争力指数中，得分最高的是劳动力市场，排名第 65 位，其次是信息通信技术（第 71 位）、宏观经济稳定（第 75 位）、市场规模（第 84 位）和金融体系（第 88 位）。但是，柬埔寨的商业活力指数项仍排名很低（第 127 位），其次机构竞争力（第 123 位）、技能（第 120 位）、产品市场（第 113 位）、基础设施（第 106 位）、卫生（第 105 位）和创新能力（第 102 位）等项都处于低位。报告显示，柬埔寨与越南、文莱和新加坡等国家一样，全球竞争力取得明显增长。

一、对外交流与合作

柬埔寨奉行独立、和平、永久中立和不结盟的外交政策，反对外国侵略和干涉，在和平共处五项原则基础上，同所有国家建立和发展友好关系。主张相互尊重国家主权，通过和平谈判解决与邻国的边界问题及国与国之间的争端。柬埔寨新政府成立后，确定了融入国际社会、争取外援发展经济的对外工作方针，加强同周边国家的睦邻友好合作，改善和发展与西方国家和国际机构关系，以争取国际经济援助。柬埔寨于 1999 年 4 月 30 日加入东盟，成为东盟第 10 个成员国。加入东盟后，柬埔寨积极参与东盟政治合作机制和经济一体化进程，坚持成员国协商一致和不干涉内政等原则，主张加强合作，缩小新老成员差距。重视国际反恐合作，积极支持建立东亚经济共同体和安全共同体。柬埔寨重视加强东盟内部和大湄公河次区域经济合作，积极推动柬越老经济三角区、柬泰老经济三角区和柬泰老缅四国经济合作。2008 年 2 月，柬埔寨国会通过《东盟宪章》。2012 年，柬埔寨担任东盟轮值主席国，举办东亚峰会、东盟峰会、东盟外长会等多次国际会议。

柬泰两国 1950 年两国建交。2009 年泰国总理、国会主席分别访问柬埔寨。2010 年，柬埔寨首相洪森与泰国总理阿披实在美国举行的东盟—美国领导人峰会和在比利时举行的亚欧首脑会议期间举行会见。柬泰两国政府表示将共同维护边境地区的和平稳定。2011 年泰国总理英拉上台后国事访问柬埔寨，两国关系转圜。

柬美两国于 1950 年建交。2006 年，美国宣布撤销对柬埔寨军事援助的禁令，承诺向柬埔寨提供 100 万美元援助。2007 年美国向柬埔寨提供 5 580 万美元直接援助。2010 年柬埔寨首相洪森访美并出席第二次东盟与美国领导人峰会，美国国务卿克林顿回访。2012 年，美国总统奥巴马出席在金边举行的东亚峰会，这是有史以来在任美国总统首次访问柬埔寨。2019 年 11 月，美国总统特朗普来函洪森，强调了美国政府的立场，愿同柬埔寨增进两国长期以来的友好合作关系，坚决支持柬埔寨，特别是尊重柬埔寨的主权，不支持更换柬埔寨政权。

中柬两国有着悠久的传统友谊，于 1958 年 7 月 19 日正式建交。中国领导人与柬埔寨西哈努克太皇建立了深厚的友谊，为两国关系的长期稳定发展奠定了坚实的基础。20 世纪 50—60 年代，中国国家领导人曾多次率团访柬，柬埔寨西哈努克太皇曾 6 次访华。2010 年，中国国家主席胡锦涛在华会见柬埔寨首相洪森，就双边高层往来、经济贸易、投资融资、基础设施建设、农业、能源等领域的合作达成共识，标志着两国建立全面战略合作伙伴关系。2018 年，中国国务院总理李克强赴柬埔寨出席澜湄合作第二次领导人会议并正式访问柬埔寨，就中柬农业合作、水资源利用、病虫害防治、能力建设等领域深化合作达成一致。2019 年，在第二届"一带一路"国际合作高峰论坛上两国签署《构建中柬命运共同体行动计划》，涵盖政治、安全、经济、人文、多边五大领域的合作，具体项目覆盖了经贸投资、交通与基础设施建设、能源、金融、农业、人文等 13 个领域，标志着双边关系进入新的发展阶段。2020 年 2 月，在全力抗击新冠肺炎疫情的关键时期，柬埔寨首相洪森访华，并强调柬埔寨愿意在非常时期与中国人民患难与共，将坚定不移地支持中国在疫情防控上的举措。2018 年中柬双边贸易额 73.9 亿美元，同比增长 27.6%。2019 年双边贸易额 94.3 亿美元，同比增长 27.6%；其中中国出口额 79.8 亿美元、进口额 14.5 亿美元。2019 年，我国企业在柬埔寨累计签订承包工程合同额 55.8 亿美元，同比增长 93.6%，完成营业额 27.8 亿美元。并且我国对柬埔寨非金融类直接投资 6.9 亿美元。两国政党、议会、军事、文化、教育等交往与合作密切，已经签署《中柬引渡条约》《中柬文化合作协定》《中柬互免持外交、公务护照人员签证协定》以及文物保护、旅游、警务、体育、农业、水利、建设、国土资源管理等领域的合作谅解备忘录。

二、农业发展情况

(一)柬埔寨农业基本情况

农业是柬埔寨的第一大支柱产业。柬埔寨土地肥沃，阳光充足，雨量丰沛，农业条件优越。柬埔寨是一个典型农业国，全国可耕地面积约 670 万公顷，实际耕种面积约 260 万公顷，可耕地利用率约 40％，还有大量的土地尚待开发利用。农业人口约占总人口的 76.61％，15～64 岁的劳动力人口占总人口的 64.22％，人均耕地面积 0.44 公顷，超过世界人均耕地水平。柬埔寨的农业发展至今仍然落后。近 20 年来，柬政府不断调整和优化政策向农业领域倾斜，农业发展及对外合作进入新时期。

农业是柬埔寨的四大支柱产业之一，农业生产总值占国内生产总值的 20％～30％，是第二产业和第三产业赖以发展的基础。柬埔寨主要农作物有玉米、大豆、木薯等，经济作物有橡胶、棉花、胡椒、花生、芝麻、棕糖、黄麻、咖啡以及各种热带水果。在柬埔寨种植的玉米种类主要有供居民食用白玉米和用作饲料的红玉米，其中白玉米约占总产量的 15％。从联合国粮农组织公布的数据可知，1989—2019 年 30 年间柬埔寨玉米产量直线上升，2016 年柬埔寨玉米总产量约 41 万吨，2019 年产量达到最高峰 141 万吨，其中大部分用于国内市场消耗，其余主要出口到泰国、越南和中国等。水稻是柬埔寨主要的农作物，全国约 80％耕地面积用于种植水稻，其中洞里萨湖湖滨地区土地较肥沃，是重要的产粮区之一。柬埔寨政府高度重视水稻育种种植、加工及贸易。木薯是柬埔寨的重要杂粮作物之一。基于优越的自然种植条件，柬埔寨政府大力推动木薯产业发展，木薯种植面积与产量近年来大幅提升。橡胶是柬埔寨最重要的经济作物之一，主要供出口创汇。为培育出口创汇的支柱产业，柬政府计划鼓励农民扩大橡胶的种植面积，拟将橡胶种植面积逐渐扩大到 43 万公顷。按柬埔寨橡胶种植公司的说法，政府将为作为橡胶种植主产区的柬埔寨东北部的农民提供土地。如果这一计划能顺利实现，柬埔寨的橡胶年产量将增加到约 27 万吨，年出口创汇则将由目前的约 3 000 万美元增加到 1.8 亿美元。

柬埔寨农业对经济贡献力有下滑的趋势，2017—2018 年农业生产总值占比由 25％降至 23.5％，增速低于预期。2019 年，农业经济继续保持低速增长态势，但农产品出口增幅有所提升，例如腰果、木薯、胡椒等。

（二）柬埔寨水稻种植业基本情况

目前，柬埔寨已成为世界第六大大米输出国，水稻种植面积和总产量不断实现新突破。根据联合国粮农组织公布的数据可知，1989—2019 年 30 年间柬埔寨水稻产量直线上升。2016 年，柬埔寨水稻总产量已超过 800 万吨，出口量约 54 万吨。2018 年产量达 1 089.2 万吨，2019 年保持稳定增速。2019 年柬埔寨大米出口总量约 62 万吨，出口中国 24.8 万吨，占总出口量的 41％，与 2018 年相比增长了 33.3％。中国成为柬埔寨大米最大出口国。

目前，制约柬埔寨大米产量提高的主要因素是农业基础设施，尤其是水利系统基础较差及资金不足。目前柬埔寨全国约有 350 个水利系统仍能正常使用，可灌溉全国约 30%～40%稻田。柬埔寨农业专家表示，若水利灌溉系统覆盖面积扩大 20%～30%，水稻产量将增加 500 万吨。为了增加水稻产量，实现政府推行的大米出口目标，柬埔寨政府采取的主要措施，一是推广科学种田，二是增加耕种面积。柬埔寨农业发展和研究学院（CARDI）筛选适合本国气候和土质的优质水稻种子，其中 3 个稻种是早稻（全年可耕种）、3 个稻种是晚稻，另 4 个稻种是中晚稻种。在增加耕种面积方面，柬埔寨政府加大土地开发利用力度，全国经济特许地开发面积已从 2008 年的 20 万公顷增加到 2011 年年底的 75 万公顷，但 2012 年柬埔寨政府暂停批准经济特许地开发。

2012—2019 年，柬埔寨大米生产总量呈波动上升趋势，2017—2019 年柬埔寨大米的生产总量分别为 1 008 万吨、1 089 万吨、1 050 万吨（图 2-1），大米生产能力趋于稳定，意味着柬埔寨大米生产企业的生产水平、生产规模发展缓慢，亟须提升加工技术水平，扩大生产规模，开拓国内外市场，提升企业投资热情，从而进一步推动大米产业的发展，开发大米高附加值产品，提高劳动生产率和产品多样化。目前柬埔寨有苏马里大米、茉莉香米、姜米以及娘明米等优质大米品种，是主要外汇来源之一，是国民经济发展的重要增长点，对本国经济发展起到至关重要的作用。

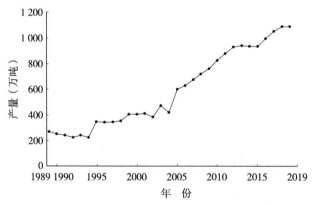

图 2-1　1989—2019 年柬埔寨水稻产量
资料来源：FAO。

柬埔寨的农业机械设备普遍较为落后，农业生产仍以传统密集型人力劳动为主。为降低食品加工、物流和电力成本，柬埔寨政府于 2015 年启动工业发展政策，推动大米产业提质升级。从整体上来说，柬埔寨大米加工企业数量相对较少，规模普遍较小，加工能力不足，机械装备落后，产业链条相对分散，严重制约本国大米产业的发展。柬埔寨大米种植产业得到了国家和政府的大力支持后，年产量稳步增长，其下游加工产业获得了许多企业的关注，多个大米生产项目正在建设之中。但是柬埔寨国内大米企业在管理上缺乏科学的制度，缺乏统一的加工标准，难以满足客户需求，导致大米难以转化为高附加值产品，在国际市场上缺乏核心竞争力。相比于泰国和越南，柬埔寨大米生产成本过高，这削弱了国际市场竞争力，阻碍柬埔寨创收创汇。

（三）柬埔寨木薯种植业基本情况

1989—2019 年柬埔寨木薯产量直线上升，2005 年开始爆炸性增长，种植面积近 10 年间增长近 30 倍，2019 年产量达到 1 373.79 万吨（图 2 - 2），成为柬埔寨主要创汇的农产品之一。《2020—2025 年国家木薯发展战略》是由联合国开发计划署、商业部和农林渔业部共同制定。该政策有三大目标，分别为：推动传统木薯产业转型升级，使之商业化、技术化；吸引投资商，支持木薯加工商生产高附加值木薯产品；提升贸易竞争能力，争取更多全球木薯市场份额。

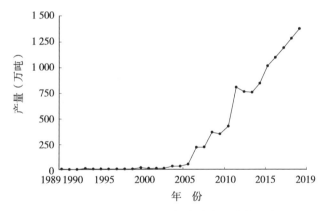

图 2 - 2　1989—2019 年柬埔寨木薯产量

资料来源：FAO。

柬埔寨木薯种植主要分布在湄公河、洞里萨河沿岸和洞里萨湖附近的冲积平原地区，包括磅针、磅通等省，主栽品种有甜种和苦种，甜种用于鲜食，苦种用于加工淀粉（含粉率约 24%～28%）。在冲积平原种植区，木薯在雨季结束后开始种植，次年 6 月洪水到来前收获；在山地种植区，木薯在 6 月雨季开始前种植，次年春天收获。柬埔寨木薯用途包括鲜食，本地加工成淀粉、酒精或饲料以及干片出口。2014 年柬埔寨全国出口木薯 202 万吨，2015 年出口增至 290 万吨，增幅达 40%，最大出口对象国为泰国和越南，木薯出口的激增得益于加工条件的改善和出口市场的扩大。为发展木薯等农业产业，柬埔寨政府正在致力于通过提供免税优惠，吸引更多外资投资柬埔寨木薯种植（外籍法人以多种方式使用土地，包括特许、15 年或以上长期租赁——最长租期 70 年，50 平方公顷以上的经济作物种植项目享受投资优惠），并力推农民把新鲜木薯加工为木薯干片以便于出口，满足国外采购商的需求和提高木薯价值。

目前柬埔寨木薯相关企业主要从泰国、越南等周边国家引进木薯品种，也随之引进了不同的木薯病虫害，其中为害比较严重的为木薯水蜡虫。柬埔寨班迭棉吉省农业官员表示，该省木薯种植园区有将近 1/3 区域曾受到了水蜡虫侵袭，造成严重损失。此外，柬埔寨木薯还存在褐斑病等病害。

柬埔寨的木薯加工长期处于空白状态，薯农直接把木薯卖到泰国，由泰国干燥木薯再出口国外。2009 年年初为了保护泰国本国薯农利益，政府严禁进口柬埔寨木薯。由于柬埔寨自身缺乏加工能力，阻碍了柬埔寨木薯产业的发展，柬埔寨以此为契机在班迭棉吉地区建立木薯加工厂。目前，柬埔寨只有 1 家由韩国投资的生物质能源加工厂，年消耗木薯量 10 万吨，产出 3.6 万吨乙醇出口欧洲。大批量木薯干片主要出口国是越南和泰国。2012 年柬埔寨首次向中国出口 3 000 吨木薯干，标志着柬埔寨木薯干以一般贸易的方式成功进入中国市场。

（四）柬埔寨橡胶种植业基本情况

1989—2018 年柬埔寨橡胶产量稳步上升，2018 年产量高达 22 万余吨。受产业结构调整影响，2019 年产量降至约 17 万吨（图 2 - 3）。

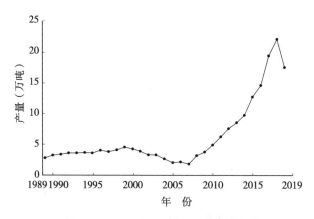

图 2 - 3　1989—2019 年柬埔寨橡胶产量

资料来源：FAO。

近年来，随着柬埔寨地区经济的不断发展以及国际天然橡胶价格的攀升，柬埔寨政府正在不断推进橡胶产业的发展，加强天然橡胶业的保护与扶持，完善新型橡胶种植园培育模式。橡胶的生产及用量已逐渐成为衡量一个国家工业化程度的重要手段。柬埔寨实行的"四角战略"方案包含有 6 个目标：保障橡胶种植的质量和数量；研究改良红土地，增加橡胶种植面积；鼓励家庭种植橡胶；加强农工业橡胶，保证橡胶营销链的价格稳定；加强导引总理事会的橡胶治理及相关部门的工作能力。

近年来，国际橡胶价格走势呈现增长态势。柬埔寨橡胶种植及加工产业获得迅速发展。2017 年柬埔寨橡胶种植面积达到 43.13 万公顷，橡胶总产量为 14.8 万吨，干橡胶出口量为 4.52 万吨；2019 年柬埔寨橡胶种植面积达 43.45 万公顷，可割胶橡胶园面积 23.23 万公顷，占总种植面积的 54％。近两年来，受世界橡胶工业市场的影响，干橡胶价格下降，导致业者难以获利，柬埔寨还面临着适合种植橡胶的土地饱和，橡胶种植周期长、利润低等问题，导致橡胶种植趋势正在下降。另一方面，柬埔寨通过调整橡胶种植园分布及模式，重点扶持国有种植园、私人种植园和民营工业种植园的发展。国有橡胶种植园集中在磅湛省，占全国橡胶种植园半数以上，但随着私人种植园的不断发展，国有种植园的面积比例正在不断减少。自 1992 年柬埔寨皇家政府（RGC）决定采取"土地让步"（ELC）计划，促进家庭橡胶种植园的发展。到 2016 年年底，柬埔寨家庭橡胶种植园面积为 15.45 万公顷，占柬埔寨国家橡胶种植园的总面积的 35.81％。柬埔寨的"土地让步"计划使得很大部分的土地开发成为种植经济作物的土地。因此橡胶种植园是由林地转换与开发的。

在柬埔寨得天独厚的天然橡胶种植的优势下，柬埔寨政府视引进的外资为本国经济发展的主要动力，但是柬埔寨政府并没有针对外商的投资而进行相关政策法律的修订与颁布，并且视外资与本国的资本投资以同等的待遇与要求。柬埔寨政府在不断改善投资环境，如自由开放时长以及盈利税优惠和不管制外汇等政策。

柬埔寨的天然橡胶生产加工技术水平非常有限。这是由于现代加工设施缺乏投资，难以加工出足够数量和出口可接受标准的天然橡胶制品。能源的高成本还阻碍了加工设备的投资，这导致了现有的半成品（例如干燥橡胶凝块）必须出口到越南进行后续加工，然后再出口到国际市场。虽然柬埔寨在橡胶供应链中实现自给自足是不现实的，但鉴于预期的大幅增长，可能有一些进口替代生产可在当地发展，以帮助减少该领域资金的流失。

尽管农业发展形势较好，但总体上"靠天吃饭"的原始农业模式仍然没有得到根本性改变。制约柬埔寨农业发展的主要原因是自然灾害频繁、灌溉设施落后、投资不足、农业科技水平较低、出口渠道不畅等。中国在现代农业生产模式、农业科技人才的培养、农业科技水平、农业生物育种、生物基因技术等方面有明显技术优势和发展经验，对柬埔寨农业发展具有较强的可借鉴性。

（五）柬埔寨农产品投资贸易相关政策

柬埔寨政府一直将农业发展作为头等大事，将解决人民的吃饭问题作为发展经济的重中之重，制定一系列政策措施鼓励和促进农业发展。柬埔寨政府高度重视农业发展，将农业列为优先发展的领域。2004 年，柬埔寨王国政府提出了以优化行政管理为核心，加快农业发展、加强基础设施建设、吸引更多投资和开发人才资源的"四角战略"。为进一步发挥柬埔寨传统农业优势，发展并实现农业现代化，提高农业生产竞争力和气候变化适应能力，柬埔寨农林与渔业部在"四角战略"的基础上制定了《2019—2023 年农业发展战略计划》，以农业现代化作为战略目标，为提高农业耕作技术水平和产品质量指明了方向，在可持续发展、全球化趋势及新技术的应用等因素的基础上朝着先进技术、提高生产力、使农作多样化并满足市场需求的方向推动传统农业的发展，提高劳动生产率和农副产品的种类多样化，发展高附加值农业和农业生产加工业。柬埔寨的农业部门还重视推广农业的多种经营，鼓励农村信用社，因地制宜全面发展农林牧渔业。在农业方面，强调加强杂粮作物尤其是木薯的种植。在渔业方面，2020 年柬政府宣布将拨款 50 万美元，帮助全国 10 个省份的鲶鱼和鳗鱼养殖，全国水产养殖将增加 30%，相当于增加40 万吨的产量。

在农业领域引进和利用外资，是柬埔寨外资法的重要内容之一。柬埔寨历届政府都十分重视引进和利用外资以促进农业的发展，并且已经取得了引人瞩目的成绩。为了吸引更多外资发展本国农业，柬埔寨政府多次对 1994 年颁布的《投资法》进行修改完善，其中对达到一定规模的农业开发项目（如对开发种植 1 000 公顷以上的水稻、500 公顷以上的经济作物、50 公顷以上的蔬菜种植项目），对畜牧业存栏 1 000 头以上、饲养 100 头以上的乳牛项目、饲养家禽 10 000 只以上项目，以及占地 5 公顷以上的淡水养殖、占地 10 公顷以上的海水养殖项目，均给予支持和优惠待遇。具体措施包括：一是项目在实施后，从第一次获得盈利的年份起，可免征盈利税的时间最长为 8 年，如连续亏损则被准许免税；如果投资者将其盈利用于再投资，可免征其盈利税。二是政府只征收纯盈利税，税率为 9%。三是分配投资盈利，不管是转移到国外，还是在柬埔寨国内分配，均不征税。四是对投资项目需进口的建筑材料、生产资料、半成品、原材料及所需零配件等，均可获得 100% 免征关税及其他赋税的待遇，但该项目必须是产品的 80% 供出口的投资项目。五是允许投资人以特许、无限期长期租赁和可续期短期租赁等方式使用土地。2005 年年底，柬埔寨政府颁布《关于经济特许权土地法令》，推行经济特许土地政策，外来投资者可通过长期租赁的方式使用土地，最长租期为 70 年，期满还可申请继续租赁。投资人有权拥有地上不动产和私人财产，并以之作为抵押品。《经济土地特许权法令》颁布后，农业领域的投资大幅增长，来自越南、中国、泰国、韩国和美国等投资者利用经济特许地种植木薯、花生和甘蔗等经济作物，但《经济土地特许权法令》于2012年暂停。六是颁布《促进水稻生产和大米出口政策》，吸引外资投资大米种植和加工。由于柬埔寨加工能力有限，泰国、越南米商在柬埔寨大量低价收购水稻，运到其国内加工后以泰国、越南大米品牌高价出口，而大米的原产国柬埔寨却不能享受产品的附加值。

除了以上优惠待遇外，柬埔寨政府还对投资者提供投资保障。具体包括：一是对外资与内资基本给予同等待遇，所有的投资者，不分国籍和种族，在法律面前一律平等；外国投资者同样可享受美国、欧盟、日本等28个国家、地区给予柬埔寨的普惠制待遇（GSP）。二是柬埔寨政府放弃针对投资者财产的国有化政策。三是已获批准的投资项目，柬埔寨政府不对其产品价格和服务价格进行管制。四是不实行外汇管制，允许投资者从银行系统购买外汇转往国外，用以清算其与投资活动有关的财政债务。在对外国公民的限制投资领域方面，《投资法》对土地所有权和使用作出的规定包括：一是用于投资活动的土地所有权，必须由拥有柬埔寨国籍的自然人或法人投资者所有。外来投资者可通过长期租赁的方式使用土地，期满可申请继续租赁。二是除禁止或限制外国人投资的领域外，外国投资人可以个人、合伙、公司等商业组织形式在商业部注册并取得相关营业许可，即可自由实施投资项目。拟享受投资优惠的项目，需向柬埔寨发展理事会申请投资注册并获得最终注册证书后方可实施。获投资许可的投资项目被称为"合格投资项目"。

三、中国—柬埔寨农业合作情况

（一）中国—柬埔寨政府间合作成效

2017年5月17日，中柬两国在"一带一路"国际合作高峰论坛期间发布了《中华人民共和国和柬埔寨王国联合新闻公报》，明确了中国将帮助柬埔寨编制现代农业产业发展系列规划的合作共识。2018年1月10—11日，李克强总理访问柬埔寨期间签署了《关于合作编制柬埔寨现代农业发展规划谅解备忘录》，务实推动柬埔寨现代农业发展。中国农业农村部围绕水稻、玉米、饲养乳牛、饲养家禽、天然橡胶、木薯、香蕉、水产养殖等柬埔寨优势产业，吸纳重点产业经济问题专家，组建规划编制专家团队助力推动柬埔寨现代农业发展。

在双边农业合作机制框架下，中柬两国各级农业部门建立了良好的合作关系。2017年中国农业部国家首席兽医师率队前往柬埔寨桔井省绿洲农业公司，调研中柬双方企业合作建设的农产品仓储物流园、香蕉产业示范基地、胡椒产业示范基地，示范区的建立能够在保护生态环境前提下发展高效农业。2018 年中国政府第二期援柬高级别农业顾问组一行圆满完成了为期 85 天的农业培训任务，通过派遣优秀专家、开展咨询建议、举办培训等方式，帮助柬埔寨制定和完善发展规划，提升发展人才储备，进而提高其农业发展的水平和能力。2019 年 5 月，柬埔寨香蕉输华首发仪式在金边举行，活动由中国驻柬埔寨大使馆和柬埔寨农林渔业部共同主办，香蕉成为柬埔寨首个输华水果品种。该仪式是两国农业领域合作的一个重要里程碑，也将为其他柬埔寨农产品输华积累经验。2020 年 11 月，第 23 次中国—东盟（10＋1）领导人会议在人民大会堂举行，会议以视频形式举行。会议强调中方将进一步落实东盟—中国自贸协定及其议定书，加强发展战略对接，推进人文交流、数字经济、减贫、粮食安全、气候变化、蓝色经济、网络安全等各领域合作，不断推动中国—柬埔寨关系发展。

2020 年，澜沧江—湄公河合作第五次外长会发布《澜湄合作第五次外长会联合新闻公报》，正式通过《澜湄农业合作三年行动计划（2020—2022）》。该计划由中国、柬埔寨、老挝、缅甸、泰国、越南 6 个澜湄合作机制成员国农业部门共同制定，旨在落实澜湄合作第二次领导人会议期间发布的《澜湄合作五年行动计划（2018—2022）》。通过加强农业政策对话、农业产业发展、农产品贸易与农业私营部门投资合作、能力建设与知识分享及其他优先领域合作，共同提高中柬农业发展水平。

（二）中国—柬埔寨农业合作成效

自农业合作被确定为中国—东盟自由贸易区重点合作领域以来，中国与柬埔寨在农业领域开展了全方位的农业交流与合作。中国—柬埔寨农业促进中心是当前中国面向柬埔寨最大的公益农业项目，由广西福沃得农业投资有限责任公司负责项目执行。通过该项目，中国向柬埔寨输出资金、技术及专家团队，在柬埔寨开展农业种植技术、农产品采后处理、农业机械化应用技术的示范培训及推广，推动两国农产品贸易。中柬两国还共同建立了中柬优质水果示范基地、中柬（广西）农作物优良品种实验站、中柬农业科技示范园等一系列公益项目。2019 年 7 月，第三期援柬埔寨高级农业专家顾问组开展为期 180 天的对柬农业援助工作，援柬高级农业专家项目已实施两期，共计向柬埔寨派出农产品加工、农产品质量安全、园艺、农机等领域的 8 名专家，对柬埔寨在政策制定、技术支持和能力培训等方面提供了有力支撑，在促进柬埔寨农业转型升级和提质增效方面发挥了重要作用。2020 年中国农业农村部和海南省农业农村厅积极开展对柬热带农业技术培训，已经在中国国内和柬埔寨成功举办多期培训活动，助力提高柬埔寨热带农业种植、加工技术水平，与柬方建立有效沟通机制，合作推动"柬埔寨—中国热带生态农业合作示范区"的落地实施，成就两国农业合作的典范。

2019年6月，中柬签署关于推进柬埔寨芒果输华检验检疫准入的工作计划。柬埔寨农林渔业部长翁沙坤与中国海关总署副署长胡伟签署了关于推进柬埔寨芒果输华检验检疫准入的工作计划。2019年11月月底，中国海关总署派出的专家已完成柬埔寨芒果果园检疫评估工作。2019年12月，中国海关总署官方网站更新了《批准注册登记的柬埔寨大米生产企业名单》，新增了18家大米生产企业。至此，取得输华大米资格的柬埔寨大米生产企业达到44家。这18家柬埔寨大米生产企业获得输华大米资格，进一步体现了中国与柬埔寨两国钢铁般的兄弟关系，中国支持柬埔寨大力发展农业、中国海关总署高度信任柬埔寨农林渔业部和农业总局的工作，也是对近年来在中国增加购买柬埔寨大米的拉动下，柬埔寨大米加工能力与水平取得长足进步的充分肯定。在这一过程中，中国驻柬埔寨大使馆经商处积极予以推动，中国检验认证集团柬埔寨公司深入大米加工企业指导、积极主动地配合柬埔寨农林渔业部农业总局，按照中国海关总署进出口食品安全局要求，认真准备相关申报材料，提供咨询与协助，做好双边联络沟通工作。中柬自贸协定谈判已经完成，涉及"一带一路"倡议、货物贸易、服务贸易、投资合作、经济技术合作、电子商务等领域，将为两国人民带来更多切实利益和发展机遇。

（三）中国—柬埔寨农业合作示范区建设成效

2016年11月，中国农业部颁布《农业对外合作"两区"建设方案》，鼓励国内农资企业"走出去"。中国作为传统农业经济大国，传承了丰富的农耕经验，在资金、技术、设备、研发和人才等拥有较强优势和综合实力。在"澜湄合作"机制下，打造中柬农业产业园试点项目，促进农业产业内深度融合，构筑产业集群与平台带动效应，利用资源互补性优势，深化双方在种植、科技、加工、物流等环节深层次合作，共同打造农业全产业链，深化全方位合作，提升层次，增进效益，携手开发国际市场，实现"1＋1＞2"目标。柬埔寨—中国热带生态农业合作示范区是海南省农业厅组织海南顶益绿洲生态农业有限公司依照农业部《农业对外合作"两区"建设方案》申报实施，并于2017年7月通过农业部评选，认定为首批境外农业对外合作示范区建设试点。

示范区按照"一区多园N基地"的思路，分阶段建设6个产业园：柬—中香蕉产业园、柬—中胡椒产业园、柬—中热带水果产业园、柬—中畜禽养殖产业园、柬—中热带农副产品加工物流园、热带雨林公园生态旅游体验园。示范区坚持开发和保护并重的理念，引入生态保护组织—嘉道理中国保育基金为柬—中热带生态农业合作示范区制定规划，划定生态保护红线。在生态保护的前提下，目前项目已经开发了 1 万公顷农业用地，种植了香蕉、胡椒、橡胶、木薯、腰果、榴梿、香水椰子等农作物，建成了 500 多千米的道路和生态水库，建设了中外员工的办公生活设施，拥有 200 多台套大型农林机械。示范区在保护生态环境前提下发展高效农业的做法值得鼓励，示范区建设单位要把这种生态发展新模式打造成我国农业"走出去"的标杆，全面服务国家农业外交大局，使中柬两国人民都受益。

（四）中国—柬埔寨农产品贸易情况

2018 年，中柬双边农产品贸易发展复苏回升，总额为 2.57 亿美元，增长为 43.10％，高于同期中国与东盟农产品贸易增速（10.68％）。其中，中国自柬埔寨进口 1.99 亿美元，增长 43.31％，对柬埔寨出口 0.57 亿美元，增长 42.39％，柬埔寨顺差 1.42 亿美元，增长 43.68％。近年来，柬埔寨对华农产品贸易持续贸易顺差有效充实了其外汇储备，进一步深化了互利共赢合作理念。中国自柬埔寨农产品进口主要集中于谷物、制粉工业产品（麦芽、菊粉、面筋）、糖及糖食等。中国对柬埔寨农产品出口主要包括烟草、食用蔬菜等。中柬双边农产品贸易在中国农产品贸易中占比低微，在中国与东盟农产品贸易合作中占比仅为 0.73％，但中柬两国自然资源禀赋与经济发展层次差异较大，农业资源丰富，农产品层次与结构互补性强，合作潜力十分巨大。可长期以来中柬双边农产品贸易总体规模偏小，与两国优势互补与巨大潜能远不相称。

中国驻柬埔寨大使馆提供的数据显示，2019 年中柬双边贸易额达 94.2 亿美元。柬埔寨向中国出口的农产品主要有大米、木薯、腰果和玉米。2020 年上半年，经集团检验合格出口中国的大米达 12.1 万吨，比 2019 年同期增加 6％，占柬埔寨大米出口总量的 40％。

四、中国—柬埔寨农业合作前景分析

（一）建立合理农业种植体系，形成可持续发展的绿色农业

柬埔寨政府一向重视耕地开发，但由于技术水平限制，全国仍有多达 600 万公顷的弃耕地，垦荒机具得不到合理利用，导致浪费。我国可通过耕地地理建设与土壤改良利用、耕地资源合理配置与种植结构调整、科学施肥及耕地质量管理等措施，为柬埔寨合理开发耕地资源，扩大可灌溉土地面积提供帮助，并结合作物种类、不同地区和地貌的气候及水文等条件，推广适宜的节水灌溉技术，帮助其建立健全耕地开发与利用体系，充分利用土地资源，扩大农业生产面积，提高农业产量。

合理研发和应用肥料，保护农业生态环境。通过输出肥料研发技术，增强柬埔寨的肥料自主生产能力，提高产能，削减对进口肥料的依赖。化肥是柬埔寨的主要肥料，有机肥料目前应用仍较少，大量使用化肥易破坏柬埔寨现有的优良农业生态环境，应提倡和引导种植户科学使用化肥。今后双方可重点开展有机肥料研发合作和推广，提高肥料使用成效和作物产量，降低环境破坏风险，将农业发展由过度依赖资源消耗向绿色生态可持续发展转变。

除生产能力低、抵御自然灾害能力较差之外，动植物病害防治技术的欠缺也是柬埔寨养殖产量低迷的关键原因之一，因此应注重疫病防控研究，提高病虫害预测预报能力，建立完善的防控流程和体系，加强绿色防控技术的推广，保证农产品的质量安全。在作物方面，可引进优良种质资源，加速遗传改良和繁育，建立种子市场体系和推广体系，扩大新品种种植区域，打破柬埔寨作物单产多年来无明显提高的局面；在畜牧业方面，应引进优质高产品种来对本土品种进行改良，同时注意遏制珍稀经济动物交易，保护当地特有经济动物多样性，为农业的可持续发展保留遗传资源。

（二）充分运用中国海外园区建设经验，推进农业科技产业园区合作

海外园区为中柬双方认可和扶持的合作项目，具有一定的政策优越性，同时还具有产业集中、规模大、易形成产业链等优势，合作风险相对容易控制，是较成熟的合作手段，总体应用价值高，近年来柬埔寨对此的合作意愿也渐渐加强。海外农业科技产业园区合作有利于柬埔寨农业科技产业规模的扩大，还能将农业技术研发与农产品加工、生产、经营等相关环节有机结合，形成日趋完善的农业产业价值链，推动农业科技合作成果转化；我国也能借此发挥农业资源开发能力和农业科技发展优势，进一步实现农业技术"走出去"，打造海外农业发展新平台。

（三）进一步调动地缘优势省区农业高校资源优势

支持柬埔寨农业教育发展应将农业高等教育作为合作重点之一，通过高校扶持的方式开展农业教学与科研合作，以突破柬埔寨农业科技人才瓶颈问题。建议进一步调动优势省区乃至全国各省份的农业高校资源，扩大对柬埔寨农业高等教育的扶持规模，通过设立新学院、实施交换生项目、高校教师互换培训项目等，加速资源流动，提高资源共享效率，从根本上提高农业科技人员素质。

（四）引进农业机械设备，推动农产品加工行业发展

柬埔寨政府正不断采取措施加速农机化进程，农业机械化作业比例逐年

增加。中国应及时整合符合柬埔寨当前需求的先进农机资源，进一步开拓柬埔寨农机市场，同时输出农机研发技术，从根本上帮助解决柬埔寨农机化的问题。但由于柬埔寨目前仍以小农经济为主，耕地较分散，地块面积不大，农户对小型农机需求较急切，因此应避免盲目引进大型机械设备，以手扶拖拉机、插秧机、动力耕整机、割晒机、脱粒机等小型农机为主。

加强农产品加工技术输出，推动农产品加工行业发展。技术和设备的落后导致柬埔寨农产品质量、价格难以提升，极大地打击了农业从业者的积极性，削弱了柬埔寨农产品的国际竞争力。因此，中国可向柬埔寨输出先进加工技术及先进生产设备，推动行业发展，重点提高大米、豆类、芝麻及水产品等重要出口创汇产品的加工质量，创造产品附加价值。随着行业的发展，还能创造大量初级农产品加工岗位及高级技术岗位，对充沛的农业劳动力进行充分利用，促进就业，调动农民积极性，进一步扩大行业规模。

（五）确定优先发展产品并合理制定发展规划

农产品加工业已经成为国家重点发展领域。2015 年 8 月，柬埔寨发布了《2015—2025 年制造业发展规划》，该规划中指出：农产品加工业、中小微企业、运输及物流业和技能培训是未来的主要发展领域，政府计划通过订单农业和金融服务等多种形式促进农产品加工企业发展，计划在 2025 年将农产品加工比例提高至 12%。该规划中还指出农产品加工业未来将以中小微企业为主，政府将在技术培训和政策鼓励等方面大力扶持中小微加工企业发展。农林渔业部作为农产品加工业发展的牵头单位，应从以下 4 个方面促进农产品加工业的发展：建立农产品加工业园区，促进加工企业的集群式发展；建立出口农产品加工企业的专项扶持基金；建立部门之间的联动机制以促进产品出口，包括解决物流问题、废除隐性收费和建立贸易平台等；进一步确定优先发展的产品，制定发展规划。

参 考 文 献

邓干然，李国杰，欧文军，等，2019. 柬埔寨木薯生产机械化技术试验与思考 [J]. 现代农业装备，40（1）：16‐20.

黄洁，刘永花，2003. 柬埔寨木薯考察报告 [J]. 广西农业科学，36（1）：63‐66.

梁天锋，高国庆，韦宇，等，2015. 柬埔寨水稻生产特点及发展潜力 [J]. 中国稻米，21（4）：208‐211.

LOEUNG LAYSREYSROH（黄莱茜），2019. 柬埔寨大米产业研究 [D]. 吉林：延边大学.

卢赛清，石兰蓉，田益农，等，2014. 柬埔寨木薯生产状况及发展机遇［J］. 农业研究与应用（3）：60－63.

孟丽蜂，2017. 柬埔寨橡胶行业出口策略研究［D］. 北京：首都经济贸易大学.

RATTANA T（瑞塔纳），2015. 通往大米主要出口国之路：关于对柬埔寨大米产业的显示性比较优势研究［D］. 湖北：华中农业的大学.

TONG B，吴珊，2017. 柬埔寨主要农业产品的国际竞争力：挑战和战略［J］. 全国流通经济（4）：20－22.

TRUNG N D（阮德忠），2013. 越南大米产业贸易研究［D］. 吉林：吉林大学.

雪月华，2017. 柬埔寨大米出口竞争力的研究［D］. 广西：广西大学.

张党琼，2020. 中国与柬埔寨农业合作的现状与问题［J］. 南亚东南亚研究（3）：77－91＋154－155.

朱德峰，张玉屏，陈慧哲，等，2015. 中国大米高产栽培技术创新与实践［J］. 中国农业科学（17）：3404－3414.

MAFF，2015. Agricultural sector strategic development plan 2014－2018［R］. Phnom Penh：Ministry of Agriculture，Forestry and Fisheries.

MAFF，2016. Report of agriculture，forestry and fisheries work for 2015－2016 and plan for 2016－2017［R］. Phnom Penh：Ministry of Agriculture，Forestry and Fisheries.

PAAVO，E，S Z，2015. Cambodian agriculture in transition：opportunities and risks［R］. Washington，D. C. ：World Bank Group.

World Trade Organization，2011. Trade policy review［R］. Geneva：World Trade Organization.

第三章 印度尼西亚农业发展
现状及合作前景

印度尼西亚共和国（Republic of Indonesia），简称印度尼西亚（Indonesia），是东南亚国家，首都为雅加达。印度尼西亚位于亚洲东南部，地跨赤道，国土面积 1 913 578.68 平方千米。与巴布亚新几内亚、东帝汶、马来西亚接壤，与泰国、新加坡、菲律宾、澳大利亚等国隔海相望。印度尼西亚是世界上最大的群岛国家，由太平洋和印度洋之间约 17 508 个大小岛屿组成。陆地面积约 190.4 万平方千米，海洋面积约 316.6 万平方千米（不包括专属经济区）。北部的加里曼丹岛与马来西亚隔海相望，新几内亚岛与巴布亚新几内亚相连。东北部面临菲律宾，西南部是印度洋，东南与澳大利亚相望。海岸线总长54 716 千米。印度尼西亚共和国共有一级行政区（省级）34 个，包括雅加达首都、日惹、亚齐 3 个地方特区和 31 个省。二级行政区（县/市级）共 514 个。

印度尼西亚是东盟最大的经济体。农业、工业、服务业均在国民经济中发挥重要作用。1950—1965 年 GDP 年均增长仅 2%。20 世纪 60 年代后期，印度尼西亚调整经济结构，经济开始提速，1970—1996 年 GDP 年均增长 6%，跻身中等收入国家。1997 年受亚洲金融危机重创，经济严重衰退，货币大幅贬值。1999 年年底开始缓慢复苏，GDP 年均增长 3%～4%。2003 年年底按计划结束国际货币基金组织（IMF）的经济监管。2004 年后，印度尼西亚政府积极采取措施吸引外资、发展基础设施建设、整顿金融体系、扶持中小企业发展，取得积极成效，经济增长一直保持在 5% 以上。2008 年以来，面对国际金融危机，印度尼西亚政府应对得当，经济仍保持较快增长。2014 年以来，受全球经济不景气和美联储调整货币政策等影响，经济增长有所放缓。近年来，印度尼西亚政府陆续出台一系列刺激经济政策，经济显现加速复苏迹象，保持较快增长。2019 年印度尼西亚国内生产总值 15 833.9 万亿印度尼西亚盾（约 1.11 万亿美元），同比增长 5.02%。贸易总额 3 382.4 亿美元；全年通胀率 2.72%。受新冠肺炎疫情影响，2020 年 1—6 月经济下滑 1.26%。

印度尼西亚是东南亚国家联盟创立国之一，也是东南亚最大经济体，并为二十国集团（G20）成员，航空航天技术较强。印度尼西亚的石油、天然气和锡的储量在世界上占有重要地位。根据印度尼西亚能源矿产部的统计（2013 年），印度尼西亚煤炭资源储量约为 580 亿吨，已探明储量 193 亿吨，其中 54 亿吨为商业可开采储量。由于还有很多地区尚未探明储量，印度尼西亚政府估计煤炭资源总储量将达 900 亿吨以上。印度尼西亚拥有巨大的天然气储量，约有 123 589 兆亿立方米（相当于 206 亿桶石油），其中已探明的天然气储量为 24 230 兆亿立方米，主产于苏门答腊的阿伦和东加里曼丹的巴达克等地。印度尼西亚的镍储量约为 560 多万吨，居世界前列。金刚石储量约为 150 万克拉，居亚洲前列。此外，铀、镇、铜、铬、铝矾土、锰等储量也很丰富。亚洲地区是印度尼西亚煤炭出口的主要目的地，占其出口总量的 70% 以上，主要出口对象是印度、日本、中国等；其次为欧洲和美洲。2010 年印度尼西亚煤炭对中国的出口达到 4 290 万吨，已经成为中国南方部分地区的煤炭主要来源地。

印度尼西亚是世界上生物资源最丰富的国家之一。据不完全统计，印度尼西亚约有 4 万多种植物，其中药用植物最为丰富。印度尼西亚的森林面积为 1.2 亿公顷，其中永久林区 1.12 亿公顷，可转换林区 810 万公顷，森林覆盖率为 67.8%。印度尼西亚盛产各种热带名贵的树种，如铁木、檀木、乌木和柚木等均驰名世界。印度尼西亚海域为热带气候，海域广阔，适合各种鱼类生长繁殖。印度尼西亚的渔业资源极为丰富，苏门答腊岛东岸的巴干西亚比亚是世界著名的大渔场。

世界经济论坛（WFF）的最新报告书《2019 年全球竞争力报告》，印度尼西亚排名第 50，与全球竞争力指数满分有 40 分左右的差距，排在东亚和太平洋新兴市场的第二梯队当中。

一、对外交流与合作

印度尼西亚奉行独立自主的积极外交政策，在国际事务中坚持不干涉内政、平等协商、和平解决争端等原则。印度尼西亚是万隆会议十项原则的重要发起国之一，是 G20、亚非新型伙伴关系、七十七国集团、伊斯兰会议组织等国际/地区组织的倡导者和重要成员。印度尼西亚坚持以东盟为"贯彻对外关系的基石之一"的原则，在东盟一体化建设和东亚合作中发挥重要作用。同时坚持大国平衡原则，与美国、中国、日本、澳大利亚以及欧盟等世界主要力量保持友好关系。印度尼西亚主张多边主义，注重维护发展中国家利益，积极参与"联合国千年发展目标"、联合国改革、气候变化、粮食能源安全、世贸组织谈判等。印度尼西亚借助"民主温和穆斯林"的国家形象，积极沟通伊斯兰与西方世界，在一些地区和国际问题上发挥独特作用。

印度尼西亚于 1967 年加入东盟，此后一直把东盟作为"贯彻对外关系的基石之一"，积极发展同东盟其他国家的友好和经济关系，巩固东盟的团结，致力于建立东南亚和平、自由、中立区。2002 年，印度尼西亚与泰国、马来西亚签署"三国橡胶联合公司"协议，联手稳定天然橡胶国际市场价格。2019 年印度尼西亚首次在雅加达举办印度尼西亚—南太平洋论坛，共有 13 个太平洋地区的国家参会，"经济合作"和"环境保护"是论坛的主要议题。同年 6 月，第 34 届东盟峰会通过了《东盟的印太展望》概念文件，这是印度尼西亚重要的外交成果之一。印度尼西亚与其他东盟成员国在双边和多边机制下沟通频繁，其总统先后出访马来西亚、泰国和新加坡，并接待文莱、越南、缅甸、柬埔寨等国领导人来访。通过谈判，印度尼西亚与菲律宾解决了专属经济区划界问题并开始大陆架划界协商，与马来西亚自 1970 年以来首次就苏拉威西海的海域主权划分达成原则一致，与新加坡共同拟定基于国土边界的"飞行情报区"计划。印度尼西亚关注东盟内部的团结和稳定，积极协助解决缅甸罗兴亚人问题，是东南亚第一个向东盟秘书处捐资推动难民计划的国家。印度尼西亚在印度洋—太平洋地区打造领导者的角色，根据其"太平洋战略"与岛屿国家建立联系，"推动与太平洋国家伙伴关系进入新时代"。

印度尼西亚与美国于 1949 年建交。2008 年 2 月和 4 月，美国国防部长盖茨和助理国务卿希尔分别访问印度尼西亚。2010 年，美国总统奥巴马对印度尼西亚进行国事访问，美国与印度尼西亚签署全面伙伴关系协议。印度尼西亚与澳大利亚于 1950 年建交。2005 年印度尼西亚总统访澳大利亚，两国建立全面伙伴关系。2007 年澳大利亚总理访问印度尼西亚，两国决定从 2007 年 8 月开始对建立自由贸易区进行为期一年的可行性研究。2009 年 1 月在澳大利亚印度尼西亚部长级会议上，印尼方与澳方的对口部长就两国政治、经贸、环境和气候等领域合作进行会谈。

中国与印度尼西亚于 1950 年 4 月 13 日建交，两国于 1967 年 10 月 30 日中断外交关系。1990 年中国政府总理访问印度尼西亚期间，两国签署《关于恢复外交关系的谅解备忘录》，正式恢复两国外交关系。复交后，双边关系得到全面恢复。1999 年，两国就建立和发展长期稳定的睦邻互信全面合作关系达成共识，2005 年 4 月共同发表中国和印度尼西亚战略伙伴关系联合宣言，2013 年共同发表中国和印度尼西亚全面战略伙伴关系未来规划，2015 年共同发表关于加强全面战略伙伴关系的联合声明，标志着中国和印度尼西亚外交关系迈上了新阶段。2019 年两国元首一致认为应深化"一带一路"合作，开创新时期两国互利共赢、携手发展新局面。2020 年是中国与印度尼西亚确立全面战略伙伴关系 7 周年，两国政治互信加深，战略合作达到新高度。中国和印度尼西亚关系在各个领域也已经步入快速健康稳定发展的新时期。2007 年，中国国家海洋局与印度尼西亚海洋事务和渔业部在雅加达签署《海洋领域合作谅解备忘录》，两国将在海洋科学研究和考察、海洋能源开发和研究、海洋和沿海环境保护、政府官员和科学家互访、研究资料和成果等信息交流以及联合组织研讨会和教育培训等方面展开合作。为进一步维护和提升双边关系，两国于2021年正式签署《关于中国和印度尼西亚"两国双园"项目合作备忘录》，探索产业互联、设施互通、政策互惠的双园结对合作机制，构建以食品产业链、供应链为主体的合作平台，打造中国与印度尼西亚之间投资贸易绿色通道。无论从历史还是从现实看，作为亚洲两个重要的发展中国家，发展中国和印度尼西亚友好合作符合两国的根本利益、现实利益和长远利益，有利于本地区乃至世界的和平、稳定、繁荣。

二、农业发展情况

（一）印度尼西亚农业基本情况

印度尼西亚位于热带，这里的气候类型分为热带雨林气候和热带季风气候。热带雨林气候位于赤道附近，终年高温多雨，全年降水量在2 000毫米以上。由于热量和水分充足，植物终年茂盛，农作物随时可以播种，四季都有收获。中南半岛和菲律宾群岛北部属于热带季风气候。这里分为旱季和雨季，年降水量在1 500毫米左右，但分配不均匀，年降水量主要集中在雨季，农作物多在雨季播种旱季收获。印度尼西亚的湿热的气候和肥沃的土壤对热带经济作物和水稻的生长十分有利，主要发展水稻种植业和种植园农业。

农业在印度尼西亚的国民经济发展中起着十分重要的作用。印度尼西亚热带经济作物胡椒、木棉、奎宁产量均居世界第一位，可可、棕榈油、天然橡胶产量居世界第二位，咖啡产量居世界第四位，此外还产豆蔻、丁香、甘蔗、椰子、茶叶等。印度尼西亚主要农作物为水稻、玉米、木薯、花生等。印度尼西亚用于自给的农作物主要是水稻和木薯。印度尼西亚是东盟最大的水稻生产国，常年水稻播种面积1 180万公顷左右，居全球第三位，仅次于印度和中国。作为人口2.7亿的世界第四大人口国，2017年印度尼西亚水稻生产量高达7 420万吨，仅次于中国和印度；消费量也几乎是全球之冠，平均每人每年能消费150千克的大米，是美国人的15倍、日本人的2倍。印度尼西亚政府将水稻列为战略性商品，目标是确保水稻能自给自足不需依赖进口。为了避免天灾导致水稻价格飙涨和应对大量人口消费，印度尼西亚政府不断提高水稻储备总量。从2003—2004年的200万吨增加到2015年的1 000万吨目标，但其国内生产的水稻根本不够，印度尼西亚政府每年还需从泰国和越南等国进口约300万吨水稻，印度尼西亚成为世界最大的水稻进口国。目前，为了解决水稻的自给问题，印度尼西亚2013年通过《保护农民法案》，除提供农民购买农地融资贷款、农产品保险、农产品收获及行销后勤支持等协助外，还规定外国农产品仅能从政府指定口岸进口。当印度尼西亚国内农产品供应充足时，禁止进口相同外国产品，违反进口口岸规定者将处 6 年以下徒刑或罚款 60 万美元；违反国内农产品供应充足仍进口规定者则处 2 年以下徒刑或罚款 20 万美元。

印度尼西亚很适合种植木薯。新鲜块根可作为食品，加工方式主要是水煮、油炸和发酵。木薯还可以粉碎成粉制成饼干，木薯叶可作为蔬菜食用，木薯片可以加工成饲料。木薯粉除制作成特色饼干外，还可用于生产山梨醇、果糖、葡萄糖、乙醇等产品，还能用于造纸业，纺织业等。由此可见，印度尼西亚的木薯加工范围广泛，但其应用主要是优先保证食用，胶合板以及饲料在木薯用途中所占比例较小。

（二）印度尼西亚橡胶种植业基本情况

印度尼西亚是世界第二大天然橡胶生产国，橡胶树种植面积居世界第一，是大规模种植橡胶树的起源地，印度尼西亚橡胶树商业栽培始于 1902 年。由于印度尼西亚土地广阔，劳动力充沛，橡胶树种植业发展迅速。印度尼西亚橡胶树种植区域主要分布在苏门答腊岛和加里曼丹岛。苏门答腊岛的橡胶树种植面积占全国橡胶树总种植面积的 75%，加里曼丹岛占 20%。如果以赤道为界，印度尼西亚赤道以南的橡胶树种植面积占该国橡胶树总种植面积的 60%。从联合国粮农组织上可知，从 1989—2019 年 30 年间印度尼西亚橡胶产量稳步提升，2017 年产量达到最高峰 368 万吨（图 3-1）。

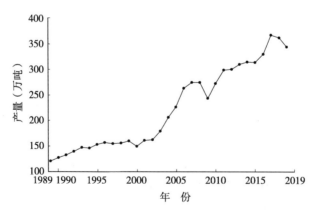

图 3-1 1989—2019 年印度尼西亚橡胶产量

资料来源：FAO。

（三）印度尼西亚油棕种植业基本情况

印度尼西亚作为世界上最大的棕榈油生产国，油棕产业在该国的经济发展中占有至关重要的地位。1848 年，油棕作为观赏植物引种到印度尼西亚茂物，直到 1911 年苏门答腊岛东部沿岸开辟油棕种植园后才开始商业栽培。印度尼西亚全年高温、雨水丰富、可用耕地广阔，适于规模化种植油棕。1970年以来，油棕成为印度尼西亚发展最快的经济作物。1986—2006 年的 20 年时间里，印度尼西亚油棕种植面积增长近 10 倍，从 60.7 万公顷发展到 607.5万公顷。从 2006 年开始，印度尼西亚已成为世界最大的油棕种植国和棕榈油生产国。根据印度尼西亚统计机构（BPS）的数据，2017 年印度尼西亚油棕种植面积约为 1 190 万公顷，这个数字大约是 2000 年的 3 倍，预计到 2020年，这一数字将增加到 1 300 万公顷，种植面积将迅速扩大。

　　作为一种重要的热带油料作物，油棕平均每公顷年产油量高达 4.27 吨，高产品种达到 8～9 吨，是花生的 5～6 倍、大豆的 9～10 倍。长期以来，印度尼西亚在油棕园的种植、棕榈油生产及相关技术研发等方面做了大量的工作。印度尼西亚棕榈油协会（GAPKI）的研究表明，由于过去几年印度尼西亚油棕种植面积大幅扩张，棕榈油产量在 2008—2018 年的 10 年中提高了近 4倍。从联合国粮农组织公布的数据可知，1989—2019 年 30 年间印度尼西亚棕榈油产量稳步提升，2019 年产量达约 24 563 万吨（图 3‐2）。

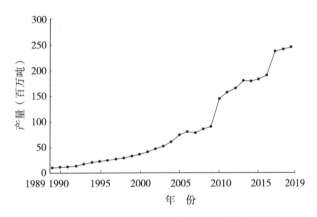

图 3‐2　1989—2019 年印度尼西亚棕榈油产量

资料来源：FAO。

　　印度尼西亚私人企业在当地的棕榈油产业发展中扮演着非常重要的角色，他们占据了印度尼西亚棕榈油一半以上的市场，其中比较重要的有 Wilmar 集团、金光集团等。此外，政府十分鼓励外来投资，据悉，油棕种植园与棕榈油生产行业外资持股比例达到 95%。其中金光集团是印度尼西亚最大的油棕种植、棕榈油精炼加工和油化学品生产商之一，拥有世界上最大的棕榈油精炼厂。

(四)印度尼西亚渔业基本情况

印度尼西亚海岸线蜿蜒曲折,长约 8.1 万千米,海域广阔,海域面达 580 万千米。全国岛屿众多,岛屿周围有着富饶的渔场,苏门答腊东岸的巴干西亚比亚是世界著名的大渔场。印度尼西亚渔业资源十分丰富,生物资源属热带区系,种类繁多,许多鱼类具有生长快、成熟早、生命周期短、产卵季节短等特点。大陆架可以从事底层鱼类和中上层鱼类捕捞,岛屿周围的专属经济区水较深,有丰富的鲣鱼和金枪鱼等洄游性鱼类,同时又有适宜的气候和水温条件,为渔业的发展提供了有利的条件。陆坡也有可开发利用的笛绸鱼类在勿里洞沿海盛产海参,加叭曼丹、马鲁古群岛盛产珍珠和珍珠贝。由于地处热带,印度尼西亚终年炎热多雨,年平均气温为 25～27℃,海区表层流属风海流,表层水温周年基本保持在 24～29℃。印度尼西亚海域海洋生物多样性水平较高,许多种类具有生长快、成熟早、生命周期短、产卵季节短等区域性特点。印度尼西亚适宜的气候和水温条件孕育着丰富的水产资源,为渔业发展提供了有利条件。印度尼西亚海域可捕捞的鱼类资源种类多达 200 余种,具有较大经济价值的种类有 65 种左右。其中主要的中上层资源种类有金枪鱼、马鲛鱼、鲐鱼、鲱鱼、沙丁鱼、鱿鱼等;底层资源种类除石首鱼科鱼类、鲷类、鲨等,还盛产对虾、热带龙虾、贝类等;礁岩区资源种类主要是鲷类,如笛鲷、梅鲷等。印度尼西亚海域中藻类资源也丰富,据调查约有 555 种,可供食用或药用种类约 55 种,目前已开发的主要类群有制胶藻类如石花菜属、拟石花属、角叉藻类、蕨藻属、马尾藻属、石莼属等种类。印度尼西亚水产品加工包括冷冻、灌装、鱼粉及其衍生制品。印度尼西亚鱼类罐头工厂均设立在游乐场、码头、养殖场附近,以东爪哇的孟卡尔附近最多。除鱼类外,虾、蟹、青蛙腿、鲍鱼及蚌类等亦有多家加工装罐厂。

在东南亚区域内,印度尼西亚向马来西亚、新加坡出口的主要是生鲜鱼和冷藏鱼,出口到泰国的主要是冷冻产品,特别是制罐行业常用的鲣鱼和金枪鱼。此外,养虾业一直是印度尼西亚的基础水产业,而印度尼西亚虾因其肉质好,一直在国际市场享有美誉。以往,印度尼西亚虾主要出口美国、欧盟等传统市场。自 2006 年以来,继日本、新加坡和马来西亚之后,中国台湾、香港和大陆也成为印度尼西亚虾出口的新兴市场。印度尼西亚渔业生产水平相对较低,技术工艺落后。政府鼓励外国投资渔业,促进周边国家渔业合作,并接受国际援助,以加速国内渔业发展。

(五)印度尼西亚林业基本情况

林业作为印度尼西亚经济发展的支柱产业,在国民经济中占有极其重要的地位。20 世纪 90 年代以来，林业行业出口创汇总体上保持平稳增长，林业行业还为全国提供了 6% 的就业机会。印度尼西亚是世界上森林资源最为丰富的国家之一，全国森林总面积为 1.203 5 亿公顷。其中，保护林 3 352 万公顷，天然防护林和旅游林区 2 050 万公顷，永久生产林区 3 520 万公顷。加上 8 100 万公顷的可转换林区，印度尼西亚森林覆盖率为 62.6%，在世界上仅次于亚马逊地区。印度尼西亚人工林主要造林树种为龙脑香科、马鞭草科、桃金娘科、南洋杉科、檀香科及山榄科等树种（如柚木、金合欢、大叶桃花心木、贝壳杉及桉树等）。印度尼西亚盛产各种名贵木材，有加里曼丹和苏门答腊的铁木、努沙登加拉的檀木、苏拉威西的乌木、爪哇的柚木等。辽阔的森林为各种动物和鸟类提供了良好的栖息地。印度尼西亚是热带木材生产大国，也是世界上最大的热带木材胶合板出口国，主要市场是日本、美国、韩国和中国等。随着林业发展的重点由原木出口向木材加工品出口的转移，印度尼西亚制材工业得到迅速发展，锯材出口不断增加。出口的主要木材制品为人造板、纸浆和纸产品。近年来，印度尼西亚的木材生产、加工和出口贸易有了长足的发展，已成为世界上重要的林木产品出口国之一，主要林木产品包括胶合板、木材、纸浆和木制家具等。印度尼西亚的林产业是印度尼西亚第三大出口创汇产品，仅次于石油天然气和纺织品，平均每年出口额在 75 亿～80 亿美元，约占非石油天然气产品出口的 20%。

（六）印度尼西亚农产品贸易投资相关政策

印度尼西亚农业政策的基本目标是：增加农民收入，提高粮食自给率，稳定国家经济。为了实现上述目标，自 20 世纪 60 年代以来，政府一直向农民提供多种农用物资（粮食作物种子和肥料）补贴、浇灌工程信贷等。为了确保粮食安全，政府已经制定出到 2014 年实现大米、玉米、糖、大豆和肉类自给的目标和相关扶持措施。政府还通过国家粮食后勤局（BULOG），对包括大米在内的基本食品实施严格控制。国家粮食后勤局负责根据粮食安全体系，确定大米等主要粮食的支持价格，进行干预性收购或销售，并且从事大米的进出口、储备和供应。2003 年 1 月，国家粮食后勤局改名为"国家贸易公司"，接受财政部的监督，但基本职责不变。2010 年上半年，该公司每个月向贫困家庭提供 13 千克的价格补贴大米。为了遵循世界贸易组织的相关规定，政府从 1998 年开始允许私营企业进口小麦，从而解除了国家粮食后勤局对小麦进口的控制。目前，私营企业可以自主进口小麦、大豆、玉米和糖。

三、中国—印度尼西亚农业合作情况

（一）中国—印度尼西亚政府间合作成效

1990年，中国和印度尼西亚双方发表《中国和印度尼西亚关于未来双边合作方向的联合声明》，强调在农业、畜牧业、农业机械以及农产品加工等方面的互利合作，商谈签署《农业合作谅解备忘录》。2011年，中国和印度尼西亚签订《关于林业合作的谅解备忘录》，添加了打击非法林产品贸易的内容，涵盖了森林可持续经营、木质和非木质产品加工、生物质能源、野生动植物保护和可持续利用等领域。2018年，中国政府总理在人民大会堂会见印度尼西亚总统特使。中方表示，中国和印度尼西亚隔海相望，拥有广泛共同利益。中方愿同印度尼西亚密切高层往来，加强"一带一路"倡议同印度尼西亚发展战略对接，发挥双方经济互补优势，推进基础设施、投资、农业等领域合作，深化双方务实合作，实现互利共赢，进一步推动两国关系与合作持续健康向前发展。

（二）中国—印度尼西亚农业合作成效

印度尼西亚在农业领域的发展重点是大米、橡胶、甘蔗、棕榈油等。中国企业聚龙集团已经与玛拉姆河村合作开展种植园。双方从2014年开始，聚龙为当地百姓提供棕榈树苗和技术支持，当地老百姓负责种植，聚龙再根据市价回收棕榈果。聚龙在印度尼西亚的合作种植园面积已达2万公顷，覆盖9 000多户家庭，近5万人从中受益。由于企业与地方村民建立了可持续的利益共享机制，加里曼丹岛一度掀起了一股外出务工者返乡潮，合作种植模式带来了双赢。聚龙于2006年进入印度尼西亚并在印度尼西亚中加里曼丹省投资建设第一个棕榈种植园。2013年，在中国"一带一路"倡议提出之际，聚龙集团开始大力推进"中国印度尼西亚聚龙农业产业合作区"（简称"合作区"）项目建设，拟建成以农业开发、精深加工、收购、仓储物流为主导的农业产业型园区。2016年，"合作区"正式获批为国家级境外经贸合作区。除了和当地村民合作的种植园，聚龙还取得20万公顷的农业种植用地，已种植油棕6万公顷，总投资近13亿美元，分布在加里曼丹岛和苏门答腊岛的多个地区。目前"合作区"已吸引了4座棕榈毛油压榨厂、1个包装油公司、1个物流公司和其他10家农业相关公司入驻。园区里全产业链结构正在逐步形成。5年来，"合作区"的发展生机勃勃，聚龙在印度尼西亚的农业合作渐入佳境，不仅打通了聚龙集团的上游产业链，也为园区所在地区创造了发展机遇。聚龙在新当县的投资受到极大欢迎。聚龙投资建设的棕榈园和棕榈压榨厂将进一步完善新当县的棕榈产业链，对经济发展和就业产生积极影响。

印度尼西亚 PT. Pemuka Sakti Manis Indah 公司（以下简称 PSMI）是一家专门从事甘蔗种植、制糖的公司，拥有土地 2 万公顷，随着劳动力的短缺和成本的增加，该公司对甘蔗机械化的需求愈加强烈。为执行"一带一路"热带国家农业资源联合调查与开发评价项目的甘蔗、木薯等机械化生产技术转移与示范任务，中国热带农业科学院利用科技力量与机械装备优势，与印度尼西亚有关方面合作进行热作技术与装备示范、推广，建立机械化示范点，通过引领与辐射作用，促进合作国家热带农业机械化发展。

中国热带农业科学院农业机械研究所近 3 年陆续出口了甘蔗叶粉碎还田机试制样机和甘蔗中耕施肥培土机到 PSMI 公司，与公司相关人员探讨了机具作业情况，并根据样机的使用情况，提出了少许局部优化建议。专家现场与公司技术人员进行了探讨并初步确定了装备优化改进方案，对公司相关人员进行了相关还田机具作业技术、维修保养等指导，并对甘蔗耕作、种植、管理机械化等进行技术讲解和指导。

（三）中国—印度尼西亚农产品贸易情况

2010 年，中国—东盟自由贸易区正式建成，"零关税"为双边农产品贸易合作发展注入了新动能，2019 年，中国与印度尼西亚的贸易额达到 614.69 亿元，较 2018 年增长 13.9%，其中进口 430.44 亿元，增长 20.4%；出口 184.25 亿元，增长 1.3%。从进口商品品类看，中国从印度尼西亚第一大进口商品品类为植物油，进口金额达 34.7 亿美元；第二大进口产品为水产品，进口金额 8.4 亿美元。从出口商品品类看，中国对印度尼西亚第一大出口农产品为坚果，金额达 6.63 亿美元，比 2018 年增长 31.9%；第二大出口农产品为蔬菜，出口金额达 5.97 亿美元，比 2018 年增长 57.4%（表 3 - 1）。近年来，农产品已成为印度尼西亚对中国贸易顺差的重要构成，对改善双边贸易格局失衡具有重要意义。

四、中国—印度尼西亚农业合作前景分析

农业发展的差异性、良好的政策环境、地理和文化上的毗邻都为两国农业合作创造了优越的条件。2001 年双方农业部签署了《农业合作谅解备忘录》，标志着中国与印度尼西亚农业合作进入新的发展阶段。备忘录中明确提出了今后开展农业合作的领域，包括粮食作物生产、多年生作物培育、农业机械、园林艺术、生物技术、农业企业管理、农业研究与开发、种子业、畜牧业及相关产业。未来中国将继续坚持"以我为主、真诚实意、优势互补、

表 3-1 中国—印度尼西亚 2019 年农产品贸易数据

	全年出口金额（亿美元）	全年进口金额（亿美元）	全年出口数量	全年进口数量	全年出口金额比同期（%）	全年出口数量比同期（%）	全年进口金额比同期（%）	全年进口数量比同期（%）
农产品	26.219 1	61.251 1	2 138 764.080	8 958 217.913	-0.47	-12.69	18.31	37.19
水产品	1.626 8	8.404 0	51 858.803	388 697.337	-11.54	-30.57	15.21	11.35
畜产品	0.572 0	2.236 8	3 477.728	913.276	2.68	-35.07	52.24	-10.58
花卉	0.011 9	0.002 8	494.077	142.151	46.12	180.81	-14.41	-73.29
蔬菜	5.971 6	0.247 0	539 622.998	7 121.494	57.42	-12.26	131.45	99.47
坚果	0.214 5	0.034 3	10 585.134	954.852	-18.23	-21.86	172.75	54.29
水果	6.629 5	1.280 5	433 194.779	232 216.881	31.86	12.51	18.45	-0.11
饮品类	0.374 6	1.280 7	8 589.868	49 423.436	-6.20	12.95	-29.01	-66.62
调味香料	0.030 9	0.196 3	594.521	3 974.519	27.97	-11.05	814.31	686.40
干豆（不含大豆）	0.020 2	0.168 8	2 107.038	16 589.984	706.30	905.75	90.34	60.65
油籽	0.840 9	0.002 4	51 558.640	683.205	-9.25	-5.98	-72.68	-72.07
药材	0.062 5	0.002 7	966.109	8.495	-8.11	0.67	-68.43	-85.59
其他农产品	5.569 6	9.706 3	333 467.500	1 412 095.670	-35.13	-40.88	38.99	39.16
植物油	0.027 7	34.667 1	389.327	6 120 220.392	74.85	31.38	15.78	43.80
粮食制品	1.335 3	1.962 0	337 512.224	65 256.677	4.52	8.03	-6.52	-6.75
精油	0.851 0	0.164 3	4 854.850	560.792	-28.28	-5.71	30.04	34.67
棉麻丝	0.171 8	0.089 4	10 238.006	32 581.525	-43.54	-33.31	-20.41	-11.15
粮食（薯类）	0.000 3	0.000 9	112.300	80.930	167.88	180.75	0.00	0.00
糖料及糖	1.865 1	0.036 1	337 249.965	927.165	-6.49	-11.67	33.62	30.32
粮食（谷物）	0.018 7	0.000 0	2 770.769	0.005	45.31	193.37	-42.62	-81.48
饼粕	0.023 2	0.768 4	9 119.444	625 769.127	-58.84	-21.38	32.27	55.45

共同发展"的合作方针，在充分尊重印度尼西亚需求的前提下，结合中国农业优势，在更广范围、更高层次开展与印度尼西亚的农业合作。

（一）充分利用区位优势和资源差异性，扩大农产品和农用物资贸易

印度尼西亚自然资源丰富，天然橡胶、棕榈油、木材、水产品等都是主要输出到中国的产品。中国出口印度尼西亚的农产品主要有谷物、蔬菜、水果，其中苹果、梨、猕猴桃、红枣、石榴等温带水果在印度尼西亚非常受欢迎，市场效益显著。此外中国每年还向外输出大量农用物资，如农机、化肥、农药、稻种、果苗等。印度尼西亚是中国农机出口的传统市场之一，价低质优的农机产品在当地很有市场。2002 年中国与印度尼西亚进出口贸易总额达79.28 亿美元，中国已成为印度尼西亚第五大贸易伙伴，今后除了要继续鼓励现有的农产品贸易外，还应结合印度尼西亚特点开发更多符合当地需求的产品。

（二）发挥各自优势，开展农业科学技术合作

首先，印度尼西亚在热带经济作物的培育上已经积累了丰富经验，同时中国也有许多农业生产技术领先印度尼西亚，如杂交水稻等农作物栽培、食用菌栽培、畜牧和淡水养殖、海洋捕捞、动物健康防治农村、能源技术、农产品食品加工和饲料加工技术等，中国未来将在这些领域加强与印度尼西亚的交流与合作。在农业科技交流方面，中国已经积累了一些成功经验。截至2003 年年底，中国农业部举办 18 个技术培训班，内容涉及动物营养与饲料加工、动物疫病监测控制、马铃薯丰产栽培、农村能源与生态、农业信息化、食用菌生产和种子管理等领域，近 400 名来自东盟各国的农业技术人员和管理人员参加了培训，收效良好。此外，中国还采用农业技术试验示范的方式，向其他国家展示农业技术实力，推动农业科技成果输出。在技术实验和示范的同时，中国还应重视技术合作与商业合作的结合，鼓励中国农业生产企业到当地投资，充分利用当地市场资源以达到双赢的目的。

（三）研发和推广适合印度尼西亚当地的农业技术和农业机械设备

印度尼西亚农业机械化仍处于低水平。印度尼西亚人多地少，许多经济学家和社会学家担心农业机械化给农村造成大量的剩余劳动力，引起严重的就业困难等社会问题，所以对农业机械化持反对态度，导致多年来印度尼西亚的农业机械化发展相对缓慢。目前印度尼西亚国内使用的农机基本上是从国外引进的，本国农业机械工业体系不完善、配套能力差，自主研发的农机品种少且售价高，农机在实际生产中的应用程度还很低。在耕种、植保、防止病虫害、谷物干燥等方面的机械化仍处于低水平。农业科技的普及推广不

足，农民教育水平偏低，农业生产基本处于简单耕作阶段。印度尼西亚和中国均是以小农生产为主的生产方式，因此中国的农业技术和农业机械设备较欧美国家更适合印度尼西亚的农业生产，但产品质量和服务仍有待提升。中国企业可结合当地市场实际需求，研发和出口适合印度尼西亚当地的农业技术和农业机械设备，提高服务质量。

（四）开展农用基础设施建设的合作

印度尼西亚的农业基础设施还很落后，以水利灌溉系统为例，1992 年全国农田排灌面积不足总耕地面积的 50%，现有水利设施远不能满足生产的需求。并且有限的设施在印度尼西亚分布很不均衡，很多地区特别是新垦荒地区的水利设施基本为零，改善灌溉系统对推动印度尼西亚的粮食生产有着非常重大的意义。此外印度尼西亚的农业交通设施也有待改善，如农村公路网、仓储设施等。在农用基础设施建设方面，中国有丰富的经验，可以发挥技术、资金的优势与印度尼西亚合作。

（五）实施"走出去"战略，鼓励中国企业到印度尼西亚投资

印度尼西亚自然资源丰富，为其农业发展提供了优越的内在条件。但长期以来由于资金和技术的限制，开发程度还很低，但未来仍有巨大的发展空间。以渔业为例，印度尼西亚政府曾估计潜在捕捞量为每年 620 万吨，而实际捕捞量只有每年 395 万吨。因此在继续发展农业贸易的同时，中国政府还应鼓励国内有实力的企业去印度尼西亚投资，承包建设当地的农场、牧场、渔场等，帮助开发利用当地资源。在这个过程中，中国政府一是要继续保持和发展与印度尼西亚的友好合作关系，为国内企业的"走出去"营造良好政策环境；二是有必要建立信息咨询网络，发挥政府引导作用，协调国内企业对印度尼西亚的投资。此外，还可实施诸如信贷支持一类的鼓励措施，加快中国农业企业投资印度尼西亚的步伐。

参 考 文 献

陈爱霞，2014. 印尼与中国及东盟国家农产品的比较优势研究 [D]. 北京：对外经济贸易大学.

陈明宝，2012. 南中国海区域渔业资源合作开发机制研究 [J]. 亚太经济（3）：115 - 120.

广西社会科学院东南亚研究所，中华人民共和国公安部东南研究所课题组，2013. 中国与东盟关系 2012—2013 年回顾与展望 [J]. 东南亚纵横（1）：12 - 18.

何林，刘华，周汉林，2013. 棕榈果园内运输机的研制 [J]. 现代农业装备（5）：49 - 52.

贾秀东，2013. 中国与东盟经贸新战略 [J]. 中国经济报告 (3)：110 - 113.

缪圣赐，2011. 世界最大规模的虾、贝类养殖中心在印尼的巴厘岛开业 [J]. 现代渔业信息，26 (5)：33.

裴绍彭，1996. 印度尼西亚糖业考察报告 [J]. 广西蔗糖 (3)：58 - 60.

亚丁，2011. 印尼自称全球最大的虾生产国 [J]. 现代渔业信息，26 (4)：35.

张平远，2012. 印尼实现水产品出 1：1 结构性调整 [J]. 河北渔业 (2)：65.

ALAMSJAH M A, 2010. Producing new variety ofGracilaria sp. through cross breeding [J]. Research Journal of Fisheries and Hydrobiology, 5 (2)：159 - 167.

BUSCHMANN A, VARELA D, CIFUENTES M, et al, 2004. Experi - mental indoor cultivation of the carrageenophytic red alga Gigartina skottsbergii [J]. Aquaculture, 241：357 - 370.

BIXLER H, PORSE, H, 2011. A decade of change in the seaweed hydrocolloids industry [J]. Journal of Applied Phycology, 23：321 - 335.

FAO, 2018. The State of World Fisheries and Aquaculture 2018：Meeting the sustainable development goals [R]. Rome：FAO.

HURTADO A Q, GERUNG G S, YASIRS, et al, 2014. Cultivation of tropical red sea-weeds in the BIMP - EAGA region [J]. Journal of Applied Phycology, 26：707 - 718.

Jhingan M L, 2010. Economic Development and Planning [M]. Jakarta：Rajawali Press, 7 - 10.

NEISH I, PETER S, PIRMIN A, et al, 2017. Indonesia, beyond the land of Cottonii and Gracilaria [M]. Jakarta.

TSENG C K, 2001. Algal biotechnology industries and researchactiv - ities in China [J]. Journal of Applied Phycology, 13：375 - 380.

WIJAYA, TONY, 2009. Structural Equation Modeling Analysis For Research Using A-MOS [R]. Yogyakarta：Publisher University Atmajaya：3 - 9.

WINARNO, WING Revelation, 2009. Analysis of Econometrics and Statistics with Eview [D]. Jogjakarta：UPP SUM YKPN. 23 - 29.

WINARNO, WING Wahyu, 2009. Analisis Ekonometrika dan Statistika dengan Eview [D]. Jogjakarta：UPP SUM YKPN：10 - 14.

第四章　老挝农业发展现状及合作前景

　　老挝人民民主共和国（The Lao People's Democratic Republic），简称老挝。老挝是一个位于中南半岛北部的内陆国，北邻中国，南接柬埔寨，东临越南，西北毗邻缅甸，西南毗邻泰国，国土面积 23.68 万平方千米，人口 723 万（2019 年），首都万象。老挝共有 17 个省，1 个直辖市。老挝境内 80% 的土地为山地和高原，且多被森林覆盖，有"印度支那屋脊"之称。地势北高南低，北部与中国云南的滇西高原接壤，东部老、越边境为长山山脉构成的高原，西部是湄公河谷地和湄公河及其支流沿岸的盆地和小块平原。全国自北向南分为上寮、中寮和下寮，上寮地势最高，川圹高原海拔 2 000～2 800 米，最高峰普比亚山海拔 2 820 米。老挝属热带、亚热带季风气候，5 月至 10 月为雨季，11 月至次年 4 月为旱季，年平均气温约 26℃。老挝全境雨量充沛，年降水量最少年份为 1 250 毫米，最大年降水量达 3 750 毫米，一般年份降水量约为 2 000 毫米。老挝有锡、铅、钾盐、铜、铁、金、石膏、煤、稀土等矿藏，迄今开采得到的有金、铜、煤、钾盐、煤等。老挝的水利资源丰富。2012 年老挝的森林面积约 1 700 万公顷，全国森林覆盖率约 50%，产柚木、花梨等名贵木材。

　　老挝以农业为主，工业基础薄弱。1986 年起老挝推行革新开放，调整经济结构，即农林业、工业和服务业相结合，优先发展农林业；取消高度集中的经济管理体制，转入经营核算制，实行多种所有制形式并存的经济政策，逐步完善市场经济机制，努力把自然经济和半自然经济转为商品经济；对外实行开放，颁布外资法，改善投资环境；扩大对外经济关系，争取引进更多的资金、先进技术和管理方式。1991—1996 年，国民经济年均增长 7%。1997 年，老挝经济受到亚洲金融危机严重冲击。老挝政府采取加强宏观调控、整顿金融秩序、扩大农业生产等措施，基本保持了社会安定和经济稳定。2017 年国内经济增长 6.9%，国内生产总值（GDP）约 170 亿美元，人均 2 472 美元。2018 年国内经济增长 6.5%，GDP 约 179 亿美元，人均 2 599 美元。2019 年 GDP 约 190 亿美元，人均 2 765 美元。老挝货币名称是基普（KIP），2020 年 10 月与美元汇率约为 9 238∶1。2016—2018 年，老挝农业年平均增长率为 2.7%，农作物主要有水稻、玉米、薯类、咖啡、烟叶、花生、棉花等。水稻产量约 343 万吨，全国可耕地面积约 800 万公顷，农业用地约

470 万公顷。

世界经济论坛（WEF）发布的《2019 全球竞争力报告》指出，老挝在 141 个经济体中排名第 113 位，老挝的"基础设施"在支柱指标中得分最高，排名第 93 位。老挝的"企业活力"在支柱指标中得分最低，排名第 137 位。在该支柱指标中，老挝在"创业所需时间"部分排名第 140 位。老挝在衡量道路、铁路、定期船运输和机场的质量、连通性和效率的"运输基础设施"部分尽管落后于亚太地区的其他国家，但其仍表现良好，而老挝的整体企业网络质量以及个人公司的运营和策略的质量也较低。

一、对外交流与合作

老挝奉行和平、独立和与各国友好的外交政策，主张在和平共处五项原则基础上同世界各国发展友好关系，重视发展同周边邻国关系，改善和发展同西方国家关系，为国内建设营造良好外部环境。老挝于 1997 年 7 月正式加入东盟，积极参与东盟事务，发展与东盟其他国家的友好合作关系。2004 年成功主办东盟峰会及东盟与对话国领导人系列会议，在东盟内发挥积极作用。老挝与东盟其他国家保持着良好关系。2016 年老挝人民革命党十大重申继续坚持"少树敌、广交友"外交政策，保持同越南的团结友好关系，加强与中国全面战略合作，加强与东盟其他国家睦邻友好，积极争取国际经济和技术援助。截至 2019 年 7 月，老挝已同 141 个国家建交。

老挝与美国于 1950 年建交。2005 年，美国给予老挝正常贸易关系待遇。近年来双方关系进一步发展，美国向老挝禁毒、清除未爆炸弹、民生等领域提供援助。2010 年，老挝副总理兼外长通伦访美，成为老挝人民民主共和国成立以来访美的最高级别官员。2012 年 7 月，美国国务卿克林顿对老挝进行正式访问，这是美国国务卿 57 年来首次访问老挝。2014 年 2 月，老挝—美国第五次双边全面对话会在万象举行。2015 年，老挝总理通邢在马来西亚出席东亚合作领导人系列会议期间会见美国总统奥巴马。2016 年 9 月，美国总统奥巴马赴老挝出席东亚合作领导人系列会议并访问老挝，实现美国总统首次访问老挝。

中国与老挝两国山水相连，友谊源远流长，双方于 1961 年 4 月 25 日正式建立外交关系。60 年来，两国关系历经风雨，历久弥新。2000 年 11 月，中国国家主席对老挝进行国事访问，这是中国国家主席首次访问老挝，具有里程碑意义。访问期间，两国发表了《关于双边合作的联合声明》，确定发展两国长期稳定、睦邻友好、彼此信赖的全面合作关系。2009 年 9 月，中国国家主席与老挝国家主席达成共识，决定把中老关系提升为全面战略合作伙伴关系。2013 年中国政府提出"一带一路"倡议，得到了老挝政府积极响应和热忱参与。近年来，中老两国高层互访频繁，政治互信不断加深，双方秉持好邻居、好朋友、好同志、好伙伴的"四好"精神，各领域合作成效显著，普遍惠及两国人民。2017 年 11 月中国国家主席访问老挝，这是中国国家主席在中国共产党十九大胜利召开之后的首次出访，充分彰显了中国政府对发展与老挝友谊关系的高度重视。双方政府共签署了 16 份合作文件，进一步推动两国国家发展战略对接，务实深化各领域合作，携手打造牢不可破的"中老命运共同体"。2019 年 4 月老挝国家主席访华，两国政府签署了《构建中老命运共同体行动计划》，为新时代中老两国关系未来发展指明了新方向、规划了新蓝图，进一步推动中老命运共同体建设落地生根。

二、农业发展情况

（一）老挝农业基本情况

老挝的土地中有超过 1/10 的农业用地，全境土地 pH 5～7，适宜农作物种植，其中甘蒙、沙湾拿吉两省是粮食生产、加工和出口的重要基地。老挝最主要的粮食作物是水稻，种植面积占全国农作物种植面积的 85%，全国超过 70% 的居民种植水稻，拥有超过 13 000 种本土稻种，以糯稻、粳稻和旱稻为主，是世界重要的糯稻发源中心，大米基本自给。此外，老挝玉米产出良好，出口较多，而国内消费的小麦则主要依赖进口。老挝北部、中南部的高原和山地区是咖啡、天然橡胶、烟草、花生和茶叶等出口经济作物的主要产地，其中咖啡的种植面积居首位，约占经济作物总面积的 1/2。老挝的渔业以水产养殖为主，水产品主要供国内消费，是湄公河及其支流沿岸居民的大部分收入来源。老挝的畜牧业不发达，目前还没有大规模养殖，比较分散，家畜大多由农户饲养在野外，多食用天然牧草和农作物副产品。

2020 年，老挝总人口的 60% 以上生活在农村地区，日常的收入来源于种植经济作物和养殖动物，主要种植植物种类包括木薯、甘薯、芋头、大豆、甘蔗、棉花、咖啡、茶叶、烟草和橡胶等。尽管老挝 80% 的地形是山区，但是用于农业开发的土地超过 33 万公顷，灌溉面积约为 31.5 万公顷，预计到 2020 年将扩大到约 47.6 万公顷。自 20 世纪 90 年代起，老挝改变农产品的生产方式，尤其是糯米的种植和生产，它在面积和产量方面都具有绝对优势，是老挝重要的农产品。世界其他国家对于大米的进口需求也在与日俱增。据统计，2017 年老挝大米出口约 650 万美元。随着老挝政府观念的转变和进步，老挝农产品的生产和出口也不仅局限于大米，其他农作物比如玉米、香蕉、咖啡等产量逐渐增加，出口价值快速增长。自 2017 年以来老挝玉米种植面积达 6 万公顷，大米产量超过 130 万吨，是 2005 年规模的两倍。目前老挝玉米的出口量巨大，玉米成为老挝出口的主要产品。咖啡是老挝第二大农产品，产自老挝的咖啡在全球享有一定的国际声誉。截至 2017 年，老挝的咖啡种植面积达到 8 万公顷，每公顷咖啡豆产量超过 12 万吨，种植面积和咖啡豆产量相对稳定增长。目前，老挝咖啡的出口额约为 2 500 万美元。

2019 年，老挝农业和林业部以实现 2020 年农业占国内生产总值的 3.4％为目标。该部预计水稻年产量将扩大至 440 多万吨，咖啡产量应达到约 16 万吨，甜玉米 100 万吨，木薯 228 万吨，肉类产量预计达到 19.921 万吨，鸡蛋产量为 4.347 万吨，鱼类产量预计将达到 21.5 万吨。当局预计全国的耕地面积将从 2018—2019 年度的 177 000 公顷增加到 2019—2020 年度的 185 000 公顷。据老挝《巴特寮报》报道，2019 年老挝出口农产品共计 190 万吨，农产品出口额达 5.6 亿美元，主要出口农产品为香蕉、甘蔗、木薯、橡胶和玉米等，主要出口对象国为中国、泰国和越南。2019 年老挝从国外进口农产品约 75 万吨，进口额为 9 100 万美元，主要进口农产品为黄豆和种子等，主要进口国为越南、中国和泰国。老挝农业系统分为两大类——湄公河洪泛区及其支流的低地雨水灌溉系统和山地沼泽农业系统。老挝计划投资部统计数据显示，截至 2020 年上半年，农业占 GDP 比重约为 16.20％，农业部门对国内生产总值的贡献随着经济的发展逐步下降，但是依然是老挝的主要产业。自给自足、小规模经营是老挝农业的特点。与东南亚其他国家相比，老挝农业生产率和农业劳动技能水平较低，农业抗风险能力差，由于严重的洪水和干旱等气候冲击，早在 2016 年老挝 18.5％的人口曾出现粮食安全问题。

由于长期单一化种植和经营，化肥、杀虫剂和除草剂等大量农药的使用，制造业、旅游开发等造成的负外部性，土地和地下水污染等问题日益严峻。为解决这些问题，老挝需通过农林复合经营、社区资源管理和发展有机农业等方式，在发展农业与维护生态系统之间达到某种平衡。

（二）老挝咖啡种植业基本情况

据法国农业研究国际合作中心（CIRAD）2002 年的数据显示，老挝咖啡豆是世界上最好的 12 种咖啡豆之一。老挝咖啡主产区在布罗芬高原（Bolaven），是有着迷人香味的饮料，和老挝啤酒一样，成为"源自他国而自成优异"的、带着独特魅力的国家级产品。老挝的咖啡历史，可以追溯到百年之前。法国殖民者在柬埔寨、老挝和越南实验种植了各种作物，得天独厚的自然环境让老挝咖啡显露出东南亚顶级咖啡的王者风范。Robusta 和 Arabica 咖啡成为继鸦片之后最挣钱的农作物。目前，全世界 65％的咖啡为 Arabica，而老挝的布罗芬高原则生长着世界上最优质的 Arabica 咖啡树。温和的气候、潮湿的空气和富含营养盐的火山土壤使布罗芬高原成为咖啡种植的天堂，这片土地被认为是东南亚最适合种植咖啡的宝地。老挝咖啡种植约有百年历史，最初由法国人引进；因特殊的火山地质及气候，造就了风味绝佳的咖啡。老挝西南部的占巴塞省布罗芬高原出产全国 95% 的咖啡。东盟各国中老挝咖啡出口排名第一。咖啡已然是老挝农产品出口收入最大的来源。

2010 年老挝咖啡出口量为 16 783 吨，出口额为 3 087.6 万美元，出口量占产量的 41.23%。2014 年老挝咖啡的出口量为 18 655 吨，出口额为 4 387.6 万美元，出口量占产量的 50.23%。2015 年老挝国内气候条件恶劣影响了咖啡产量，当年老挝咖啡出口量达 18 376 吨，较 2014 年有所减少，咖啡出口量出现小幅度下滑；当年咖啡出口额为 4 799.7 万美元，出口量占产量的 49.34%。2016 年咖啡出口量为 19 231 吨，出口额为 5 082.7 万美元，创历年新高。2010—2016 年老挝咖啡出口额保持上升趋势，但由于受国际咖啡贸易价格下跌影响，2017 年老挝咖啡出口额出现下降，出口额为 3 387.6 万美元，出口量为 22 983 吨。2018 年老挝咖啡出口量达到 23 423 吨，整体以上升趋势在 9 年内增长到 1.4 倍。与世界上主要咖啡出口国家相比，老挝咖啡出口份额很小，不到世界咖啡出口的 1%，老挝咖啡出口在数量上很难形成优势，原因是老挝国内人口和土地面积有限，即使增加种植面积也难以在产量和出口量上与世界主要咖啡出口国家抗衡。

老挝咖啡目前的主要流向为越南、泰国、日本、中国等亚洲国家，而且近年来，由于老挝咖啡产量的增加（图 4 - 1），老挝咖啡在东南亚地区的竞争力也越来越强，而且老挝正在积极开拓欧美市场，在美国、西班牙等国家，老挝咖啡也逐渐被西方人所接受。

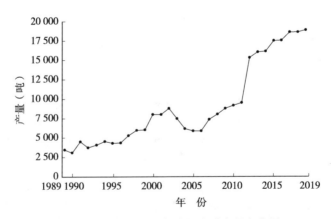

图 4 - 1　1989—2019 年老挝咖啡产量变化图

资料来源：FAO。

老挝的国土面积制约其咖啡种植面积，全国的国土面积 23.68 万平方千米，2019 年咖啡种植面积达到了 23.8 万公顷，由于独特的气候和土壤，老挝目前咖啡种类突破 50 种。目前老挝咖啡种植面积明显没有优势，而咖啡种植面积对老挝咖啡的国际贸易竞争力有极大影响，因此老挝需进一步增加咖啡种植面积，获得更强的出口能力，提高老挝咖啡国际贸易竞争力。

生产成本是决定老挝咖啡贸易价格的基础，咖啡产品的出口价格越低，在国际市场上就越是具有竞争力。价格越低，对国际买家的吸引力就越强。根据联合国粮农组织的统计，2019 年全世界咖啡生产的平均成本为 1 678 美元/吨，哥伦比亚的咖啡生产成本是世界上最高的，达到 3 680 美元/吨，而老挝的咖啡生产成本低于世界平均水平，为 1 470 美元/吨。目前老挝咖啡生产成本是所有竞争对手中最低的。由于老挝的人工成本较低，老挝咖啡生产成本较低。目前老挝咖啡生产成本具有明显的优势，但是这种优势能否长期保持是老挝需要考虑的。

近几年老挝国内经济发展状况良好，对咖啡种植的投入力度正在不断加大，同时对咖啡能够形成支持的农业科技产业、农业金融等得到进一步发展。

（三）老挝香蕉种植业基本情况

老挝是以发展农业为主的内陆国家，地处热带且雨量充沛，全年湿热的气候促使当地约 85% 的人民依靠农业生产为生。香蕉属于老挝水果贸易及消费量最大的鲜果，深受种植企业的喜爱。作为主要经济作物之一，香蕉长期占据老挝出口农产品的榜首位置。老挝香蕉的种植面积逐年增加，同时出口量也逐年增长，从 2010 年的 1.3 万吨增长到 2019 年的 2.6 万吨，为老挝经济的增长带来了福音。2009—2019 年，老挝的香蕉出口量增加约 1 000 万吨。目前，老挝香蕉市场已经具有一定规模，吸引许多中国企业到老挝发展香蕉产业。另外，在对一些中国香蕉种植企业的实地调研中发现，大量被调查者均认为将来到老挝、越南等东南亚国家种植香蕉的人会越来越多。

欧盟各国中既没有香蕉生产大国，也没有香蕉进出口的大国，近几年欧盟在世界的香蕉进出口贸易中一直保持着净进口。20 世纪初老挝香蕉出口到欧盟的总量约为 4 万吨，2007 年下降到 3 000 吨，至 2018 年下降到 1 000 吨，出口量的持续下行一定程度上说明欧盟对进口香蕉的品质及服务要求较高，要求老挝香蕉进行改善以增强国际竞争力。同时，欧盟的香蕉进口量总体基本呈现增加趋势，1986 年欧盟的香蕉进口量约为 7.6 万吨，2007 年约为 33.2 万吨，到 2018 年进口量达到 99 万吨。北美市场是由加拿大、墨西哥和美国三国组成的北美自由贸易协定区域。这 3 个国家中，美国一直占据世界最大的香蕉进口国的位置。联合国粮农组织数据表明，2018 年北美市场进口老挝香蕉的数量为 102.3 万吨，占老挝香蕉总出口量的 16.7%，其中美国进口量占北美市场总进口量的 89%。中国和印度香蕉出口量非常少，联合国商品贸易数据库相关数据显示，2018 年中国和印度香蕉出口量合计不到 66 万吨。中国是老挝香蕉的最大出口地之一，老挝出口到中国的香蕉近年来占其总出口量的 50% 以上。

根据老挝工贸部的数据，2017 年，老挝香蕉出口创收 1.679 亿美元，2018 年降至 1.12 亿美元，但 2019 年预计将增至 1.68 亿美元，大部分香蕉主要出口到中国、泰国两大市场。自 2013 年以来，老挝香蕉出口大幅增长。据老挝农林部称，香蕉出口已成为老挝外汇的最大来源。根据中国海关数据，2014 年，老挝向中国出口了 4.3 万吨香蕉，金额达 3 100 万美元。到 2017 年，出口量达 22 万吨，价值 1.62 亿美元，分别增长 410% 和 420%。

贸易壁垒仍然是老挝与中国之间的障碍，但双方都在努力相互开放市场。中国是老挝主要的贸易伙伴，2017 年老挝对中国的出口额达到 9.663 亿美元，2018 年超过 12 亿美元。在老挝对中国的出口中，铜排在首位，其次是香蕉。

(四) 老挝农产品投资贸易相关政策

目前，老挝在农业发展过程中，对环境的主要损害是农民使用违规农药等化学品，导致土壤和水质恶化。自给自足的务农模式养活了老挝大部分的农民群体，但是在农药的使用、土地的管理和水质的保护上，缺乏相应的监管机制，导致土壤和水质恶化。缺乏农产品加工产业、农村电力不完善等问题，使得实现农村生产现代化的过程中发展动力不足。此外。政府对于农业发展管理政策不完善，没有起到应有的指导和规划作用。

在经济增长和减少贫困的大背景下，老挝政府向私人投资和国外投资者提供国有土地特许权。农业用地是老挝第二大土地占用类型，但其中 85% 的特许权被授予主要来自中国（50%）、印度、韩国、泰国和越南等国的外国实体，结果造成土地使用权从小规模农民向私人和外国投资者发生了前所未有的转移。老挝出租使用土地的方式分为两种，即特许权和租赁权，后者适用于私人开发的土地，租赁权的面积往往较小，期限较短；前者则适用于国有土地。规模和影响都更大，有长达 30～50 年的租期。获得特许权的经济体，需要向老挝政府缴纳特许使用费，但是同时可以享受 10～15 年的免税期。这种土地出让和经营方式造成了土地的耗竭性使用，与发展绿色农业的目标和要求存在冲突。

三、中国—老挝农业合作情况

（一）中国—老挝政府间合作成效

中国和老挝同为共产党领导的社会主义国家，发展战略契合。自 2009 年两国建立全面战略合作伙伴关系以来，政治、经济、社会、人文等各领域合作稳步推进，中国成为老挝第二大贸易伙伴、第一大援助国和外资来源国。2012 年以来，进口老挝玉米、西瓜、香蕉、木薯干等农产品相继通过了中国的检验检疫资格，并于 2015 年批准湖南炫烨（老挝）有限公司获得老挝大米进入中国市场的资格。以"中国援老挝农业技术示范中心项目"为依托，中国成功地通过技术推广带动了老挝北部农业经济发展，并将种植、养殖产品引进中国市场，实现了技术和市场的有机结合。

（二）中国—老挝农业合作成效

2016 年 9 月，中老双方签署了《关于编制共同推进"一带一路"建设合作规划纲要的谅解备忘录》《关于确认并共同推动产能与投资合作重点项目的协议》等协议。2017 年 11 月中国国家主席访问老挝时，和老挝人民革命党中央委员会总书记共同见证了《关于共同推进中老经济走廊建设的谅解备忘录》《关于共同建设中老现代化农业产业合作示范园区的谅解备忘录》等文件的签署，进一步将中老两国经贸合作推向纵深。2018 年 1 月中国农业农村部与老挝农林部共同签署关于植物保护合作的谅解备忘录，这是中老双方农业部门落实两国元首共识，深化农业科技合作的又一具体措施，为双方加强植物保护领域的合作奠定了坚实基础。以农渔业合作备忘录、合作协议和协定为指导，以双边农业工作组和联委会机制为保障，中老两国农业合作呈现出援助与投资、园区项目与单个项目相互促进、共同发展的稳定局面。2018 年 7 月30 日，老挝国家农林研究院与中国湖南省农业科学院在老挝万象市签订《老—中农业研究和生产合作协议书》，合作范围主要以稻种的育种、生产、加工和销售等全产业链为主，合作年限 20 年。

以援助为契机，中国大量涉农企业赴老挝投资，并积极合作，建设园区。根据农业农村部企业对外投资采集数据，2017 年中国对老挝的农业投资流量为 1.84 亿美元，占对东盟国家农业投资流量总额的 29.6％；截至 2017 年年底，中国对老挝农业投资存量为 9.57 亿美元，占对东盟国家投资存量总额的22.9％；截至 2017 年年底，中国在老挝投资的农业企业有 86 家，是我国在亚洲地区设立企业数目最多的国家，其中，粮食作物 37 家、经济作物 28 家、畜牧业 4 家、林业 3 家、其他 14 家。作为我国唯一与老挝接壤的省区，云南省与老挝开展的农业对外投资合作领先全国。截至 2017 年年底，云南省企业共在老挝建立 65 家农业企业，2017 年投资 1.34 亿美元，占全省农业对外投资总流量的 78.2%。此外，云南、广西、重庆、深圳等地相继围绕农作物品种研发、跨境动物疫病防控等农业科技领域与老挝各地方政府合作建设农业园区，良种研发推广、罂粟替代种植和技术人才培养等各项工作全面铺开，带动老挝农业产业发展，增加当地农民收入。

湖南炫烨生态农业发展有限公司是 2013 年 8 月响应湖南省政府推动湘企"走出去"政策而成立的一家民营企业。企业主营谷物及其他经济作物的种植、收购、加工、销售，以及农业项目投资、农业技术开发等业务。公司注册资金 5 000 万元人民币，获准境外投资 6 000 万美元。2014 年 10 月，公司在老挝成立全资子公司——炫烨（老挝）有限公司，着力发展农业及建设现代农业产业园，初步形成了涵盖育种、种植、加工、存储、物流、交易等各环节的完整产业链，创造了老挝大米出口中国"零突破"的历史，并成为老挝大米在华第一家出口商。几年来，公司在老挝塑造了良好的中国企业形象，享有较高的知名度，被老挝政府列入重点扶持中资企业。过去几年，在老挝农业产业领域，公司与中粮集团、中国航空技术北京有限公司、湖南省农业科学院、湖南金叶众望科技股份有限公司、中联重科等单位与企业实现海外合作，实现民企与国企的优势对接与互补，为中老合作发展开启新机遇。

炫烨公司花了近两年时间，将"中国标准和技术"引入老挝，在老挝创建了一条完整的、国际化标准的老挝大米出口产业链，成功打破了老挝大米"零出口中国"的历史。2018 年与中粮集团合作完成 2 万吨老挝大米出口中国，2020 年获批准老挝大米出口中国配额至 5 万吨。炫烨公司、老挝立生公司和老挝丰沙里省合作推进的优质生态烟叶种植生产项目已成功帮助老挝北部贫困山区近千户农民实现脱贫，在老挝北部贫困山区推行烟叶替代种植、为中老两国"精准扶贫"的国际合作做出了示范。项目基地在丰沙里省奔诺县，2019 年种植烟叶面积 1 500 亩*，预计可产出优质生态烟叶 3 000 担**。目前，基地已在丰沙里省奔诺县建成烟叶育苗基地以及烘烤工厂 1 个，筹划新建烘烤工厂 2 个。老挝政府积极支持烟叶出口中国，10 月中国海关总署派出专家对老挝烟叶生产进行检查、检疫，专家组高度评价烟叶生产及烟叶产品符合中国海关规定的各项检疫要求，正在等待中国烟草总公司对老挝烟叶进口的配额审批，尽快实现老挝烟叶正式出口中国。

2019 年 10 月，炫烨公司已经与中联重科签订合作协议，中联重机将发挥

---

　*　亩为非法定计量单位，1 亩≈667 平方米。——编者注

　**　担为非法定计量单位，1 担＝50 千克。——编者注

农业机械方面的技术优势，以建设老挝万象市现代农业产业园农机示范中心为起点，逐步建立农机销售、配件供应、售后服务、融资租赁等全方位服务体系，助力中国品牌和中国制造"走出去"，为推进"一带一路"倡议做出新的贡献。

为提升和改良老挝肉牛品质，调动农民养殖积极性，满足年出口50万头肉牛至中国的配额目标，中国与老挝农林部农林研究院合作在老挝万象市建设"中—老良种肉牛科研示范中心"，以中国成熟的种牛培育及改良技术为基础，以示范养殖、技术培训和优质种牛精子库建设为合作内容，帮助老挝国建立健全种牛培育机制，保护和利用好两国现有的种牛资源，提供必要基础设施和技术来对肉牛品种杂交改良及出口贸易进行合理规划，以满足中国市场日益增长的优质牛肉消费需求。

（三）中国—老挝农业示范园合作成效

为积极响应"一带一路"倡议，落实《关于共同建设中老现代农业产业合作示范园区谅解备忘录》的要求，"老挝—中国现代农业科技示范园"将坚定不移以"走出去"战略为统领，围绕"一区、一库、四基地"（境外农业合作示范区，老挝国家基因库，农业新品种新技术示范推广基地、农业新种质资源收集开发基地、现代农业产业区域发展承接基地和国家"南繁"制种备选基地）的发展目标，拟建设成集科研、示范、培训、观光为一体的农业高科技示范园。

2018年1月23日，中国农业部党组副书记、副部长余欣荣一行专程到示范园参观考察，并为国家境外农业合作示范区揭牌；4月11日，华大基因参加中老现代农业产业示范园区规划领导小组会议并参与规划撰写工作；7月12日，中国国务院发展研究中心副主任、党组成员王安顺一行来访示范园，调研海外农业项目发展经验。2019年5月28日，中央统战部副部长、全国工商联党组书记、常务副主席徐乐江一行率企业家代表团到示范园考察调研。2020年初，受疫情影响，老挝与国内的人员往来、物流等全部中断。示范园运营人员坚守岗位，按既定目标推进工作，同时拓展新的项目。6月1日，与老挝科技部生物技术研究院签订鸡蛋花育种基地建设合同，推进老挝鸡蛋花良种繁育等项目。

示范园以农业新品种（杂交糯稻选育等）和新技术（智慧农业等）为先导，展示先进生物育种和农业生产技术，组织实施重点地区推广示范。示范园需选择老挝农业设施条件较好的地区，大力开展技术应用培训，推广相关优良品种和高产栽培技术示范。"以点带面"实现成果的大规模应用，借助重点地区的示范效应，实现相关技术、成果的大规模推广，大幅提高当地的农业生产效率和技术水平，促进老挝当地农业经济发展，使当地农民增产增收，进而带动周边国家农业技术水平的提升。示范园由深圳华大基因科技有限公司牵头统筹资源，其在老挝的全资子公司华大基因（老挝）有限公司负责建设、运营等。示范园核心区一期建设面积为 195 亩（另水产基地 270 亩），园区主体结构成型，已完成土地平整、道路修建、农田改造、办公楼、电力照明、水利灌溉等基础设施建设，具备开展农业产业开发的基础条件。目前已建成水生资源保存区、植物资源保存区、水稻种质资源收集区、水稻品种选育区、水稻高产示范区、水稻制种合作区 6 个功能分区。

通过示范园区建设，可以助力中国适用农业技术、产品全面进入老挝及东南亚市场，加强深化中国与老挝的战略和经贸合作，也有利于促进优良农作物品种和农业新技术在"一带一路"沿线国家推广应用。示范园打造的合作交流平台，促进中国和老挝有关部委、科研机构、高校和企业事业单位级结成紧密合作关系，充分利用好两个市场、两种资源，深化中国与老挝科技与创新合作，促进老挝的经济社会发展，服务中国外交大局及树立良好国际形象。

设立中老现代农业合作示范园区建设管理委员会，由老挝科技部、老挝农林部和华大基因集团任命主要负责人，各部门共同参与、各负其责，切实加强对园区建设的宏观指导。委员会下设办公室，统筹协调推进园区建设，落实双方定期协商机制，制定出台系列便于开展各项工作的优惠政策，妥善解决园区建设过程中出现的各种问题。明确园区管委会职能，设立集中审批机构，负责示范园内项目运营、设施维护以及企业间协调工作，负责新企业引进、园区内日常事务、园区收入与支出管理、政府企业农民三方利益协调等，推动园区建设的快速、有序、健康发展。

（四）中国—老挝农产品贸易情况

2013—2019 年中国与老挝农产品贸易合作持续快速增长，2013 年双边农产品贸易金额为 7 970.3 万美元（表 4-1），同比增长 38.32%。2015 年双边农产品贸易额首次突破 1 亿美元大关，达到 13 614.8 万美元。2019 年双边农产品贸易额再次刷新历史最高纪录，达到 24 890.5 万美元，同比增长 4.41%。其中，中国自老挝农产品进口贸易额为 20 385.4 万美元，同比增长 11.87%；中国对老挝农产品出口贸易额为 4 505.1 万美元，同比下降 19.78%；老挝贸易顺差为 15 880.3 万美元，同比增长 25.24%。2013—2019 年老挝在中老双边农产品贸易合作中一直处于顺差地位，金额累计达 64 274.5 万美元，约占老挝农产品全球贸易顺差总额的 1/4。

表 4-1 2013—2019 年中国与老挝农产品贸易合作发展情况

单位：万美元

年份	中国自老挝进口额	中国对老挝出口额	中国与老挝进出口额	出口额—进口额
2013	5 558.5	2 411.8	7 970.3	−3 146.7
2014	7 624.3	1 978.6	9 602.9	−5 646.7
2015	10 636.2	2 978.6	13 614.8	−7 657.6
2016	11 774.9	2 500.7	14 275.6	−9 274.2
2017	12 481.0	2 416.8	14 897.8	−10 065.4
2018	18 222.0	5 616.2	23 838.2	−12 605.9
2019	20 385.4	4 505.1	24 890.5	−15 880.3

资料来源：联合国商品贸易统计数据库（UN Comtrade）。

2019 年中国在老挝农产品进出口贸易中占比为 10.99%，较 2018 年（13.59%）有所下降，排名第二位，中国在老挝农产品进口、出口贸易中占比分别为 4.87%、15.21%，较 2018 年（7.63%、17.90%）存在小幅震荡。同期，老挝在中国农产品进出口贸易中占比相对较低，仅为 0.11%，与 2018 年（0.11%）持平，在中国农产品进口、出口贸易中占比分别为 0.14%、0.06%，排名相对靠后。

2013 年中国自老挝进口农产品主要种类为 HS10（谷物）占比 59.13%，HS12（含油子仁及果实，杂项子仁及果实，工业用或药用植物，稻草、秸秆及饲料）占比 26.18%，HS11（制粉工业产品、麦芽、淀粉、菊粉、面筋）占比 7.96%，合计为 93.27%。同期，中国对老挝出口农产品主要种类为 HS24（烟草、烟草制品及烟草代用品的制品）占比 79.99%，HS08（食用水果及坚果、甜瓜或柑橘属水果的果皮）占比 7.94%，HS22（饮料、酒及醋）占比 7.84%，合计为 95.77%。2019 年中国自老挝进口农产品主要种类为 HS10 占比 37.25%，HS11 占比 23.98%，HS12 占比 16.53%，合计为 77.76%。同期，中国对老挝出口农产品主要种类为 HS24 占比 21.71%，HS21（杂项食品）占比 21.04%，HS16（食品、饮料、酒及醋，烟草、烟草及烟草代用品的制品）占比 15.46%，合计为 58.21%。中国与老挝农产品进口、出口贸易中产品类别集中度有所下降，但仍相对偏高。

以联合国商品贸易统计数据库《商品名称及编码协调制度（2017）》为基准，2019 年中国自老挝进口具体农产品 28 种，较 2013 年（25 种）增加了 3 种，进口额超过千万美元有 5 种，其中，进口额排名前五位的产品分别为：HS110429（大麦）位居首位，进口额为 4 355.6 万美元，占比 21.37%；HS100590（玉米）

排名第二，进口额为 4 041.2 万美元，占比 19.82%，自 2017 年以来中国蝉联老挝玉米出口榜首，各年份占比均超七成以上；HS121293（甘蔗）排名第三，进口额为 3 349.6 万美元，占比 16.43%；HS100630（精米）位居第四，进口额为 3 296.0 万美元，占比 16.17%；HS071410（木薯）位居第五，进口额为 1 542.2 万美元，占比 7.57%。同期，中国对老挝出口 71 种农产品，较 2013 年（17 种）增加了 54 种，出口额超过百万美元有 5 种，其中，出口额排名前五位的产品分别为：HS110710（麦芽）位居首位，出口额为 947.9 万美元，占比 21.04%；HS160554（鱿鱼）排名第二，出口额为 695.6 万美元，占比 15.44%；HS240319（其他烟草）排名第三，出口额为 463.0 万美元，占比 10.28%；HS220890（白酒）排名第四，出口额为 398.4 万美元，占比 8.84%；HS050290（兽毛）排名第五，出口额为 363.9 万美元，占比 8.08%。

2013—2019 年中国农产品显示性比较优势（RCA）数值均小于 1（表 4-2），即为比较劣势；老挝农产品保持较强竞争优势，2019 年为极强竞争优势。贸易互补性指数（TCI）基于两国出口优势与进口劣势进行综合考虑，主要用于衡量一个国家某种产品出口与另一个国家进口的吻合程度。2013—2019 年中国与老挝农产品贸易互补性指数呈递增趋势，其中，2019 年中国对老挝农产品贸易互补性指数为 0.70，老挝对中国农产品贸易互补性指数为 2.36。

表 4-2　2013—2019 年中国与老挝两国农产品显示性
比较优势（RCA）及贸易互补性指数（TCI）

年份	2013	2014	2015	2016	2017	2018	2019
中国农产品 RCA	0.37	0.36	0.36	0.38	0.37	0.38	0.37
老挝农产品 RCA	1.82	2.14	2.51	3.29	2.38	2.09	2.75
中国对老挝农产品 TCI	0.20	0.19	0.22	0.57	0.52	0.57	0.70
老挝对中国农产品 TCI	1.32	1.57	1.97	2.53	1.82	1.60	2.36

资料来源：联合国商品贸易统计数据库（UN Comtrade）。

四、中国—老挝农业合作前景分析

（一）增进战略互信与完善合作机制

进一步增进双边经贸合作是夯实中老两国全面战略合作关系的物质基础，也是携手打造具有战略意义的命运共同体的重要保障。增进农业领域合作对双方而言，是各有所需、各有所得、互利共赢。两国政府继续秉承传统友好关系，密切高层往来与对话，增进政治战略互信，重视经贸领域合作规划，增进两国农业部门对话和联合办公，推动两国农业政策与发展规划的良性对接，统筹规划两国未来农业合作的方向与重点形成合理分工与产业布局，增强互补性，减少同质竞争性，构筑两国农业合作一体化协同发展模式，打造一批两国农业合作的旗舰项目，实现"以点带线、以线促面"的全面发展。

（二）推进贸易自由化与便利化

中老两国应以中国与东盟自贸区"升级版"建设、《区域全面经济伙伴关系协定》（RECP）的签署为契机，不断提升双边农产品贸易自由化与便利化水平，进一步降低双边贸易合作中的非关税贸易壁垒，简化动植物检验检疫程序，增进两国海关、检疫等部门联合办公与信息共享，提高海关通关效率，设立农产品"绿色通道"，推广"两国一检"模式，降低贸易交易成本，提高合作效率。中国可在符合产品进口检验检疫基本要求的前提下，主动开放部分农产品国内市场，可采取先试先行方式探索合作，扩增从老挝进口的各类水果蔬菜类产品的进口许可种类，扩大老挝对华农产品出口规模。

（三）完善互联互通基础设施建设

通过"丝路基金""亚投行""澜湄合作专项基金"等加大对老挝国内公路、铁路建设的投资，加速中老铁路项目建设，升级和完善交通基础设施，补足短板，降低运输费用，提高物流效率，加快两国边境地区的口岸建设，提升口岸通关能力和效率。加大支持两国跨境经济合作区建设，鼓励引导国内农资企业广泛参与。大力发展跨境农产品电商业务，扶持知名平台与电商企业参与合作发展。搭建农产品交易信息交流平台，大力发展跨境电商，扶持电商企业与平台建设，推进农业合作高质高速发展，共享农业数字经济发展成果。举办农产品推介会，加大宣传力度，提升两国农产品在彼此国内市场的知名度。构建国内区域性配送中心及分销渠道，深挖国内市场潜力，扩大贸易规模，提升合作层次。

（四）深化农业全产业链合作

2016 年 11 月 13 日中国农业部印发《农业对外合作"两区"建设方案》，鼓励农业"走出去"开展境外农业合作示范区建设。应加大对老挝农业领域投资、共建跨境农业合作示范园项目，以旗舰项目建设为"引擎"，形成规模经济与产业集聚效应。鼓励国内有实力的农业加工制造企业积极走进老挝市场，充分利用当地农业资源禀赋优势，加大对老挝农业领域技术援助、人才培训的力度，加速农业现代化、产业化、信息化进程，促进其农业经济提质升级发展。推动农产品精深加工合作，延伸价值链，提升附加值，打造全产业链合作。

（五）保障两国粮食安全

以满足老挝减贫诉求为首要任务，继续加强跨国边境动物疫病防控屏障建设、澜沧江—湄公河水生生物保护合作和中老林业合作，构筑两国农林生态安全屏障，保障老挝粮食安全。根据老挝政府的战略规划和当地民众的消费需求，聚焦重点产业、关键产品和多个环节，加大对老挝农药、种子、化肥等相关农资的研发投资和技术指导，加大投资水稻、玉米、木薯、咖啡等农作物种植和水产、畜牧养殖，投资建设屠宰场、肉类加工厂等农产品加工环节基础建设，提高产量，促进就业。同时，大力提升两国农业园区合作水平和平台作用，推动园区向全产业链综合发展，积极谋划并参与中老现代农业产业合作示范园区建设，并力争与"中老经济走廊"规划编制工作协同推进、有效衔接。

中国—东盟自贸区"升级版"和"一带一路"倡议以及 RECP 的签署为中国与老挝双边农产品贸易合作发展创造了新机遇、搭建了新平台。中老两国政府将不断增进政治战略互信，以深化农业领域"五通建设"为主要任务和行动指南，不断推动两国农业领域合作走实走深，增进国家利益，惠及人民福祉，携手构建具有战略意义的中老命运共同体。

参 考 文 献

白俊杰，2015. 中国—老挝农业合作面临的挑战及政策建议 [J]. 中国农垦（4）：43-44.

保建云，2007. 中国与老挝两国双边贸易发展特点及其存在的问题分析 [J]. 学术探索（3）：36-41.

BOUDSABA S，2016. 中老贸易合作的现状与未来发展研究 [D]. 安徽：中国科学技术大学.

方芸，2005. 老挝农业发展现状及前景 [J]. 东南亚（1）：39-43.

江丽，2016. 老挝农业发展的现实困境与农业经济可持续发展战略 [J]. 世界农业（2）：166-169.

李贤高，赵明，王歆昕，等，2018. 老挝香蕉产业概况与发展前景 [J]. 南方园艺，29（3）：18-20.

刘妍，赵帮宏，张亮，2017. 中国投资老挝农业的环境、方向与战略预判 [J]. 世界农业（1）：198-203.

吕荣华，夏秀忠，刘开强，等，2010. 老挝农业生产概况 [J]. 广西农业科学，41（12）：1358-1360.

玛丽娜，2020. 老挝和中国双边经贸合作农产品竞合关系研究 [D]. 上海：东华大学.

VILAIPHORN C，齐平，2020.“一带一路”倡议背景下中国和老挝经济合作的发展机遇 [J]. 华东师范大学学报（自然科学版）(S1)：140-144.

王栋，2018. 老挝农业发展的困境与对策：兼论当前中老农业合作的现状与展望 [J]. 安徽农业科学，46（7）：190-192.

文瀚，林卫东，陈玉保，等，2017. 老挝农业发展现状、问题剖析及对策研究 [J]. 云南科技管理，30（2）：53-55.

闫永军，2018. 湄澜合作机制背景下中老经贸合作新发展探析 [J]. 乌鲁木齐职业大学学报，27（1）：23-25+47.

杨洋，2010. 老挝在经济全球化中的地位与挑战 [J]. 思想战线，36（1）：137-138.

张建中，2012. 新形势下中国与老挝双边贸易关系研究 [J]. 东南亚纵横（1）：29-33.

张琦，余国培，2010. 老挝改革开放后经济发展新趋势 [J]. 世界地理研究，19（1）：36-43.

张瑞昆，2009. 中老关系框架下的云南：老挝经济合作 [J]. 东南亚南亚研究（4）：43-47+91.

张毅，2012. 中国企业对老挝农业投资探析 [J]. 经济师（3）：78-79+82.

赵波，吕峰，卢娴湘，2020. 中国企业对老挝农业的投资现状探究及思考 [J]. 经济研究导刊，437（15）：173-174.

郑国富，2020.“一带一路”倡议下中国与老挝农产品贸易合作发展的成效、问题与建议 [J]. 对外经贸（12）：49-52.

郑一省，王建坤，2012. 老挝经济发展及其与中国的经贸合作 [J]. 亚太经济（5）：106-110.

BURRA D D，PARKER L，THAN N T，et al，2021. Drivers of land use complexity along an agricultural transition gradient in Southeast Asia [J]. Ecological Indicators：107402.

HIROKAWA S，2013. Case Studies of Rural Development and Clean Agriculture in Lao PDR [J]. Asian Journal of Agriculture and Rural Development，3.

MEKURIA，NOBLE，SENGTAHEUANGHOUNG，et al，2014. Organic and Clay-Based Soil Amendments Increase Maize Yield，Total Nutrient Uptake，and Soil Properties in Lao PDR [J]. Agroecology and Sustainable Food Systems，38（8）：936-961.

MEKURIA W，GETNET K，NOBLE A，et al，2013. Economic valuation of organic and clay-based soil amendments in small-scale agriculture in Lao PDR [J]. Field Crops Research.

第五章　马来西亚农业发展现状及合作前景

　　马来西亚（Malaysia）是君主立宪联邦制国家，首都吉隆坡，联邦政府行政中心布城。全国分为 13 个州和 3 个联邦直辖区，全国面积共 33 万平方千米。马来西亚位于东南亚，国土被南中国海分隔成东、西两部分，即马来半岛（西马）和加里曼丹岛北部（东马）。马来西亚人口 3 275 万，其中马来人占 69.1%，华人占 23%。马来西亚是一个中等收入国家，2019 年马来西亚国内生产总值为 3 700 亿美元，比 2018 年增长 4.3%，低于预期的 4.7%，全球排第 35 位。马来西亚作为东盟排名第三富裕的国家，其经济仅次于新加坡和文莱，城镇人口高达 70% 以上。机械、运输设备和矿物燃料对外贸易是其经济支柱，主要贸易伙伴为中国、新加坡和美国。农业产值在马来西亚国民经济中占主要地位，被国家视为基础性产业。

　　马来西亚政府历来十分重视农业的发展，并将其与国内稳定发展紧密联系起来，从独立初期开始，政府就在农业发展上投入较大精力，以确保农业发展和国家粮食供应充足。同时，农民富裕问题也是政府一直致力解决的问题。一直以来，马来西亚的农业发展特色在于将经济作物作为农业发展的主要推动力，通过经济作物的种植来实现农业的稳定发展。马来西亚现有耕地面积 414 平方千米，占可耕地面积的 30.6%，同时沙巴、砂拉越地区还有大量未开垦的荒地，这些荒地都很适合农作物的生长，因此国家具有较大的农业发展潜力。马来西亚有丰富的热带林业资源，是世界上热带硬木的主要生产国和出口国，曾向世界提供硬木消费量的 25%。20 世纪 70 年代初，马来西亚林地面积约为 2 343 万公顷，由于大量的采伐使森林资源遭受严重破坏，为此国家出台了一系列保护措施鼓励植树造林和保护森林资源，但是森林面积仍然锐减，2010 年马来西亚森林总面积为 1 808 万公顷。作为沿海国家，马来西亚政府十分重视渔业的发展，采取了多项发展措施，如低息贷款供渔民购买设备等，因此近年来深海捕捞和养殖业有了相当快的发展。

　　根据世界经济论坛（WEF）发布的《2019 年全球竞争力报告》显示，马来西亚的全球竞争力在 141 个经济体中以 74.6 分排名第 27 位，较 2018 年第 25 位（74.4 分）为差。马来西亚在亚太经济体中排名第 9 位，次于新加坡、日本、韩国、澳大利亚、新西兰、阿拉伯联合酋长国等国家，以及中国香港和台湾地区。本次马来西亚排名虽然下跌，然仍超越中国、泰国、卡塔尔及意大利。该报告显示，马来西亚在 12 项重点评估项目中，除保健（第 66 位）、基础建设（第 35 位）、总体经济稳定（第 35 位）、信息与通信技术（ICT）应用（第 33 位）、技术标准（第 30 位）、机构结构（第 25 位）、市场规模（第 24 位）表现退步外，其他项目均持平或有进步，包括金融系统（第 15 位）、商业活力（第 18 位）、劳力市场（第 20 位）、产品市场（第 20 位）及创新能力（第 30 位）。

一、对外交流与合作

马来西亚系英联邦成员，与其成员国交往较多，奉行独立自主、中立、不结盟的外交政策，视东盟为外交政策基石，优先发展同东盟国家关系，重视发展同大国关系，已同 131 个国家建交。2019 年 9 月，马哈蒂尔政府发布《新马来西亚政策框架》，确定"摒弃与各国间矛盾差异，与各国保持友好关系，促进贸易与经济持续发展"的外交政策。

马来西亚于 1957 年 9 月 17 日加入联合国，也是环印度洋区域合作联盟、亚洲太平洋经济合作组织、大英联邦、不结盟运动和伊斯兰会议组织的成员，同时也是东盟的创立国之一。作为东盟的创始成员国，马来西亚一直视东盟为依托，同其他东盟国家政治、经济、文化关系密切，高层互访频繁，并注重在重大国际地区问题上相互协调立场。马来西亚是东盟内部贸易的重要一员。

在马来西亚独立初期，其防务较大程度上依赖于英国的安全保障，同时英国还是马来西亚早期的主要外资来源和外贸对象。随着国际形势的变化，马来西亚意识到东亚地区国家的重要性，逐渐调整与英国的关系，在马哈蒂尔的外交策略和实践的整体结构中，英马关系的重要性显得并没有那么醒目。马来西亚和美国建立了全面伙伴关系后，美国一直是马来西亚最大的贸易伙伴和主要外来投资者，但过去 10 年内两国双边贸易表现并不突出。2019 年美国跃升成为马来西亚最大的外国直接投资商，投资额占马来西亚外商直接投资总额的 20%。尽管目前马来西亚与美国的政治纽带并不紧密，但两国的双边防御关系和海洋问题上利益一致，两国积极通过双边培训、磋商小组、联合训练和军事演习巩固双边关系，着力维护国防协议。譬如说，为加强马来西亚领海意识，根据美国海上安全倡议，马来西亚皇家海军预计将收到美方总共 12 架无人机，这充分证明了两国已建立起成熟的国防互助体系。

马哈蒂尔执政时期，马来西亚提出了"向东看"的发展战略，即学习日本和韩国的经济发展模式和理念，以进口替代和出口导向改造国民经济结构，建立自身的经济支柱。马来西亚面向东亚的外交策略和实践，在多边层面上积极推动以东盟为中心的"10＋3"合作，将中、日、韩三国纳入以东盟为基石的外交框架中。

马来西亚一直重视发展同日本的外交关系，两国关系十分紧密。日本长期为马来西亚提供资金和技术方面的支持，同时也是马来西亚主要的国际直接投资（FDI）来源国之一。1998 年亚洲金融危机之后，日本的经济援助也是推动马来西亚经济恢复的重要因素之一。

韩国是"亚洲四小龙"之一，马来西亚在"向东看"政策的鼓励下，积极拓展与韩国关系，并鼓励民众向韩国学习，同时马来西亚也是韩国对东盟贸易投资的重要对象国。

中国—马来西亚有着长期友好的外交关系和传统友谊，双边关系发展稳定向好。1974 年 5 月 31 日，中马两国正式建交，马来西亚也是东盟成员国中第一个与中国建交的国家。建交以来，两国不断拓展和深化双边关系，给双方带来实实在在的利益，也为促进两国和本地区的繁荣与进步发挥了重要作用。1999 年，中马签署关于未来双边合作框架的联合声明，宣布建立"全方位的睦邻友好合作关系"，双方将进一步加强在广泛领域的协调与合作，共同促进两国和本地区的和平、稳定、安全、和谐与发展。2013 年中国国家主席访问马来西亚，与马来西亚总理达成共识，决定将两国关系提升为全面战略伙伴关系，坚持从中马友好大局出发，加强就重大问题的战略沟通和对双边关系的顶层设计，结合各自发展战略扩大经贸合作，加强信息通讯、遥感卫星、生物技术合作等领域合作，发挥防务安全磋商机制作用，加强两军交流合作。同时，两国签署了包括《中华人民共和国政府和马来西亚政府经贸合作五年规划》在内的 6 项经贸、文化、金融等领域合作协议。2015 年中国政府总理访马，就增进高层交往、共建"一带一路"、推进产能合作、加强区域互联互通达成一系列共识，掀开了中马关系发展的新篇章。2017 年 5 月，马来西亚总理来华出席"一带一路"国际合作高峰论坛，与中国政府总理共同见证了发展战略对接、检验检疫、基础设施等领域双边合作文件及两国 9 项企业协议的签署，涵盖建筑、农业、经贸、基建等领域，总贸易额达到 312 亿林吉特（约 72.2 亿美元）。2018 年 8 月，习近平主席与马哈蒂尔总理一致认为双方按照相互尊重、友好协商的原则，进一步增进友谊，深化合作，坚持友好合作的大方向，实现互利双赢。2019 年 4 月，马哈蒂尔总理来华出席第二届"一带一路"国际合作高峰论坛，共商"一带一路"合作，推动中马关系实现更大发展。

二、农业发展情况

马来西亚农业以发展经济作物为主，经济作物主要有棕榈油、橡胶、热带水果等，其中棕榈油、天然橡胶、棕榈油仁等农产品是出口的主流。马来西亚的粮食生产比较薄弱，国内生产长期不能自给自足，水稻的自给率只有65％左右，差额需要进口，政府将大米生产作为确保国家粮食安全的重要保障之一，其目标是实现83％的大米自给率。此外，马来西亚每年还需要进口大量的农产品以满足国内的生活需要，其中鱼类和海产品进口数量较多，其次为乳制品，新鲜的和冷藏的牛羊肉，新鲜的和加工过的蔬菜、水果等。在进口粮食作物中，玉米主要从中国、泰国、缅甸、阿根廷等国家进口，小麦主要从澳大利亚、加拿大、印度和美国等国进口，大米主要从泰国、日本、澳大利亚和柬埔寨等地进口。

1997年，由于亚洲经济危机，马来西亚农业受到较为严重的冲击，出现了负增长。从1998年开始，国家鼓励农业的发展，充分利用国家资源促进经济的恢复，但是由于农业产品的价格不断下跌，其中棕榈油、大豆、橡胶等农产品价格下跌较多，给农民带来了较大的损失。政府通过了一系列刺激计划，到1999年农业实现了正增长，农业秩序恢复稳定。21世纪以来，各项农产品的价格都实现了正增长，且涨幅较大，农业有力地促进了国民经济的增长。

（一）马来西亚农业基本情况

马来西亚是中国的海上邻国。由于地理位置的差异，两国在气候条件方面存在一定的差异，但两国在农业方面的交流十分密切。近年来，马来西亚为了加快农业经济发展，相关政府部门推行了针对性策略，并逐步落实，对农业生产质量进行提升，并不断地对农产品的销售市场进行扩大，使得在满足国内经济发展的同时满足出口国际市场的需求。随着中国—东盟自由贸易区的建立和完善；以及马来西亚在国际市场上面的活跃，使得其成为中国农业贸易的重要伙伴，而广西作为中国—东盟自由贸易区中心点，农业出口的主要省份，与马来西亚间的合作也越发密切。马来西亚农业发展水平较低，农业经济结构发展缺乏一定合理性，导致其农业技术发展较为落后，且大多数的农产品维持在原始状态或是初级加工状态，从而使得其农产品的流通附加值偏低。

马来西亚位于赤道附近，气候为热带雨林气候，出产的水果种类繁多，如芒果、榴梿、西瓜、菠萝、香蕉、阳桃、番木瓜、波罗蜜等。也正因为马来西亚处于热带雨林地区，使得其无法种植生产温带水果，而中国大部分地域处于温带，少部分处于热带，因而适合种植生产大量的温带水果，可见中国和马来西亚在农产品品种方面具有较强的互补互促性。

马来西亚的林业资源十分丰富，尤其是在橡胶方面，是世界出口橡胶的大国，也是中国橡胶进口的主要国家。橡胶种植条件较高，其主要生长在高温、高湿、静风和肥沃土壤，北方主要为温带地区，南方主要为热带地区，部分地区适合橡胶树的生长，但由于广西热带地区的土壤气候与马来西亚相差较大，因而橡胶种植业发展较为困难，种植生产的橡胶量不能满足我国橡胶工业发展的需求，因而大部分橡胶工业所需的橡胶原料以进口为主，马来西亚则是进口的主要国家之一。

（二）马来西亚橡胶种植业基本情况

从 20 世纪开始，橡胶种植就受到马来西亚政府的关注。1910 年，马来西亚的橡胶园面积为 20 万公顷，1914 年种植面积翻倍，其后每年以 4 万公顷的速度递增，到 1930 年，橡胶园面积占全国可耕地面积的 2/3。此后，由于世界大战的爆发，国际市场对橡胶的需求量减弱，橡胶价格下降，但是橡胶的种植面积依然以每年一万公顷的速度增加。第二次世界大战后，橡胶产业迅速恢复，成为国家经济的支柱产业。20 世纪 50 年代，橡胶最大出口国的位置由印度尼西亚取代，国内橡胶受到国际市场猛烈的冲击。20 世纪 80 年代以来，马来西亚橡胶种植范围不断扩大，出口量也持续增大，国家也逐渐加大在技术方面的革新以保证天然橡胶业的发展。进入 21 世纪，橡胶的种植面积逐渐减小，2004 年，马来西亚橡胶种植面积为 128 万公顷，投产面积为 119 万公顷，产量达 117 万吨，是世界第三大天然橡胶生产国。橡胶主要种植区位于西马，2004 年西马的橡胶种植面积达到 99.6 万公顷，占整个马来西亚橡胶种植面积的 78%，沙巴和砂拉越两州的种植面积为 28.6 万公顷，占全国橡胶种植面积的 22%。马来西亚橡胶种植有国营和私营两种经营模式，以私营种植为主。2004 年马来西亚橡胶私营种植面积为 116 万公顷，占全国总种植面积的 90% 以上，国营种植面积仅为 12.6 万公顷，占全国总种植面积的9.8%。2007 年种植面积减小到 125 万公顷，2014 年，马来西亚的橡胶种植面积创下历史新低，只有 102 万公顷，相应产量也减少至 93.9 万吨。

马来西亚种植产业部官员表示，2017 年 11 月—2018 年 1 月，政府已下拨 2.61 亿林吉特援助资金给 44 万户小胶园主与收割工人。政府财政扶持 2 070 万林吉特资金给砂捞越州重新进行橡胶更新栽培，栽培面积为 2 225.6 公顷。马来西亚橡胶栽培计划的补助金总额为 15 830 万林吉特，橡胶栽培总面积 54 057 公顷。2018 年 1 月马来西亚的天然橡胶产量从 2017 年 12 月的 67 101 吨减少为 65 792 吨。库存量从 2017 年 12 月的 230 300 吨提高为 254 525 吨，小胶园主的天然橡胶产量占 1 月天然橡胶总量的 92.9%，国内橡胶消费量由 2017 年 12 月的 43 617 吨增加至 44 302 吨。

2019 年 8 月马来西亚天然橡胶产量从 2019 年 7 月的 60 088 吨减少至 57 599 吨，下降率为 4.1%。据马来西亚统计局数据，与 2018 年 8 月同期相比，天然橡胶产量也减少 8.4%。2019 年 8 月马来西亚天然橡胶出口量为 55 879 吨，比 2019 年 7 月的 67 273 吨减少了 16.9%。中国仍是马来西亚天然橡胶主要出口国，占总出口量的 52.6%。2019 年 8 月胶乳平均价格为 439.19 仙*/千克，2019 年 7 月价格为 476.23 仙/千克。马来西亚标准胶 20（SMR20）平均价格下滑至 542.48 仙/千克，2019 年 7 月为 580.82 仙/千克。该部门称，2019 年 8 月马来西亚国内天然橡胶消费量为 41 673 吨。橡胶手套制造业是主要产业，产量为 31 394 吨，占全国消费量的 75.3%。

（三）马来西亚油棕种植业基本情况

油棕属多年生单子叶植物，是热带木本油料作物。植株高大，须根系，茎直立，不分枝，圆柱状。叶片羽状全裂，单叶，肉穗花序（圆锥花序），雌雄同株异序，果实属核果。油棕果的果肉、果仁含油丰富，在各种油料作物中，有"世界油王"之称。用油棕果的果仁榨的油叫棕油。棕油是全球第二大类食用植物油。单位产量是大豆、棉籽、花生、葵花、菜籽等其他植物油作物的 6～11 倍。油棕树最早种植于西非及赤道非洲，1848 年荷兰人首次引种到印度尼西亚，19 世纪 70 年代初期作为观赏植物开始在马来西亚种植。20 世纪 20 年代马来西亚开始企业化种植油棕并开始棕油轧制，目前，马来西亚的棕油产量占全球的 45% 左右，出口量占 45% 左右，直接和间接就业人员超过 200 万人，棕油业已经成为马来西亚经济发展的重要组成部分。

油棕产业在马来西亚国家的农业发展中拥有非常辉煌的历史。19 世纪末，马来半岛已经开始尝试种植油棕，并于 1917 年开始实行商业种植。马来西亚从 20 世纪 60 年代开始大规模种植棕榈；60 年代中期，政府规定 60% 的新耕地要种植油棕，并鼓励私人将老橡胶园、老椰子园改种油棕；70 年代马来西亚一跃成为世界最大的棕油生产和出口国；80 年代，油棕种植面积和产量继续扩大，并超过了橡胶，成为最重要的出口农产品。1994 年棕油生产达 718 万吨，产量占世界的一半，高居于世界之首。1994 年种植面积约 246 万公顷，成熟期面积 216 万公顷，单产每公顷 3 750 千克。在种植面积中，种植园占 91%，其中私人种植园与政府机构管理的种植园各占一半。1996 年马来西亚油棕种植面积达到 269.2 万公顷，1997 年马来西亚油棕种植面积达到 289 万公顷，年产约 1 000 万吨棕榈油，其中超过 90% 出口国外，当年马来西亚的棕榈油出口占全世界产量的 51.9%，成为全球最大的棕榈油出口国。2005 年马来西亚共有 3 736 个棕油园，油棕种植面积 404.9 万公顷，占全球油棕种植总面积的 33.75%，占马来西亚全国农耕面积的 50%，其中沙巴州种植面积

---

* 仙为马来西亚货币单位。

最大，达 120 万公顷，占马来西亚油棕种植总面积的 30％。2005 年马来西亚棕榈油产量达 1 500 万吨。2006 年马来西亚油棕种植面积 417 万公顷。马来西亚油棕种植园集中度较高，联邦土地局、森那美、居林、IOI、金希望等大企业的种植面积约占全马种植总面积的 60％，沙巴州种植面积 124 万公顷，占马来西亚油棕种植总面积的 30％。2007 年，由于处于生物产量下降期，同时也因为年初马来西亚南部区域的洪水泛滥，粗棕榈油产量出现 21 世纪以来的首次下滑。2014 年，马来西亚油棕种植面积达到 485 万公顷，棕榈油产量达到 1 699 万吨，其中 1 666 万吨出口国外，创外汇约 620 亿美元。马来西亚种植的油棕主要是改良品种特内拉（Tenera），种植 3 年结果，经济期 25 年，每公顷油棕园的油棕鲜果串及棕油的产量分别为 19 吨和 4 吨左右，榨油率 20％左右。根据 FAO 统计，2000 年马来西亚棕油产量 1 084 万吨，2014 年马来西亚棕油产量 1 967 万吨，增幅达 81.5％。马来西亚棕油及产品出口不再局限于传统的市场，如欧盟、印度和中国等，未来马来西亚政府将不断开拓中东及东盟市场以满足国内生产企业需求。菲律宾 2016 年从马来西亚进口的棕油及产品总值高达 10 亿林吉特。马来西亚棕榈油产品主要有棕榈毛油（食用油）、棕榈液油（食用调和油）、棕榈硬脂（加工人造奶油、肥皂、饲料）、棕榈仁油（食用加工）、棕榈仁液油。其上游产品有干内纤维加工的淀粉、空果柄及果壳加工的卫生纸、包装用纸等；其下游产品有人造奶油、起酥油、油脂、咖啡伴侣、甘油、脂肪胺、肥皂、类可可脂、油墨、洗涤去污剂、化妆品和护肤用品。目前马来西亚棕榈油系列产品和深加工技术在国际上处于领先水平。

为增加棕油产量、改善棕油质量、提高产品附加值和提升国际竞争力，马来西亚棕油署自设立之日起即着力实施三大战略：一是通过采用高科技技术、基因技术、先进园林管理技术，增加油棕总体收入战略（High incom strategy）。二是通过充分开发油棕树副产品，采取零废物战略（Zero waste strategy）。三是大力发展油脂和非油脂产品，实行产品增值战略（Value added strategy）。目前，马来西亚的油棕单位产油量、上下游产品深加工技术在国际棕油界居领先地位。

（四）马来西亚农产品投资贸易相关政策

马来西亚是东南亚最发达的市场之一。该国政治和经济稳定，人口近 3 270 万，城市化程度日益提高。马来西亚的经济主要来自服务业（55.5％）、制造业（23％）和农业（7.8％）。尽管马来西亚严格的清真要求使某些产品的贸易复杂化，但马来西亚的贸易和监管政策仍相对开放，为各种进口食品和饮料提供了机会。2018 年，马来西亚农产品进口总额达到近 185 亿美元，其中约 6％来自美国。根据全球贸易地图集的数据，2018 年，美国是马来西亚第七大以消费者为导向的食品和饮料供应商。全年销售总额达 5.04 亿美元。马来西亚的零售食品行业也在迅速发展，高端食品杂货店也越来越受欢迎。随着马来西亚于 2018 年 6 月取消商品和服务税，消费者在食品零售方面的支出预计将大幅增加，预计 2018 年该行业的总销售额将达到 260 亿美元。马来西亚食品加工业占该国制造业产出的 12％，以每年约 3％的速度增长。一些跨国公司在吉隆坡及其周围地区设有生产设施，马来西亚政府已确定食品加工业是未来经济增长的一个关键部门。许多食品（如牛肉或家禽）需要清真认证才能进入该国。目前，马来西亚伊斯兰教发展署（JAKIM）是唯一获准颁发清真认证的实体。在美国，JAKIM 任命了两个伊斯兰机构对出口到马来西亚的食品和饮料产品进行检查和清真认证，即美洲伊斯兰食品和营养理事会（IFANCA）和美国伊斯兰服务协会（ISA）。

马来西亚是加拿大的农产品和海鲜净出口国，净销售额为 2 600 万美元。加拿大从马来西亚进口了 1.771 亿美元的农产品和海产品，而加拿大在 2019 年的出口额为 1.511 亿美元。2019 年，马来西亚从世界各地进口的农产品和海鲜总值 163 亿美元，其中 1.489 亿美元来自加拿大，占马来西亚农业进口总额的 0.9％。马来西亚 2019 年从世界进口的最大产品是可可豆（8 亿美元）、食品制剂（7 亿美元）、原糖（6 亿美元）和油饼（5 亿美元）。2015—2019 年，可可豆的进口增长最快，为 4.7％，其次是食品制品的进口，复合增长率为 3.7％。

2015—2019 年，马来西亚从加拿大进口的农产品和海鲜的年增长率下降了 5.6％，达到 1.489 亿美元。2019 年马来西亚从加拿大进口的最大产品是小麦（4 510 万美元），其次是低芥酸油菜或菜籽油（2 230 万美元）和大豆（1 990 万美元）。加拿大的菜籽油占马来西亚从世界进口的菜籽油总量的 65.1％。加拿大菜籽占马来西亚从世界进口总量的 25.9％。固体牛奶和奶油的进口增长幅度最大，2015—2019 年两者的进口增长率为 212.8％，而大豆播种用种子的进口增长率在同一时期下降了 19.1％。

2012 年以来马来西亚农产品贸易总体呈逆势下滑态势，贸易地位大幅下降，出口方面降幅相对明显。尽管 2017 年马来西亚农产品贸易额出现止跌回升，但其增势仍相当乏力，增长率仅为 4.70％，且主要来自进口方面的增长拉动。马来西亚具有独特的自然资源禀赋及农业优势，国内农产品的生产与贸易潜力巨大。丰富产品种类与拓展国际市场是有效推动马来西亚农产品贸易发展的重要途径。马来西亚农产品贸易发展长期高度依赖单一产品出口，导致其他产品出口潜力挖掘不足，进而限制外贸潜能的全面发挥，如富有优势的 HS03（鱼、甲壳动物、软体动物及其他水生无脊椎动物）、HS08（食用水果及坚果；甜瓜或柑橘水果的果皮）出口占比分别仅为 2.32％、0.81％。2001—2017 年，HS15 是马来西亚出口主导产品，占比基本维持在六成以上，个别年份甚至高达 75％。2001—2008 年，马来西亚曾位居世界 HS15 出口榜首；2009 年印度尼西亚赶超马来西亚；2011 年，马来西亚 HS15 出口金额达历史最高峰值，为 227.20 亿美元；2012 年以来 HS15 出口持续下跌，进而导致农产品贸易总额锐减，2017 年 HS15 出口额仅 135.60 亿美元。出口产品过度集中导致外贸风险集聚，同时易受国际大宗商品价格影响，不利于外贸平稳协调发展。

马来西亚农产品出口初级产品比例偏高，精深加工不足，附加值较低，所获利益有限。尽管马来西亚国内第二产业相对发达，但其与农业关联度低、融合少，农产品加工环节相对薄弱，如 HS15 多以大宗产品形式出口。另外，长期以来马来西亚农产品出口集中，以发展中国家（市场）为主，购买能力与消费层次偏低。2017 年，马来西亚第一大出口产品（HS15）的主要出口对象集中在中国、印度、荷兰、土耳其和菲律宾等国家，多为发展中经济体。

马来西亚农产品总体显示性比较优势（RCA）指数呈递减趋势，虽仍为中度竞争优势产品，但与周边邻国农产品贸易大国相比，其劣势日益凸显。印度尼西亚在 HS15 出口规模已赶超马来西亚，并在 HS15 的产量与价格方面优势显著。越南和泰国在 HS07（食用蔬菜、根及块茎）、HS08（食用水果及坚果；甜瓜或柑橘水果的果皮）等热带果蔬类产品出口方面也成为马来西亚在东盟地区的强大竞争对手。目前，马来西亚农产品出口贸易中比较劣势产品种类数量偏多，进而导致其整体竞争力弱化，影响其贸易利益。

长期以来，马来西亚农业领域吸引外资金额与项目数量偏少，农业领域资金、技术投入增长缓慢，制约其农产品生产与贸易发展。究其根源，一方面因政府对农业领域的保护与引资限制；另一方面政府对现代制造业及新兴产业发展扶持优惠，一定程度上忽视了国内农业发展。近年来，东盟成员国家中的泰国、越南、印度尼西亚等积极参与农业国际产业园项目合作，利用国际优势资源以促进本国农业转型与发展，而反观马来西亚参与农业国际化进程却相对滞缓、成效偏微。

三、中国—马来西亚贸易合作情况

（一）中国—马来西亚政府间合作成效

马来西亚国内政治稳定，政府清廉高效，能够为投资者提供稳定和安全的投资环境。马来西亚与中国一直保持友好的外交关系和传统友谊，是新中国成立以来东盟国家中第一个与中国建交的国家，也是第一个邀请中国加入

"10＋1"、参加东亚峰会的国家。建交以来，两国双边关系不断加深，高层往来频繁，给双方带来了实实在在的利益。近年来，两国建立了"全方位的睦邻友好合作关系"，合作领域进一步拓展，为中国"一带一路"倡议的实施奠定了坚实的基础。中国对农业合作交流的重视程度不断提高，先后建立了农业对外合作部际联席会议制度，印发了《关于促进农业对外合作的若干意见》，编制完成了《农业对外合作规划（2016—2020年）》，签署了《农合作谅解备忘录》，这些体制机制和规章制度的设立为中马农业技术合作交流提供了重要政治保障和政策支持。在此背景下，中马两国通过农民培训、农业技术转移与推广、农产品贸易等途径不断加强农业合作交流。我国农业企业在多重因素推动下，也加快了对马农业投资与合作的进程。

中马两国往来交流历史悠久，如今华人在马来西亚约占总人口的21.4％，已经融入马来西亚的政治、经济、文化等多个领域，可以大大降低文化与社会方面的冲突风险。两国目前农业项目合作基础良好，"中马钦州产业园"与"马中关丹产业园"是中国支持的前两个双边经贸合作项目。作为中国—东盟经贸合作的示范项目，这两个园区不仅可有效利用中马双方的资源、技术和市场等互补优势，同时还可以为后续其他产业和企业进行合作提供政策、模式与管理机制参考。

近年来，随着两国政治经济关系不断升温，中国在马来西亚不断投资大型项目，促进了马来西亚的经济建设。例如，广东省广垦橡胶集团在马来西亚投资的橡胶种植项目、深圳华为在马来西亚多个地区投资的通信设施建设项目、北京首钢集团在马来西亚投资建设的综合钢厂等都是马来西亚吸引外资的重点建设项目。

（二）中国—马来西亚棕榈油业合作成效

目前，马来西亚的棕油产量和出口量分别占全球总量的50％左右，从业人员超过200万人。棕油种植的大企业，如FELDA、IOI、SIMEDARBY、FELCRA、ASIATIC、KULIN、GOLDENHOPE等，种植面积占全马种植总面积的60％。马来西亚政府也十分重视棕油业，管理制度严谨规范，重视研发，以确保行业领先地位，并设立了衍生产品交易所，稳定棕油期货价格。以上原因使得马来西亚在棕油产业有较强出口优势。中国油脂出口量非常少，占世界油脂总出口量不足0.8％，主要原因是国内对油脂消耗巨大，且生产油脂效益低，供给不足。表5-1数据显示，马来西亚棕榈油RCA值均高于13，中国棕榈油RCA值在0.05左右波动。横向比较RCA数值，中国与马来西亚相比有明显的比较劣势，与其有很强的互补性，中国从马来西亚进口棕榈油、椰子油等油脂产品可弥补国内供应不足的现象。

表 5 - 1   2007—2016 年中国与马来西亚棕榈油显性比较优势值（RCA）

年份	中国	马来西亚
2007	0.060	15.401
2008	0.077	15.952
2009	0.056	15.679
2010	0.048	16.743
2011	0.051	17.991
2012	0.050	15.843
2013	0.056	14.457
2014	0.058	14.483
2015	0.062	13.843
2016	0.057	13.848

马来西亚 Berhad（IOI）集团是全球领先的可持续棕榈油公司，其棕榈油业务包括在马来西亚和印度尼西亚的上游种植园，以及以下游资源为基础的制造业务。该集团在马来西亚、荷兰、美国、加拿大、加纳和中国设有生产业务，其下游产品远销全球 60 多个国家。IOI 集团基础生产业务包括三个部分：精炼、油化和制造特种油脂。IOI 集团在马来西亚和印度尼西亚拥有 96 个庄园、15 个棕榈油厂和 4 个研发中心，拥有 23 000 多名员工。目前油棕种植面积（包括附属公司）为 178 068 公顷（2019 财政年度：177 279 公顷），与其他公司合作种植 132 578 公顷（截至 2020 年 6 月 30 日）。

作为中国区域的研发中心、物流中心、运营和销售总部，IOI 成立制造特种油脂、油脂化工与棕油精炼为一体的棕榈油综合加工基地，为食品工业提供各类优质油脂，如完整的植物油和热带油脂产品组合等产品，产品被广泛应用于糖果、烘焙、酱料、烹饪油、油炸食品、乳制品、婴儿营养品等各种食品中。

其在业内拥有最完善的全球一体化和可持续的供应链，覆盖六大洲，提供全球化服务，业务遍及 100 多个国家，提供 100％可追溯的棕榈油，荣获 300 多项研发创新专利，328 年配料、产品应用与生产的累加经验，500 多个产品被广泛运用于动物营养、糖果、乳脂替代品和婴幼儿营养，集团 35 000 名员工协同合作，提供世界级的解决方案，共同努力创造健康、可持续和高性价比的产品。2010 年，IOI 集团在鹿特丹开设的炼油厂，是世界上首家大规模使用酶法酯交换技术的精炼厂。

IOI 集团历史悠久，由荷兰 Crok&Laan 和英国 Loders &Nucoline 两家各

具特点的公司组成，这两家公司都在植物油脂领域颇有建树，于 2002 年被出售给马来西亚 IOI 集团。

（三）中国—马来西亚橡胶合作成效

马来西亚在橡胶研究方面则处于世界领先地位。马来西亚橡胶局在英国伦敦附近设立研究中心，专门从事橡胶方面的研究，并将这些科研成果进行了广泛的应用和推广，如幼苗芽接技术、营养诊断施肥技术、低频刺激割胶技术等。马来西亚是全球最大的橡胶手套、避孕套和橡胶导管出口国。中国与马来西亚在橡胶种植、加工、技术推广、投资贸易等领域展开了广泛而卓有成效的合作。2011 年 9 月，马来西亚沙捞越州农业局与中国广东省广垦橡胶集团签署合作备忘录，在民都鲁设立热带农作物幼苗培育中心，发展高产量的热带农作物商业化计划。同时，沙捞越州政府也与广垦橡胶集团合作，培育高产量的橡胶品种，以进一步推进沙捞越州橡胶种植业的商业化和工业化。2019 年 12 月，中国海南天然橡胶产业集团股份有限公司与马来西亚橡胶局在马来西亚吉隆坡就改性天然橡胶沥青道路合作签订合作备忘录。马来西亚橡胶局将其拥有的改性天然橡胶沥青专利无偿独家授权于海南天然橡胶产业集团股份有限公司，并由该公司负责在中国市场进行应用推广。这是中国企业首次通过合作，获得马来西亚橡胶局对该项技术的专利授权。近年来，中国热带农业科学院先后派出橡胶植保、加工、机械专家赴马来西亚开展技术培训和机械化割胶现场示范，并与马来西亚橡胶局和普特拉大学就橡胶病虫害发生、防治、抗病品种筛选以及割胶技术等实质性合作内容达成共识。

（四）中国—马来西亚农产品贸易情况

中国是马来西亚第二大出口目的地和第一大进口来源国，同时，马来西亚也是中国在东盟最大的贸易伙伴。中马两国气候条件差异大，主要农产品互补性较强，有利于两国开展农产品贸易与投资合作。根据中国海关进出口数据，2019 年中马农产品贸易总额 57.3 亿美元，同比增长 15.1%。其中中国向马来西亚出口 30.2 亿美元，同比增长 23.0%，主要包括蔬菜（34.2%）、水产（17.0%）、水果（12.5%）、饮品（6.9%）、糖料及糖（2.3%）、畜产品（2.0%）等；进口 27.1 亿美元，同比增长 7.4%，主要包括动植物油（50.9%）、水产（9.8%）、饮品（9.4%）、畜产品（4.1%）、水果（4.1%）、粮食制品（3.4%）等。近年来，中马农产品贸易逆差逐渐缩小，并基本保持平衡。

2013 年，中国对马来西亚直接投资 61 638 万美元，截至 2013 年年底，中国对马来西亚直接投资存量达到 356 968 万美元。从变化情况看，2010 年之前，中国对马来西亚每年直接投资额在 6 000 万美元以下，2010 年达到近 16 345 万美元，2011 年下滑至约 9 513 万美元，2012 年、2013 年又迅速增加至 60 000 万美元以上。因此，2010 年可以看作中国对马来西亚直接投资的转折年。2005—2013 年，无论是从全球范围看，还是从东南亚的范围看，中国对马来西亚直接投资的比重都呈先减后增的态势，而 2008 年是转折点。截至 2013 年年底，中国对马来西亚直接投资存量占对东南亚和全球直接投资的比重分别占到 10.01％和 0.54％，2013 年对马来西亚直接投资流量占对东南亚和全球直接投资的 8.48％和 0.57％。总体上看，国际金融危机之后，中国企业对马来西亚直接投资的重视程度开始恢复，马来西亚也是近年来中国对外投资增长较快的国家。

1996—2017 年，中马两国贸易额上扬走势明显，2016 年起进入快速增长期。除 2008 年受经济影响出现的短暂下滑外，1996—2013 年两国贸易总额一直处于增长状态。2008—2012 年，马来西亚对中国的贸易走向进行调整，出口一度占据上风。但综合这一时期马来西亚从中国进口商品的比重数据可见，出口的短暂优势更多是相较于进口份额的下滑而产生的，但也存在着马来西亚对出口产业布局的实质性变动。2013—2015 年马来西亚出口明显收窄，总量也出现下挫，出口在拉动贸易总额上的作用逐渐发挥。总的来看，马来西亚市场的逐渐稳定，进口已经成为中马贸易的主要推动力，且"一带一路"倡议实施后进口额的明显提升更说明了政策推动下的两国贸易关系逐渐稳定。

四、中国—马来西亚农业合作前景分析

中国对马来西亚的投资在"一带一路"沿线国家中居于前列，但农业投资合作仍处于起步阶段。相比房地产业、制造业等领域，中马农业投资合作项目仍较少，投资额、营收水平、投资规模比重均较低。根据中国商务部对外投资项目信息库统计，2012—2019 年，中国仅有 4 个对马来西亚农业投资项目，项目计划投资额合计 24 384 万美元。作为全球最有活力的新兴工业化国家，马来西亚长期致力于工业发展，给外界不重视农业的印象，事实上农业在该国依然占据着重要的位置。马来西亚政府近期多次公开表示，希望抓住全球、特别是中国农产品市场的机遇，吸引更多资本和人才进入该国农业部门。

（一）重视对马投资的潜在风险和挑战

马来西亚经济发展水平较高，农村剩余劳动力少，同时工资水平也较高，

很多生产活动需要雇佣外来劳工。马来西亚政府决定，2017 年 7 月 1 日以后不再对无证非法外国工人实行大赦程序，外来劳动力供给将进一步减少。此外，马来西亚货币贬值，使得用林吉特结算的工资收入更少，其工作机会对外籍工人的吸引力也逐渐降低。因此，中国投资者对马来西亚投资过程中，需要关注劳动力短缺和用工成本高的问题。

2010 年以来，马来西亚林吉特持续贬值，资本加速外流。2012 年年初至 2020 年年初，林吉特兑换美元价格从 3.2 上升至 4.3 左右，对美元贬值超过 30％。据人民银行统计，2010 年 8 月至 2020 年 6 月，林吉特兑换人民币价格从 0.46 上升至 0.6，贬值幅度也超过 30％。林吉特的持续贬值不仅使国民的工资增长被贬值抵消，对海外投资者投资收益也产生负面影响。2017 年以来，林吉特贬值有收敛趋势，但仍需要防范其长期的波动风险。

马来西亚农业产业链条长、环节多、生产周期长、易受气候影响等农业特点增加企业投资的风险。农业生产收获滞后，导致农产品价格易受市场变化的影响。此外，马来西亚当前采用的是出口带动经济增长的发展模式，极易受国际市场波动影响。

（二）紧扣马方宏观政策主体，降低政策风险

马来西亚的法律体系比较复杂，受英国影响很深，成文法和判例法在商业活动中都发挥着作用。中国企业需要聘请当地有经验、易于交流的律师作为法律顾问。政策方面，企业不仅要了解当地的税收补贴政策，同时还要了解相应的申请程序、条件及周期等，必要时还需要聘请专业人士协助申请。在申请过程中，可能存在审批时间长、政策内容调整等情况。此外，马来西亚宏观政策方向不断调整，对不同产业发展提出了新的目标要求。中国投资者需要紧扣马方宏观政策主体，降低政策风险。

棕榈油进口波动受多种因素影响，尤其是国际市场价格、国际经济环境、国内贸易政策。主产国马来西亚和印度尼西亚的贸易保护对中国棕榈油进口带来了很大风险。关税对棕榈油进口有一定的调节作用，棕榈油关税配额的取消，带来了进口量的增加。国际市场棕榈油和相关替代品价格的变动加剧了中国棕榈油进口的波动。中国政府在中国—东盟自贸区谈判中应谨慎对待棕榈油关税，避免因较低的税率引致进口的大幅上涨，挤占其他国产植物油市场。

（三）选择互补性产业进行重点投资

中马两国经济结构差异决定了中马经贸关系的互补性。中国对马来西亚出口主要商品以机电为主，占比近 50％，其他为原材料和工业品。马来西亚是典型的出口导向型国家，对外依存度较高，其经济发展高度依赖稳定的外

部环境。马来西亚自然资源丰富，工业体系较为完整，金融体系较为健全，制造业发展迅速，能源潜力巨大。马来西亚是全球最大的橡胶乳胶制成品出口国、全球第三大液化天然气出口国、全球第二大棕榈油生产国。马来西亚电子制造业优势突出，是全球电子制造业强国，也是中国进口集成电路芯片的第二大来源国。中马两国在资源构成、产业结构和贸易商品等方面各具特色，互补性强、合作空间巨大。马来西亚拥有石油、天然气、橡胶、木材、棕榈油等丰富的自然资源，可以有力地满足中国的制造业需求。

中马两国经贸依存度较高，中国连续 11 年是马来西亚的第一大贸易伙伴，连续 3 年是马来西亚制造业的第一大投资来源国，连续 7 年成为东盟国家之外最大旅游客源国。2020 年中国与马来西亚两国进出口贸易在全球经济下行的背景下逆势上扬，第一季度中国与马来西亚进出口额增长 7.6％，马来西亚 8 月对中国的出口额同比增长 20.9％，达到 139.7 亿林吉特。中国已成为马来西亚第一大出口目的国和第一大进口来源国，彰显了两国经济强大的互补性和蓬勃的生命力。由此可见，中马两国经济结构互补，合作潜力巨大，经贸合作将成为两国关系的"压舱石"和"助推器"。

中国企业在马投资可以选择与中国农产品结构互补的产业，例如棕榈、橡胶、糖等。通过互补性产品的生产、加工、出口国内，有助于解决当前中国农业面临的农产品供给结构失衡问题。同时，企业可以扩大海外生产能力，提高国际竞争力，帮助解决投资国家农业生产、加工、销售等问题，实现三方共赢。

（四）积极开展农产品深加工生产

据马来西亚统计局资料显示，马来西亚农产品多样性不足，有 14 类农产品仍无法自足，需大量进口才能满足国内市场需求，因此中马两国在农产品加工方面有着广阔的合作前景。中国对马来西亚的农产品有很大的需求，但是目前中国在马来西亚的现代农业投资还不够，但正在发生改变，对于农业的投资在逐渐增多。马来西亚特别欢迎有技术含量的投资，投资高附加值的食品加工企业不仅对马来西亚的经济发展有利，也能满足中国乃至世界市场对于食品的需求。在中国出口马来西亚的农产品中，主要以原料型的农产品为主，如新鲜的或冷藏的蒜头、玉米、鲜苹果等，缺乏高新技术的加工。马来西亚农业综合生产能力较强，农产品加工原料比较丰富，适宜开展农产品深加工。比如，目前马来西亚家具业主要原料为橡胶木，使用棕榈树干的并不多，出口棕榈树干生产家具的潜能较大。据马来西亚种植业与原产品部长介绍，马来西亚木材工业局将制定长远计划，让木材业为国家经济发展贡献力量，确保家具业的原料供应充足。因此，应加强农产品生产技术等方面的创新，大力鼓励农产品深加工，进一步发展中马农产品产业之间贸易。

（五）搭建国际农产品贸易流通桥梁

马来西亚不仅是棕榈油、橡胶、可可、大米、胡椒、烟草、菠萝、茶叶等农产品的重要产地，同时也是国际农产品贸易的枢纽和中转中心。中马两国企业应结合自身优势合理选择投资领域，提高国际化经营能力。结合两国产业优势，重点在粮棉油糖、天然橡胶、畜牧、远洋渔业等产业的生产、加工、流通、贸易环节开展境外投资合作，建立规模化国际生产储运基地，强化仓储、物流等设施设备。同时还要提高国际市场拓展能力和本地化经营水平，加强科技和商业模式创新，加强产学研合作、协同研发、产业融合，引进和使用跨国经营管理人才，提升管理能力，在技术、质量、服务、标准、品牌等方面加快形成国际竞争优势。中国企业在马来西亚投资建设农产品贸易流通业，不仅可以向国内输送马来西亚优质农产品，也能为国内和其他国家农产品贸易流通搭建桥梁。

参 考 文 献

陈晓律，叶璐，2015. 中国构建海上丝绸之路的两个节点：马来西亚与泰国 [J]. 南京政治学院学报，31（1）：73-78＋141.

邓洲，2017. 马来西亚产业竞争力及中国与马来西亚贸易拓展潜力研究 [J]. 东南亚南亚研究（2）：56-63＋109.

邓洲，李灏，2015. 马来西亚产业竞争力现状及中国与马来西亚产业合作展望 [J]. 东南亚纵横（11）：35-40.

范文娟，朱宏登，2015. 中国与马来西亚农产品产业内贸易研究 [J]. 世界农业（11）：92-96.

黄慧德，2017. 马来西亚农业概况 [J]. 世界热带农业信息（7）：35-39.

黄惠康，2017. 战略对接 务实合作 推进中马共同发展 [J]. 中国投资（1）：54-57.

李好，黄潇玉，2018. 对马来西亚投资：中国的机遇与风险 [J]. 对外经贸实务（1）：22-25.

刘诗怡，2015. 中国对马来西亚直接投资现状及发展前景分析 [J]. 统计与管理（3）：56-59.

刘婷婷，2017. "一带一路"背景下中国与马来西亚经贸合作发展与前景分析 [J]. 经贸实践（22）：110-111.

刘志雄，陈旭，2014. 中国与马来西亚双边贸易流量及贸易潜力研究 [J]. 东南亚纵横（7）：36-41.

马燕冰，2011. 列国志·马来西亚 [M]. 北京：社会科学文献出版社.

唐铜生，2010. 中国对马来西亚经贸发展策略 [J]. 创新，4（2）：10-14.

王峰，曾振宇，张雅，2018. "一带一路"建设下中国与马来西亚农产品贸易潜力研究

［J］. 广西财经学院学报，31（6）：43-59.

赵洪，王昭晖，2020. 中国对马来西亚投资的政治经济学分析［J］. 东南亚研究，247（4）：114-127＋160-161.

赵江林，2018. 中国与马来西亚经济发展战略对接研究［J］. 亚太经济（1）：27-33＋145.

郑达，2009. 改革开放以来马来西亚华商对华直接投资［J］. 当代中国史研究，16（2）：85-93＋127-128.

郑国富，2018. 马来西亚农产品贸易发展现状与前景［J］. 农业展望，14（9）：86-89.

OTHMAN P，SUNGKAR I，HUSSIN W，2009. Malaysia as an International Halal Food Hub：Competitiveness and Potential of Meat-Based Industries［J］. Journal of Southeast Asian Economies，26.

TAFFESSE Samuel，2019. Agricultural Transformation and Inclusive Growth：The Malaysian Experience-Executive Summary（English）. The Malaysia Development Experience Series［R］. Washington，D. C. ：World Bank Group.

WAN A，MAMS A，SNA A，et al，2019. Sustainable bio-economy that delivers the environment-food-energy-water nexus objectives：The current status in Malaysia［J］. Food and Bioproducts Processing，118：167-186.

YEW S Y，2015. Does Intra-Industry Trade Matter During Economic Crisis? An Assessment of Malaysia-China Trade［J］. International Journal of China Studies，6（1）：37-54.

第六章　缅甸农业发展现状及合作前景

缅甸联邦共和国（The Republic of the Union of Myanmar），简称缅甸（Myanmar）。缅甸位于亚洲东南部、中南半岛西部，东北与中国毗邻，西北与印度、孟加拉国相接，东南与老挝、泰国交界，西南濒临孟加拉湾和安达曼海。缅甸面积约 67.66 万平方千米，海岸线长 3 200 千米。地势北高南低。北、西、东为山脉环绕。北部为高山区，西部有那加丘陵和若开山脉，东部为掸邦高原，靠近中国边境的开卡博峰海拔 5 881 米，为全国最高峰。西部山地和东部高原间为伊洛瓦底江冲积平原，地势低平。缅甸属热带季风气候，国土大部分在北回归线以南，为热带，小部分在北回归线以北，处于亚热带。缅甸生态环境良好，自然灾害较少。缅甸全年气温变化不大，最冷月（1 月）的平均气温为 20～25℃；最热月（4 月、5 月）的平均气温为 25～30℃。各地气温年较差也不大。缅甸雨量丰沛，降水多集中在西南季风盛行的 6—8 月，其次为 5 月、9 月、10 月，大部分地区年降水量达 4 000 毫米以上，中部为雨影区，年降水量不足 1 000 毫米，是缅甸的干燥地带。5—10 月各地的降水量占全年降水量的 90%～95%。由于受季风的影响，缅甸全年可分为热季（3 月至 5 月中旬）、雨季（5 月中旬至 10 月）、凉季（11 月至次年 2 月）。

缅甸是世界最不发达国家之一，以农业为主，从事农业的人口超过 60%，农产品有大米、小麦、甘蔗等。农业为缅甸国民经济基础，可耕地面积约 1 800 万公顷，尚有 400 多万公顷的空闲地待开发，农业产值占国民生产总值的四成左右，主要农作物有水稻、小麦、玉米、花生、芝麻、棉花、豆类、甘蔗、油棕、烟草和黄麻等。缅甸商务部数据显示，2015/2016 财年缅甸出口大米 150 万吨，农产品出口总额为 25 亿美元。2017/2018 财年前 10 个月（2017 年 4 月至 2018 年 1 月），缅甸出口大米 282 万吨，出口额达 8.76 亿美元。缅甸农业基础设施薄弱，农产品加工水平整体落后，农产品加工仓储设施严重缺乏，加工标准有待完善。农产品以原料出口为主，由于加工品质不稳定，附加值低，在国际市场缺少竞争力。为扭转局面，提升农产品附加值，近年来，缅甸政府制订系列优惠政策，积极吸引外商投资包括谷物加工产品制造及国内销售、食品（牛奶及奶制品除外）加工及销售、酒精及非酒精饮料生产加工及国内销售等农产品加工产业。目前缅甸主要出口产品为天然气、玉石、大米等，主要进口产品为石油与汽油、商业用机械、汽车零配件等。

近年来，中缅经贸合作取得长足发展，合作领域从原来单纯的贸易和经济援助扩展到工程承包、投资和双边合作。双边贸易额逐年递增。中国对缅主要出口成套设备和机电产品、纺织品、摩托车配件和化工产品等，从缅主要进口原木、锯材、农产品和矿产品等。为扩大从缅甸的进口，中国先后两次宣布单方面向缅甸共计 220 个对华出口产品提供特惠关税待遇。

缅甸促进投资计划（MIPP）称，与邻国相比，缅甸投资环境较差，还需要大力改造。世界经济论坛（WEF）发布的《2019 全球竞争力报告》指出，缅甸在 141 个经济体中排名第 131 位，在 190 个国家和地区的全球营商便利指数中排 170 位。缅甸商务部称，在东盟国家企业中，缅甸企业开发业务成绩最低；在全球国家中缅甸还低于埃塞俄比亚。缅甸开发经济业务的成本相对较高、基础设施薄弱等问题是企业开发新业务的瓶颈。

一、对外交流与合作

缅甸奉行"不结盟、积极、独立"的外交政策，按照和平共处五项原则处理国与国之间关系。不依附任何大国或大国集团，在国际关系中保持中立，不允许外国在缅驻军，不侵犯别国，不干涉他国内政，不对国际或地区和平与安全构成威胁，是"和平共处五项原则"的共同倡导者之一。缅政府积极推进民族和解，与西方国家关系逐步缓和。截至 2013 年 5 月，缅甸已同 111 个国家建立了外交关系。1997 年缅甸加入东盟后，与东盟及周边国家关系有较大发展，并于 2014 年担任东盟轮值主席国。

1988 年军政府上台后，以美国为首的西方国家对缅实施经济制裁和贸易禁运，终止对缅经济技术援助，禁止对缅进行投资。自 2010 年开启民主转型之后，缅甸以"正常国家"的姿态尝试重返国际社会，积极谋求与西方关系回暖。2012 年，美国与缅甸恢复大使级外交关系。同年，奥巴马访问缅甸，此后多个西方国家元首、外长访缅，逐步解除对缅制裁。

中缅两国是山水相连的友好邻邦，两国人民之间的传统友谊源远流长。自古以来，两国人民就以"胞波"相称。两国于 1950 年 6 月 8 日正式建交。新中国成立后，缅甸是最先承认新中国的国家之一，也是首个与中国签订友好和互不侵犯条约的国家。20 世纪 50 年代，中缅共同倡导了和平共处五项原则，旨在互相尊重主权和领土完整、互不侵犯、互不干涉内政、平等互利、和平共处，不仅奠定了两国关系发展的政治基础，而且成为国际社会公认的处理国家间关系的基本准则；20 世纪 60 年代，两国本着友好协商、互谅互让精神，通过友好协商圆满解决历史遗留的边界问题，为国与国解决边界问题树立典范。两国建交以来，中国一直本着"与邻为善，以邻为伴"的周边外交方针和"睦邻、安邻、富邻"的周边外交政策发展与缅甸的传统友好关系，双边关系平稳向前发展。2011 年 5 月，缅甸总统访华，双方决定建立全面战略合作伙伴关系，中缅两国友好关系继续稳步发展，两国各领域务实合作不断深化。2020 年 1 月 18 日，国家主席习近平在内比都同缅甸国务资政昂山素季举行正式会谈，双方同意将中缅全面战略合作伙伴关系升级为中缅命运共同体，为两国关系长远发展指明了方向，推动中缅关系迈上新台阶。两国领导人共同出席多项双边合作文件文本交换仪式，涉及政治、经贸、投资、人文、地方等多个领域。双方共同发表《中华人民共和国和缅甸联邦共和国联合声明》。2021 年国务委员兼外长王毅访问缅甸，为全面落实两国领导人共识、推动中缅命运共同体建设提供具体指导、注入强劲动力。缅甸在 2021 年担任中国—东盟关系协调国和澜湄合作共同主席国，以中国—东盟建立对话关系 30 周年为契机，借鉴中缅成功合作思路、模式与经验，共同推动中国—东盟关系迈上新台阶。中国为缅第一大贸易伙伴。2019 年，中缅双边贸易额 187 亿美元，同比增长 22.8%，其中中方出口额 123.1 亿美元，同比增长 16.7%，进口额 63.9 亿美元，同比增长 36.4%。

对缅甸来说，丰富缅中关系内涵，凝聚了各方政治共识，缅甸国防军总司令表示，缅军方将做共建"一带一路"的坚定支持者和推动者。一方面，可增强缅方应对他国粗暴干涉的底气，使其在国际舞台上获取正当支持；另一方面，缅中统筹推进互联互通骨架项目建设、打造"人字形"大合作格局将为缅甸经济发展打开广阔空间，经济利好直接惠及民生，可提升民众对缅甸联邦政府的信心。

二、农业发展情况

（一）缅甸农业基本情况

缅甸发展农业的自然条件较好，地广人稀，地势北高南低。缅甸地形大体上可以分为七大块，即北部山区、西部山区、掸邦高原、中央平原、伊洛瓦底江三角洲、若开沿海地区和德林达依沿海地区。伊洛瓦底江三角洲河道纵横，池塘密布，土地松软而肥沃，水路交通方便，是缅甸有名的鱼米之乡，被誉为"缅甸粮仓"。缅甸大部分地区属热带季风气候，年平均气温 27℃。全年可以分为三季：3—5 月为暑季，6—10 月为雨季，11 月—次年 2 月为凉季。最凉月（1 月）平均气温为 20～25℃，最热月（4 月）平均气温为 25～30℃，年温差在 10℃左右。年平均降水量沿海多达 3 000～5 000 毫米，中央干燥区也有 500～1 000 毫米，降水多为暴雨。缅甸的热带季风气候，适宜多种植物生长，有大量可耕地和水面，水资源极为丰富，但缺少水利设施，利用率极低。1988年以来共兴修水坝、水库150座，增加了农田灌溉面积。缅甸自然条件优越，资源也极其丰富。

缅甸农业产值占国内生产总值的1/3左右，农产品出口占出口总量1/4左右；缅甸可耕土地约4 500万英亩*，其净种植面积为2 800万英亩，水浇地面积占净种植总面积的18.5%，尚有1 600多万英亩的空地、闲地和荒地待开发，农业发展潜力大。缅甸政府也非常重视农业的发展，积极吸引外商投资农业，同时促进橡胶、豆类和大米等农产品出口到世界各国。缅甸发展经济的方针有4个方面：一是以农业为基础，促进其他经济部门的全面发展；二是切实实行市场经济；三是吸引国内外的技术和资金发展经济；四是要使整个缅甸经济掌握在缅甸国家和缅甸人民手中。

缅甸农业人口约占全国人口的66%。农业为国民经济基础，主要农作物有水稻、小麦、玉米、花生、芝麻、棉花、豆类、甘蔗、油棕、烟草、天然橡胶、咖啡、水果、蔬菜、林木、甘蔗和黄麻等，其他热带作物资源也较丰富，种植面积较大的有热带水果、甘蔗、椰子、槟榔、咖啡、木薯等，有一定的贸易量。禾谷类作物是缅甸耕作面积最大的作物之一，也是重要的出口产品。2016年，在谷物类中种植最多的是稻谷，播种面积为724.1万公顷，产量达到2 770.4万吨；次之为玉米，播种的面积为42.2万公顷，产量为152.6万吨；油料类作物以芝麻为主，播种面积155.3万公顷，产量86.3万吨；在豆类中，主要有黑豆、绿豆、鹰嘴豆、木豆、红豆、豌豆等，种植最多的为黑豆和绿豆，播种的面积和产量都达到了100万公顷和100万吨以上；经济作物以棉花、甘蔗和橡胶为主，甘蔗的产量达到年产956.4万吨，棉花和橡胶分别年产46.7万吨和16.4万吨；饮料作物主要是茶叶和咖啡，蔬菜主要有土豆、洋葱、大蒜、辣椒等，蔬菜和水果年种植也分别达到50多万公顷。

缅甸农业机械发展水平不高，主要以小型农机为主，包括手扶拖拉机、动力耕整机、割晒机、脱粒机等。全国机耕水平低。缅甸积极发展国内农机生产，已建成五条农机生产、加工、装配线，包括铸造生产线、齿轮加工线、铸件加工线、主轴加工线和金属热处理车间。缅甸对小型农机需求很大，私人农机销售企业也很多。农民可以采用分期付款方式购买。

2014—2015年，农业对缅甸出口量增长的贡献较为明显，其中农产品出口比2013—2014年分别增长了9.3%。相比而言，渔业、林业、畜牧业则较为逊色。缅甸农产品不仅出口基数大，同时种类繁多。2018—2019财年，缅甸农产品出口额增至21.6亿美元，主要出口项目为大米和碎米、豆类、玉米

---

    * 英亩为英美制面积单位。1英亩≈4 047平方米。

和橡胶，主要出口到中国、新加坡、马来西亚、菲律宾、孟加拉国、印度、印度尼西亚和斯里兰卡。据商务部数据，2020 年缅甸在新冠肺炎疫情期间出口包括大米、碎米、玉米粒在内的农产品达 30 亿美元，同比增加约 5 亿美元。出口额增加的原因是缅甸的农产品开拓了新的市场，以及国际上购买储备粮食的情况有所增加。缅甸主要林产品有柚木、花梨等各类硬木和藤条等，新加坡对其柚木和硬木的加工品需求较大。近年来受国内政策影响，柚木、硬木的原木及加工品出口量急剧下降。从进出口贸易情况可以看到，缅甸以出口农产品原料和初级加工农产品为主，农产品在国际市场缺少竞争优势，究其原因，很大程度上是由于农产品加工业欠发达造成的。

鉴于农业的重要地位，缅甸政府一直高度重视农业发展，近年来在推进农业机械化、提高农产品质量和开拓国际市场方面取得进展。

（二）缅甸水稻种植业基本情况

缅甸水稻种植面积约 1 760 万英亩，占缅甸全国耕地面积的 34%。每年可收获水稻逾 2 500 万吨，加工大米超过 1 300 万吨。大米加工业是缅甸农产品加工的龙头产业，但加工水平低，加工后的大米的米粒不均匀、碎米含量大、易受潮和发黄。同时，缅甸水稻干燥技术落后，收获的水稻在脱粒、干燥时损耗相当严重，损失的水稻产量达全国水稻产量的 10%。特别是夏季稻在收割时正值雨季，收获和干燥过程中的损耗非常大。缅甸从 2006 年才开始使用干燥机。缅甸每年的水稻产量与邻国泰国大致相当，然而，由于加工技术的落差，泰国大米出口量却是缅甸的数倍。目前缅甸全国大大小小的米厂上万家，仅有极少数几个米厂能够生产达到日均 200 吨的产能，80% 以上的米厂无法加工符合国际市场要求的优质大米。

从图 6-1 显示性竞争优势指数的大小来看，泰国、越南和缅甸水稻的显示性竞争优势指数较大，说明这三个国家水稻出口竞争力较强；而中国和老挝水稻的显示性竞争优势指数在 0 值附近徘徊，说明中国和老挝的出口竞争力较弱；柬埔寨的显示性竞争优势指数在 2010 年以后也明显的大于 0，成为具有较强水稻出口竞争力的国家。

从五个国家的水稻显示性竞争优势指数的变化趋势和相对大小来看，泰国和越南的水稻显示性竞争优势指数均在不断下降，越南水稻显示性竞争优势指数下降速度高于泰国水稻显示性竞争优势指数，柬埔寨和缅甸的水稻显示性竞争优势指数均在不断上升。老挝水稻显示性竞争优势指数的时间趋势较短，但整体略有上升，基本保持。具体来看，2010 年及以前，越南水稻出口竞争力最大，其次是泰国和缅甸，柬埔寨和老挝的水稻出口竞争力最小；2011 年缅甸水稻出口竞争力增加较快，一跃成为水稻出口竞争力最大的国家，

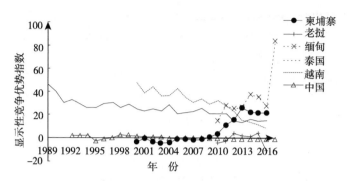

图 6-1 东南亚国家与中国水稻显示性竞争优势指数变化

中南半岛地区水稻出口竞争力大小依次是缅甸、越南、泰国、柬埔寨和老挝；2012 年和 2013 年柬埔寨水稻出口竞争力不断增加，越南出口竞争力不断下降，中南半岛地区水稻出口竞争力大小依次是缅甸、越南、柬埔寨、泰国、老挝。随后，越南出口竞争力继续下降，2014 年及以后中南半岛地区水稻出口竞争力大小依次是缅甸、柬埔寨、泰国、越南和老挝。

从以上变化可以看出，泰国和越南这些传统水稻出口大国的出口竞争力在不断下降，而柬埔寨和缅甸成为新的具有较强水稻出口竞争力的国家。这一变化可能与各自国家所处的经济发展程度有关。中南半岛地区的 5 个国家均是人多地少的传统农业国，其中泰国和越南的经济发展程度相对较高，其水稻等粮食生产能力在满足本国粮食需求后，有富裕的粮食用于出口，同时借助出口水稻等粮食增加本国收入，促进国内经济的进一步发展。但当经济发展到一定程度时，一方面由于水稻的国内需求和出口需求基本稳定，在环境保护和生产成本的要求下，水稻生产也将趋于稳定；另一方面随着国际贸易的日趋深入，这些国家商品贸易总额不断增加，因此水稻出口额占所有商品出口额的比例会不断下降，其水稻的出口竞争力也在不断下降。而相对泰国和越南而言，柬埔寨和缅甸的经济发展程度较弱，首先要解决吃饭问题，因此水稻生产首先是满足国内需求，所以此时的水稻出口竞争力较弱。当经济进一步发展，国内需求稳定后，水稻生产则用于出口以满足其他国家的需要，同时换取外汇来进一步发展本国经济。而处于这一经济发展阶段的柬埔寨和缅甸的商品贸易总额还没有快速增加，所以水稻出口额占总商品出口额的比例在不断增加，两国水稻出口竞争力处于不断增加的趋势。

表 6-1 中给出了 2010—2017 年缅甸水稻显示性比较优势指数和显示性竞争优势指数。不同于柬埔寨和老挝，缅甸水稻显示性比较优势指数和显示性竞争优势指数高度一致，这说明缅甸水稻进口占总进口的比重极小，进口因

素的影响几乎可以忽略不计。但是显示性比较优势和显示性竞争优势均表明缅甸水稻具有极强的出口竞争力，并且水稻出口竞争力依然在不断增强。

表 6-1 缅甸水稻显示性比较优势指数和显示性竞争优势指数

年份	显示性比较优势指数	显示性竞争优势指数
2010	15.20	15.20
2011	28.37	28.37
2012	30.80	25.82
2013	27.17	27.15
2014	38.00	37.99
2015	35.93	35.86
2016	28.21	28.17
2017	84.28	84.11

（三）缅甸渔业基本情况

缅甸水产品资源极其丰富，年产鱼虾及各类水产品超过 250 万吨。近年来，缅甸水产业进入较快发展时期，水产品出口增势明显，已逐渐成为拉动缅甸出口的大宗商品。缅甸的水产加工行业非常落后，在最简单的冻品加工上，基本上没有速冻设备。仰光的大型冷冻厂主要使用氨气冷冻，冷冻时间长，比采用氮气速冻的质量差很多。但是，缅甸国内液氮生产落后，生产成本高于进口成本，既难以满足水产品加工的产量和质量要求，也不具备价格优势。水产业的快速发展也带动了饲料加工行业的发展。目前共有 16 个国家和地区在缅甸养殖、水产领域投资约 8 亿美元。大多数外国投资者在饲料供应和养殖领域投资。缅甸政府准许外国企业在养殖领域全额投资。目前，泰国企业在养殖领域投资 18 个项目，投资额约 3.84 亿美元；新加坡投资 14 个项目，投资额约 1.29 亿美元。在缅甸经营水产饲料业务的外国投资公司有越南 Greenfeed 饲料厂、泰国 CP 饲料厂、美国 Cargill 饲料厂和荷兰 Deheus 饲料厂。2019 年，符合欧盟标准的缅甸水产品加工厂增加至 25 家。

缅甸畜牧渔业产值占国内生产总值的 7.9%，畜牧业发展处于起步阶段。缅甸内陆水域可养面积 820 万公顷。1989 年，缅甸《水产养殖法》颁布后，淡水养殖迅速发展；到 2001 年，全国养殖水面达 7.2 万公顷。缅甸从泰国、中国等周边国家引进的鲶鱼、鲤鱼、草鱼等新品种养殖获得成功，并建了水产养殖场，对虾孵化技术已基本掌握。缅甸海域上层资源量为 100 万吨，底层为 75 万吨。最大可捕量为 105 万吨（上层鱼为 50 万吨，底层鱼为 55 万吨），1999—2000 年，缅甸海洋捕捞量为 88 万吨。主要品种为黄鱼、带鱼、对虾、银鲳、乌贼、海鳗等，80％出口。

（四）缅甸水果业基本情况

缅甸国内蔬菜、水果及各种副食品的生产加工能力也非常有限，没有形成有很大影响力的品牌，深加工农产品难以满足其国内市场消费需求，尚需大量从国外进口。

对比 2009—2018 年中国与缅甸水果显示性比较优势（RCA）数值（表 6 - 2），中国水果 RCA 值始终小于 1，说明中国水果不具有比较优势（或称表现为比较劣势），各年间 RCA 值存在波动，但在 2014—2018 年出现较明显的提升，且 2018 年达峰值 0.46，可见中国水果比较劣势有略微减弱趋势，但并未出现反转，且离比较优势反转的临界点（RCA＝1）距离较大；缅甸水果总体上表现为比较优势，且其比较优势的变化较显著，至 2018 年出现大幅增强。

表 6 - 2　2009—2018 年中国与缅甸水果显示性比较优势（RCA）

年份	2009	2010	2011	2012	2013	2014	2015	2016	2017	2018
中国	0.34	0.31	0.34	0.38	0.36	0.33	0.37	0.38	0.45	0.46
缅甸	—	0.09	2.69	0.91	1.68	0.97	0.90	1.04	2.63	9.16

中国与缅甸整体水果比较优势变化趋势差异十分明显：缅甸水果比较优势呈 U 形变化，变化幅度大，发生了显著的反转；相对而言，中国水果比较优势变化几乎呈水平直线，变化幅度微小。此外，在大多数失去比较优势的阶段，缅甸水果的比较优势状态依然优于中国。因此，观察期内，中国水果比较优势稳定，但不具比较优势；而缅甸水果比较优势波动剧烈，但具有较明显的比较优势。从比较优势的角度来分析整体水果的竞争性，在世界市场水果贸易的竞争中，中国弱于缅甸。

（五）缅甸农产品投资贸易相关政策

2011 年缅甸政府积极推行民主化改革，西方国家先后放松和取消了对缅甸的政治封锁和经济制裁。缅甸的国际政治关系逐渐回暖，国内法律政策环境趋于完善，多边和双边经贸都逐渐发展起来，西方国家企业纷纷看准商机在缅甸投资。

缅甸民盟上台以后，十分重视吸引外资的能力及营商便利度的改善。2012 年 11 月，缅甸颁布实施新的《外国投资法》。新法给予外国投资者更多的保护政策和投资优惠，努力改善投资环境。第一，新法取消了缅外合资企业外资比例必须要占到 35％的规定；第二，缅外合资企业从正式运营起可享受 5 年免税待遇，比原有政策延长两年。2017 年 3 月 10 日，缅甸投资与公司管理局出台有关投资项目审批流程便利化的政策。该办法称，依据《缅甸投资法》500 万美元（或 60 亿缅元）以内的投资项目，可直接在各省邦投资委员会审批。该办法提高了企业投资审批效率，减少了企业投资前期不必要的时间成本和交通成本。2017 年，新公司法生效，也规定可以通过在线注册系统来加快注册流程，以提高企业注册效率。综上所述，缅甸致力于修改法律保护外来投资者及改善国内的营商环境，积极鼓励外国人在缅投资，营商便利度预计会显著上升。

缅甸劳动力水平低下，特别在农业种植方面，生产效率低，农作物质量不高。缅甸非常重视引进外国技术人员，但为了保证就业，要求企业尽量雇佣缅甸工人。新的《外商投资法》鼓励外商投资企业优先聘用缅甸公民，考虑到企业发展不得不聘用外国技术人员，实行如下办法：外资企业在经营前两年雇用缅甸员工的比例不低于 25％，随后每多经营两年，本土员工的比例标准提高 25％。土地政策方面，现行缅甸法不允许外国人直接购买土地，但新《外国投资法》规定可以申请租用土地进行农业种植和开发，一次申请可租 50 年，后根据需要可以延长土地租用期，最久可租用 70 年，此项规定可支持中缅农业合作使用租赁耕作的方式进行大规模的合作开发。

三、中国—缅甸农业合作情况

（一）中国—缅甸政府间合作成效

中国和缅甸在地理位置上较近，缅甸的经济支柱是农业，中国与缅甸都是传统的农业大国。随着全球经济贸易的一体化，中国与缅甸之间的农产品贸易对各自的经济发展都有很大的影响。中国提出"一带一路"倡议，这为中国和缅甸的农产品贸易提供了很好地契机，这在一定程度上推动了中国—东盟自贸区的发展，随着中国"一带一路"倡议的提出和不断地发展，中国与缅甸中的贸易问题也得到了很大的关注，"一带一路"倡议扩大了两国的贸易规模，也提高了两国在国际贸易中的竞争力。

随着中国面向西南开放大格局形成，中缅双边贸易稳步发展。两国农产品生产结构互补，中国主要向缅甸出口花卉、水果、坚果等劳动密集型产品，主要进口橡胶、肉类、油料等农产品原料，但由于缅甸大部分农产品达不到我国检验检疫标准以及通关难、外汇限制等一系列制约因素的存在，贸易规模较小，中缅农产品贸易总额仅占中国农产品贸易总额的 0.3％。2014 年中缅两国签订协议，允许大宗商品如大米、玉米以一般贸易方式进入中国市场，双边贸易量获得一定程度的增长。2010 中国对缅出口占向世界出口比例约为10.7%，之后稳定在 9.5% 左右。据中国驻缅甸经商参处数据，2014—2017年缅甸对中国的大米出口额和出口量均逐年下降，2014 年缅甸向中国出口大米 120 万余吨，出口创汇 4.48 亿美元，到 2016/2017 财年，出口量和出口额分别为 62.74 万吨、2.08 亿美元，均下降约 50%。目前中国对缅甸农产品进口实施进口配额制，经两国官员在边境贸易交流会议上的协商，缅甸必须提升农产品质量到符合中国国家标准才能使签署两国自由贸易协定成为可能。

一直以来，中国高度重视中缅农业合作，援助力度大，涵盖范围广。目前多家中资企业在缅甸进行中缅农业合作项目或拟开展中缅农业项目，合作的内容不仅涉及品种和类别众多的农产品生产领域，同时涉及跨国农产品贸易、跨国农业投资、农业科技研发、农业应用科技成果转让和推广、农业基础设施建设。其中，中缅双方一致认为农业科学技术交流是促进中缅农业合作发展的重要途径，2017 年 1 月 18 日，云南农业大学与缅甸耶津农业大学在昆明签订战略协议。两校将开展食品科学研究、农业科技教育等多领域合作，并共同建立中缅农业研究院。合作重点是围绕马铃薯、甘蔗、豆类等主要作物的品种选择、精准施肥、生物技术的科学研究和教育开展项目。

海外园区为中缅双方认可和扶持的合作项目，具有一定的政策优越性，同时还具有产业集中、规模大、易形成产业链等优势，合作风险相对容易控制，是较成熟的合作手段，总体应用价值高，近年来缅甸对此的合作意愿也渐渐加强。海外农业科技产业园区合作有利于缅甸农业科技产业规模的扩大，还能将农业技术研发与农产品加工、生产、经营等相关环节有机结合，形成日趋完善的农业产业价值链，推动农业科技合作成果转化；我国也能借此发挥农业资源开发能力和农业科技发展优势，进一步实现农业技术"走出去"，打造海外农业发展新平台。

(二) 中国—缅甸农业合作成效

豆类是缅甸第二大农作物，同时也是缅甸主要的出口创汇农产品，生产总值占缅甸农业总产值约 15.1%，是缅甸第二大出口商品（仅次于天然气）。约为缅甸农产品出口总额 1/3。缅甸出产豆类主要有干豆、木豆、鹰嘴豆、黄豆等，主要种植区域位于缅甸中部地区。2017 年缅甸豆类作物收获面积 443万公顷，总产量 700 万吨。大部分出产于勃固、仰光、马圭、曼德勒、伊洛瓦底和实皆六省。出口国家和地区已达 40 多个，主要是印度、印度尼西亚、马来西亚、新加坡、巴基斯坦、日本、韩国和菲律宾等国家以及中国香港等地区。缅甸豆类的出口市场主要集中在亚洲和欧洲一些国家，其中印度是缅甸豆类第一大出口市场。在主要豆类产品中，绿豆深受中国市场青睐。2018

年上半年，出口中国的绿豆占缅甸绿豆总产量的 60％。

广西桂先种业有限公司与南京农业大学（国家大豆改良中心）共同参与由广西农业科学院经济作物研究所牵头承担的 2020 年广西科技基地和人才专项，《中国—缅甸大豆示范基地建设》。在中缅合作中，公司以广西壮族自治区标准技术研究院为技术依托单位，与缅甸农科院联合研制大豆、玉米、西瓜质量和栽培技术规程缅甸国家标准草案，并开展标准化种植示范区建设，促进广西—缅甸农业标准技术转移，推动广西—缅甸双边贸易发展；以广西农科院水稻所为技术依托单位，联合缅甸农科院共建《中国广西—缅甸水稻品质改良中心》，开展亲本收集，创新、鉴定评价及交换利用，为水稻育种提供新材料，促进广西—缅甸农业科技合作和技术转移，推动广西—缅甸农业科技资源的共建共享；以国家大豆改良中心及广西农科院经济作物研究所为技术依托单位，引进中国优良大豆品种在缅甸境内开展试验研究，建立中国大豆品种在缅甸的试验示范体系。2020 年公司与中国铁路通信信号股份有限公司子公司通实资本营运有限公司合作，联合缅甸农业研究院在缅甸境内开展大豆品种试验，试验品种来源于广西壮族自治区农业科学院和国家大豆改良中心，试验结果表明：中国的大豆品种在缅甸表现优秀，增产量在 15％以上，正在抽样回国内分析检测其质量水平，为今后开展大豆大宗商品贸易打下坚实基础。

中缅双方本着"一带一路"倡议的精神，共商大豆产业发展行动纲领，共建大豆产业科研、生产、贸易及加工等支撑体系，共享共赢产业发展成果。建议由中缅双方农业、外交、商务等有关部门组建中缅大豆产业发展联络决策委员会，负责制订促进大豆产业发展政策、行动纲领，协调双方需求及行动。由中国农业农村部援助在缅甸境内建设中缅大豆产业园区，为中缅科研机构及企业开展合作创造便利条件，园内建设科研、生产推广、培训、贸易、后勤保障等中心，为各方提供个性化服务。

（三）中国—缅甸农产品贸易情况

2000—2019 年，缅甸与中国双方贸易额显著增长，由 2000 年的 6.01 亿美元增至 2019 年的 187.34 亿美元，共增长 181.33 亿美元，增长超 30 倍。同期双方农产品贸易额也呈阶段式增长，2000—2010 年双方农产品贸易额增长较为缓慢，2011—2019 年后双方农产品贸易额增长迅速，2019 年双边农产品贸易额增至 11.56 亿美元（表 6‑3）。缅甸农产品出口总额自 2000 年以来整体呈现出增长的态势，从 2000 年的 6.96 亿美元增长至 2019 年的 49.34 亿美元，增长了 42.39 亿美元，年均增长率 14.23％。同期，缅甸农产品对华出口总额也整体呈现出增长的态势，2000 年缅甸农产品对华出口总额由 0.30 亿美元增长至 2019 年的 6.71 亿美元，增长了 6.41 亿美元，年均增长率达

表 6 - 3　2019 年中国—缅甸农产品贸易数据

	全年出口金额（亿美元）	全年进口金额（亿美元）	全年出口数量	全年进口数量	全年出口金额比同期（%）	全年出口数量比同期（%）	全年进口金额比同期（%）	全年进口数量比同期（%）
农产品	6.713 9	4.849 9	402 861.425	1 801 880.217	22.87	9.94	103.84	71.08
水产品	0.025 2	0.553 1	624.122	24 513.428	-21.64	-3.04	24.91	44.97
畜产品	0.729 6	0.000 1	4 100.176	3.097	3.62	2.24	-88.96	-92.31
花卉	0.057 1	0.000 0	1 580.204	0.000	-5.10	-10.06	0.00	0.00
蔬菜	0.507 7	0.037 4	4 969.598	2 848.371	2 594.24	162.13	3.40	10 016.75
干豆（不含大豆）	0.000 0	0.559 1	0.000	78 360.910	0.00	0.00	243.34	273.89
饮品类	1.301 2	0.021 6	93 961.423	1 454.911	44.75	62.61	145.89	131.92
谷物	0.005 1	2.374 2	1 077.621	672 832.155	-10.58	10.92	295.40	263.76
其他	1.282 4	0.090 9	86 399.947	29 750.237	-14.59	-25.07	132.78	98.90
粮食制品	0.284 5	0.000 5	40 012.341	38.908	14.88	13.42	301.31	313.74
水果	2.137 7	0.319 3	141 809.533	123 328.578	26.91	13.51	-23.01	13.11
棉麻丝	0.038 6	0.055 9	76.653	3 065.621	-15.03	3.45	0.00	0.00
调味香料	0.000 5	0.067 3	16.000	16 507.629	86.29	14.29	2 985.05	3 339.50
油籽	0.140 3	0.126 0	10 378.381	12 239.700	-7.35	-10.07	26.42	40.00
药材	0.000 0	0.142 9	0.025	21 882.139	0.00	0.00	31.26	295.23
糖料及糖	0.092 2	0.501 2	12 791.031	815 025.033	9.86	18.07	8.29	17.96
饼粕	0.004 3	0.000 0	1 264.732	0.000	75.75	137.96	0.00	0.00
坚果	0.091 2	0.000 0	3 399.912	0.000	1 368.91	1 380.43	-100.00	-100.00
精油	0.016 3	0.000 0	399.607	0.000	-21.50	-37.79	0.00	0.00
植物油	0.000 0	0.000 4	0.119	29.500	-97.07	-97.80	374.02	3 441.42

32.05％。缅甸农产品对华出口额占其农产品出口总额比例有所提升，从 2000
年的 4.34％上升至 2019 年的 13.58％，提高了 9.2％。2000 年以来，中国进
口缅甸农产品贸易额出现了阶段性的变化，第一阶段是 2000—2014 年，中国
进口缅甸农产品贸易额整体稳步增长，由 2000 年的 1.03 亿美元增长至 2014
年的 9.38 亿美元，增长了 8.35 亿美元。可是此后出现了断崖式跳水，2015
年骤降至 4.69 亿美元，此后 2016—2019 年维持在 4.85 亿美元左右，故
2015—2019 年为第二阶段。中国进口缅甸农产品贸易额占中国农产品进口总
额比例也出现了阶段性的变化，2000—2014 年，中国进口缅甸农产品贸易额
占中国农产品进口总额比例在 0.38％～0.60％波动，而 2015 年后突然降至
0.3％以下，近年来略有下降，2019 年占比为 0.24％。2000—2019 年，占比
下降了 0.28 个百分点。双方农产品贸易总额占双方贸易额比例整体维持在一
个较为稳定的范围。

湄公河流域五国 2000—2019 年对华贸易总额均为增长的态势，其中贸易
额增长最大的国家是越南，其次是泰国，接下来是缅甸、柬埔寨、老挝。同
时，对华农产品总额也全部呈现良好的增长态势，其中农产品贸易额增长量
最大的国家是越南，其次是泰国，接下来是缅甸、老挝、柬埔寨。同一时期，
湄公河五国对华农产品贸易占比有增有减，其中柬埔寨和越南对华农产品贸
易占比为下降，分别下降了 3.09％和 9.69％，老挝、缅甸、泰国对华农产品
贸易占比为上升，其中泰国上升 1.81％，缅甸上升 2.19％，老挝对华农产品
贸易占比增长最多，达 2.79％。

四、中国—缅甸农业合作前景分析

缅甸的生态环境优良，物种丰富，土地广袤，水域洁净，河流系统发达，
劳动力充沛且成本低，具有优越的农业资源条件。农业是缅甸国民经济发展
中的主导力量，以农业为基础的各行业在国内发挥着重要作用，但由于长期
受制于西方国家的外交孤立和经济制裁，缅甸政府虽然坚持改革开放，高度
重视农业发展，但农业科技水平仍较为落后，农业研究力量薄弱，劳动力素
质不高。缅甸的农业基础设施比较落后，而且农业生产很大程度上受到自然
天气的影响，缅甸生产的很多豆类和水稻等产品都为初级产品，质量与别的
国家相比较差。这是由于其缺乏对农业技术资金的投入，使得农业的生产缺
乏生产技术指导。没有农业技术的进一步支持，就只能出口别国也可以生产
的初级产品，使得缅甸在农产品出口上缺乏竞争力。中缅两国农业互补性明
显。缅甸资源条件优越，但由于技术较落后，许多农业资源存在无法开发、
开发程度低或过度开发的问题，农业发展受到限制；当前，中国农业科技发

展迅速，但作为一个农业资源绝对量丰富、相对量贫乏的资源约束型国家，发展受环境和资源约束的问题日益凸显，农业结构亟待优化。新常态下，中国应与国际农业进行全方位对接与合作，以解决深层次的结构性矛盾。目前两国的绝大部分科技合作项目以中国为主导，合作中主要以中国的科技输出为主。目前缅甸在中国农业对外合作中尚未有明确定位，合作整体布局、项目推进等缺少国家层面的指导，政府、地方机构及涉农企业未能形成合力以对缅甸农业进行合作开发。同时，目前两国农业科技合作主要以地方机构项目及涉农企业项目为主，大部分集中在地理位置优越的云南省，其他省（区、市）的合作项目开展相对较少，这些项目能依靠地缘优势发挥重要的桥梁作用，但总体仍具有一定的单一性、独立性和分散性，欠缺潜在的邻里效应和抱团应对能力，集中性相对较低，制度优势小，影响和辐射范围较窄，抗风险能力相对不高，农业科技合作缺少有效保障。

（一）提高劳动力素质及农业教育水平

缅甸劳动力规模可观，但劳动人口教育程度普遍较低，2016 年国民识字率仅为 75.6％，主要劳动力中受过初等教育的人口仅占 65％，中学入学率约 40％。截至 2017 年，缅甸高等院校入学率仅为 16％左右，涉农高校数量较少，主要为兽医科技大学、耶津农业大学和曼德勒科技大学（生物技术系）等，教育规模难以满足农业科技的发展需求，大部分劳动力仅能从事技术水平要求较低的工作。缅甸政府设有农业灌溉部、畜牧、水产和农村发展部及农业研究部等科技主管机构，但由于农业科技管理体制机制还不够完善，运行机制和管理职能没有建立健全，科技管理运行系统化程度较低。

应将农业高等教育作为合作重点之一，通过高校扶持的方式开展农业教学与科研合作，以突破缅甸农业科技人才瓶颈问题。如 2017 年云南农业大学支持缅甸耶津农业大学建立食品科学与工程学院，并组建两校农业科技教育中心，填补了缅甸农业高校食品科学方面的空白。建议进一步调动云南、广西等优势省份乃至全国各省份的农业高校资源，扩大对缅甸农业高等教育的扶持规模，通过设立新学院、实施交换生项目、高校教师互换培训项目等，加速资源流动，提高资源共享效率，从根本上提高缅甸农业科技人员素质。

（二）提高作物生产技术以满足生产需要

缅甸政府一向重视耕地开发，但由于技术水平限制，全国仍有多达 600 万公顷的弃耕地，垦荒机具得不到合理利用，导致浪费。中国可通过耕地地理建设与土壤改良利用、耕地资源合理配置与种植结构调整、科学施肥及耕地质量管理等措施，为缅甸合理开发耕地资源，扩大可灌溉土地面积提供帮助，并结合作物种类、不同地区和地貌等气候及水文条件，推广适宜的节水灌溉技术，帮助其建立健全耕地开发与利用体系，充分利用土地资源，扩大农业生产面积，提高农业产量。作物育种进展缓慢，缺乏抗性好、质量高的优良种质资源，制种技术落后，作物总产量及单位面积产量普遍不高，严重制约了农作物的创收。缅甸芝麻单产比我国少 1 000 千克/公顷左右；水稻单产落后于世界平均水平约 1 000 千克/公顷，与我国差距也较大；橡胶单产均落后于我国及世界平均水平 400 千克/公顷以上。在病虫害方面，缅甸水稻病虫害发生情况较轻，主要防控由于高温多雨条件下稻田受涝导致的水稻白叶枯病；近年来果实蝇对当地果蔬为害较严重，豆类病毒病的发生也较明显。

除生产能力低、抵御自然灾害能力较差之外，动植物病害防治技术的欠缺也是缅甸养殖产量低迷的关键原因之一，因此应注重疫病防控研究，提高病虫害预测预报能力，建立完善的防控流程和体系，加强绿色防控技术的推广，保证农产品的质量安全。在作物方面，可引进优良种质资源，加速遗传改良和繁育，建立种子市场体系和推广体系，扩大新品种种植区域，打破缅甸作物单产多年来无明显提高的局面；在畜牧业方面，应引进优质高产品种来对本土品种进行改良，同时注意遏制珍稀经济动物交易，保护当地特有经济动物多样性，为农业的可持续发展保留遗传资源。

通过输出肥料研发技术，增强缅甸的肥料自主生产能力，提高产能，削减对进口肥料的依赖。化肥是缅甸的主要肥料，有机肥料目前应用仍较少，大量使用化肥易破坏缅甸现有的优良农业生态环境，应提倡和引导种植户科学使用化肥。今后双方可重点开展有机肥料研发合作和推广，提高肥料使用成效和作物产量，降低环境破坏风险，将农业发展由过度依赖资源消耗向绿色生态可持续发展转变。

（三）建立完善养殖技术体系及配套设施

缅甸畜牧业的工业化起步晚，养殖技术薄弱，引种力度较小，养殖品种多为本地资源，几乎没有进行品种遗传改良；养殖方式落后，对动物病害研究水平较低，实验设备陈旧匮乏，流行病应对及防控能力弱，从而直接影响产量，产品常面临出口困难及价格低廉等问题。缅甸水产资源丰富，但养殖技术整体落后，饲料技术、病害管理及养殖管理等方面仍有待提升；由于水产养殖方面吸引外资乏力，因此资金筹备及技术开发难以进行，基础设施差，捕捞设施以传统渔船、帆船及独木舟为主，远洋捕捞能力较差，行业发展缓慢。

（四）提高农产品加工技术

缅甸的农作物采后加工技术匮乏，远不能满足发展需求，仅能生产基础加工产品。以水稻采后加工为例，缅甸水稻干燥设备应用时间晚，未普及，干燥技术落后，在脱粒、干燥时水稻损失量达全国水稻总产量的10%，雨季时更甚，水稻深加工技术水平低，米质较差。渔业方面，缅甸主要使用传统方式进行水产品加工，如烟熏、腌制、脱水及制作鱼酱和鱼露等，主要面向国内供应。用于出口的水产品需进一步加工，但目前缅甸基础速冻设备数量有限，符合国际市场标准的冷冻设备极其缺乏，直接影响了出口价值。

农产品加工领域是缅甸农业对外合作的重要内容，我国在相关领域具备相对优势，应在加大对缅农产品加工业的政府援助和大型项目合作的基础上，引导中国企业投资缅甸农产品加工行业，尤其是投资大豆种植、畜牧业、水产品等与中国市场具有较强互补性的行业；以中缅共建经济走廊为契机，与缅方共商在边境地区和"人"字形经济走廊的关键节点以及农产品主要产区打造农产品加工产业园区；鼓励中国农业科教单位加大对缅农产品加工技术交流和人才培训，同时，对缅方入华参加各类农产品加工技术和人才交流合作项目给予支持；在以上工作的基础上，积极引导缅甸农产品加工产业与国际市场接轨，形成规范体系。引导缅甸面向我国农产品进口的需求，提供互补性优势农产品，以利于我国逐步扩大对缅农产品进口。

（五）提升农业机械研发技术水平

缅甸农业机械化发展水平不高，农民对农业机械的认知度较低，政府也尚未建立农机推广部门，相关培训开展较少，技术应用水平低。由于缅甸耕地分布零散，且多为小块田地，大型农机的田间使用率很低，加之设备零件常年短缺，政府所设的国营农机站点经营不善，全国多数农民主要依靠牲畜和人力进行耕作，生产效率很低。技术和设备的落后导致缅甸农产品质量、价格难以提升，极大地打击了农业从业者的积极性，削弱了缅甸农产品的国际竞争力。因此，中国可向缅甸输出先进加工技术及先进生产设备，推动行业发展，重点提高水稻、豆类、芝麻及水产品等重要出口创汇产品的加工质量，创造产品附加价值。随着行业的发展，还能创造大量初级农产品加工岗位及高级技术岗位，对充沛的农业劳动力进行充分利用，促进就业，调动农民积极性，进一步扩大行业规模。

缅甸政府正不断采取措施加速农机化进程，农业机械化作业比例逐年增加。中国应及时整合符合缅甸当前需求的先进农机货源，进一步开拓缅甸农机市场，同时输出农机研发技术，从根本上帮助解决缅甸农机化的问题。但由于缅甸目前仍以小农经济为主，耕地较分散，地块面积不大，农户对小型农机需求较急切，因此应避免盲目帮助引进大型机械设备，以手扶拖拉机、插秧机、动力耕整机、割晒机、脱粒机等小型农机为主。

参 考 文 献

陈玉凤，2014. 缅甸大米出口贸易发展研究［D］. 广西：广西大学.

甘妮，2016. 中缅经贸合作现状及未来发展趋势［J］. 中国商论（20）：131 - 132.

龟山卓二，司韦，2014. 缅甸的经贸环境与进出口手续问题［J］. 南洋资料译丛（1）：49 - 56.

郭素娟，2019. "孟中印缅经济走廊" 视域下中印双边贸易合作发展的问题及对策［J］. 对外经贸实务（3）：92 - 95.

韩越，吴江梅，李彦鸿，2014. 滇缅现代农业产业园区建设的构想［J］. 印度洋经济体研究（6）：45 - 58＋158.

贺圣达，2015. 缅甸政局发展态势（2014—2015）与中国对缅外交［J］. 印度洋经济体研究（1）：10 - 22＋156.

凯薇，2019. 缅甸农产品出口发展研究［D］. 广西：广西大学.

孔志坚，2011. 缅甸农业发展现状与前景初探［J］. 南宁职业技术学院学报 16（2）：34 - 37.

李晨阳，祝湘辉，2013. 缅甸：2012—2013 年回顾与展望［J］. 东南亚纵横（3）：27 - 35.

李杰，2018. 中国与缅甸农产品贸易问题浅析［J］. 时代金融（24）：66.

刘家力，2015. 中国开发缅甸农产品贸易市场策略研究［D］. 广西：广西大学.

刘务，金莉苹，2016. 中缅农产品贸易存在的问题及几点思考［J］. 印度洋经济体研究（6）：115 - 132＋137.

MYINT A A（王丽珍），2015. 21 世纪以来缅甸农产品出口发展研究［D］. 云南：云南大学.

彭彬，2006. 缅甸农业与农机化发展概况及中缅合作前景初探［J］. 现代农业装备（8）：64 - 67.

王璐瑶，朱翠萍，2016. 缅甸对外贸易的现状、问题与展望［J］. 印度洋经济体研究（3）：121 - 138＋141.

韦锦益，黄敏瑞，赖志强，等，2012. 缅甸农业畜牧业现状与发展［J］. 农产品市场周刊（49）：50 - 53.

温国泉，韦幂，兰宗宝，等，2019. 缅甸农业科技发展现状及中缅农业国际合作分析［J］. 南方农业学报，50（6）：1392 - 1398.

熊国锋，2020. 中缅经贸合作的现状、问题及政策建议［J］. 中国市场（36）：56 - 57.

杨莹，2019. 中缅农业合作对策研究［D］. 云南：云南大学.

苑生龙，2018. 缅甸经济形势及中缅 "一带一路" 合作建议［J］. 中国经贸导刊（36）：25 - 27.

郑国富，2014. 缅甸对外贸易发展的特点、问题与前景［J］. 经济论坛（2）：150 - 155.

Asian Development Bank，2013. Myanmar：Agriculture，Natural Resources，and Environment Initial Sector Assessment，Strategy and Roadmap［R］. Manila：ADB.

Economicsocial C F，Institute I，University M S，2016. Revitalized Agriculture for Balanced Growth and Resilient Livelihoods：Toward a Rural Development Strategy for Mon

State, Myanmar [J]. Food Security International Development Working Papers.

HOM N H, HTWE N M, HEIN Y, et al, 2015. Myanmar Climate - Smart Agriculture Strategy [R]. Moai: MOAI.

KUDO T, KUMAGAI S, ISHIDO H, 2013. Agriculture Plus Plus: growth strategy for Myanmar agriculture [J]. Ide Discussion Papers.

第七章 菲律宾农业发展
现状及合作前景

菲律宾是一个地处西太平洋热带地区的群岛国家，面积 29.97 万平方千米，共有大小岛屿 7 000 多个。西部和北部与南中国海相邻，东部是太平洋，南部是西里伯斯岛和婆罗洲。菲律宾陆地面积 30 万平方千米，占世界陆地面积的 2%，在世界前 146 个国家中排列第 57 位；海域面积 27.6 万平方海里。菲律宾可分为 3 个主要岛群，吕宋岛（14.1 万平方千米）、棉兰老岛（10.2万平方千米）、威沙哑岛群（5.7 万平方千米）。菲律宾气候类型较复杂，根据降水分布可分为四类：第一类是具有明显的雨季和旱季，其中雨季 6—9 月、旱季 10 月至次年 5 月；第二类是没有明显的旱季，12 月至次年 2 月雨水充沛；第三类是没有明显的降雨季节，有 1—3 个月短期旱季；第四类是一年降雨较均衡分布，6—12 月是台风季节，7—9 月是发生频率最高时期（每月 3 次以上）。全国年相对湿度 75%～86%，年平均气温 19.2～28.2℃，年降水量914～4 358 毫米。

菲律宾是东南亚地区的新兴工业国家，并且是世界的新兴市场之一。菲律宾为出口导向型经济，对外部市场依赖较大。第三产业在菲律宾国民经济中地位突出，农业和制造业也占一定比重。20 世纪 60 年代后期菲律宾采取开放政策，积极吸引外资，经济发展取得显著成效；80 年代后，受西方经济衰退和自身政局动荡影响，经济发展明显放缓；90 年代初，拉莫斯政府采取一系列振兴经济措施，经济开始全面复苏，并保持较高增长速度。1997 年爆发的亚洲金融危机对菲律宾冲击不大，使其经济增速再度放缓。杜特尔特总统执政后，加大对基础设施建设和农业的投入，推进税制改革，经济保持高速增长，但也面临通货膨胀，高企、政府财力不足，腐败严重影响经济等问题。2004 年，菲律宾被世界银行依购买力平价列为第 24 大经济体。截至 2019 年 1 月，菲律宾与 150 个国家有贸易关系。2019 年菲律宾国内生产总值（GDP）增长 5.9%，低于预期，为 2011 年以来最低增速，其中服务业增长最快，全年增长 7.1%；工业增长 4.9%；农业增长 1.5%。总体上菲律宾的经济增长保持强劲势头，并以健康、稳定的速度继续增长。经济增长较快行业主要集中在制造业、外贸、房地产、租赁等领域。强劲的国内需求是菲律宾经济保持高速增长的主要因素。

近年来，菲律宾政府积极发展对外贸易，促进出口商品多样化和外贸市场多元化，进出口商品结构发生显著变化。菲律宾是世界第二大新鲜菠萝出口国。2019 年菲律宾对外贸易额为 1 768.3 亿美元，比上年增长 6.8%。由于出口量增加，2019 年菲律宾农业贸易额增长了 5%，达到 212.2 亿美元，占贸易总额的近 12%。其中，农业出口总额增长 9%，增至 66.8 亿美元，农业进口总额增长 3.1%，至 145.4 亿美元。出口量最大的农产品包括动物油或植物油、食用水果和坚果、烟草和人造烟草替代品、加工蔬菜和加工水果、鱼类和甲壳类动物、加工肉类和加工海鲜。主要进口商品是谷物、加工食品、食品工业的残渣和废料、加工动物饲料、乳制品和肉类。非传统出口商品如成衣、电子产品、工艺品、家具、化肥等的出口额，已赶超矿产、原材料等传统商品出口额。2019 年，中菲双边贸易额 609.5 亿美元，同比增长 9.5%，其中中国出口额 407.5 亿美元，增长 16.3%，进口额 202 亿美元。中国是菲律宾第一大贸易伙伴、第一大进口来源地、第四大出口市场。截至 2019 年，中国对菲律宾全行业直接投资存量 9 亿美元，中国企业在菲律宾共签订承包工程合同额 327.7 亿美元，已成为仅次于新加坡的菲律宾第二大外国投资者。

据菲律宾《世界日报》报道，世界经济论坛《2019 全球竞争力报告》显示，在全球竞争力排名中，菲律宾在 141 个国家中的排名由去年的第 56 位降至第 64 位，下滑了 8 位，主要原因是信息通信技术（ICT）普及率低和宏观经济不稳定。

一、对外交流与合作

菲律宾坚持独立自主的外交政策，在平衡、平等、互利、互敬的基础上发展同所有国家的政治经济关系，已同 126 个国家建交。对外政策目标是：确保国家安全、主权和领土完整；推动社会发展，保持菲律宾在全球的竞争力；保障菲律宾海外公民权益；提升菲律宾国际形象；与各国发展互利关系。菲律宾重视同美国、中国和日本等大国的关系，积极推动东盟内部合作，发展同伊斯兰国家的友好关系。大力推行经济外交，积极参与国际和地区事务。菲律宾将发展同东盟其他国家的关系列为对外政策的重点方向，以东盟为依托发挥自身在地区和国际事务中的作用。菲律宾积极参与和推动东盟内部各项合作及经济一体化进程。菲律宾与泰国关系良好，两国 1993 年成立以外长为主席的双边联委会，1999 年，双方成立贸易联委会机制。2012 年 1 月，泰国总理访问菲律宾。菲律宾与印度尼西亚在反恐、打击跨国犯罪、划分海域边界、加强经贸投资以及联合国改革等问题上合作顺利。2016 年 12 月，菲律宾总统访问新加坡。菲律宾与新加坡关系良好，新加坡是菲律宾第四大贸易伙伴和重要游客来源国。菲律宾与文莱、越南、老挝、柬埔寨和缅甸等东盟国家关系良好，各领域往来交流与互利合作不断发展。2018年8月起菲律宾担任任期为3年的中国—东盟关系协调国。

目前菲美关系是军事关系稳定、政治关系恶化。自2016年始，菲律宾政府与美国的关系逐渐淡化，但两国在安全领域的合作仍然保持相对稳定。菲日关系在经济、政治、军事上都较为友好。2019年菲律宾总统两次访问日本，签署了26项协议及意向书，菲日外交关系的重点集中在经贸合作上。日本国际协力机构于2019年10月也与菲律宾政府签署了8个总价值609亿比索的项目协议，包括道路升级和保护项目、达沃市环路建设以及中吕宋高速公路等，日本成为菲律宾政府"大建特建"规划的重要资金来源。

菲律宾是中国的重要邻国，在中国构建和谐的周边国际环境中扮演重要角色。中菲两国于1975年正式建交，建交以来，中菲关系总体发展顺利，各领域合作不断拓展。1996年中国国家主席对菲律宾进行国事访问，访问期间两国领导人同意建立中菲面向21世纪的睦邻互信合作关系，并就在南海问题上"搁置争议，共同开发"达成重要共识和谅解。2000年，双方签署了《中华人民共和国政府和菲律宾共和国政府关于二十一世纪双边合作框架的联合声明》，确定在睦邻合作、互信互利的基础上建立长期稳定的关系。2005年中国国家主席对菲律宾进行国事访问，访问期间两国领导人确认建立致力于和平与发展的战略性合作关系。2007年1月，中国政府总理对菲律宾进行正式访问，双方发表了联合声明，愿全面共同深化中菲致力于和平与发展的战略性合作关系。2018年11月，中国国家主席对菲律宾进行国事访问，两国领导人一致决定建立全面战略合作关系。2016年以来，中国国家主席与菲律宾总统在不同场合进行了8次会晤。在这些高层密切友好对话的引领下，巩固了中菲关系。中国与菲律宾两国作为传统农业国家，农业互补性强，合作潜力大，农业是两国经贸合作的重点领域之一。2019年8月29日，中国国家主席习近平在钓鱼台国宾馆会见菲律宾总统杜特尔特。习近平表示，在双方共同努力下，中菲关系顺利实现转圜、巩固、提升，不断取得扎实成果。当前，国际和地区形势深刻复杂变化，但和平、发展、合作、共赢仍是不可阻挡的时代潮流。2016年，中菲两国签署了《中国农业部与菲律宾农业部农业合作行动计划（2017—2019）》，并于2017年正式开始实施。随着我国"一带一路"倡议的深入推进，2019年召开了第六次中菲农业合作联委会，两国将在农业多个领域加强合作，中菲两国的农业合作已进入全新阶段。中菲关系的转折点在于杜特尔特总统上任后采取独立自主的外交政策，搁置南海争议，这不仅促进了中菲双方在经贸领域的合作，而且改善了两国之间的关系。中国外交部表示："军事交流与合作是中菲关系的重要组成部分，随着两国关系的改善，中方愿同菲方在有关领域加强交流与合作。"

二、农业发展情况

（一）菲律宾农业基本情况

农业在菲律宾国民经济中占有十分重要的地位。目前，菲律宾农业用地占国土面积的47%，有1 300万公顷主要集中在城市附近及人口稠密地区。在1 300万公顷农业用地中，粮食用地占31%（401万公顷），其他食物用地占52%（833万公顷），非食物用地占17%（220万公顷）。由于国家财力有限加之自然灾害多发，菲律宾农业基础设施建设较为薄弱。为改善农业生产条件，2017年菲律宾政府推出了"大建特建"基础设施投资计划，以加强基础设施建设从而推动国家经济发展，这一计划包括75个项目，在6年内投资8.4万亿比索（约合1.16万亿元人民币），在全国推行包括机场、港口、铁路等基础设施建设。基础设施的建设将对菲律宾农业发展有着极大的积极影响，这也有利于菲律宾经济发展以及国家间的合作。

菲律宾农业以种植业为主，大多都是生产农作物，其中农作物又分为两大类，包括粮食作物和经济作物。粮食作物以水稻和玉米为主，种植面积为411万公顷、244万公顷，分别占农业土地面积的31.65%、19.23%。经济作物主要有椰子、甘蔗、香蕉、橡胶、菠萝、烟草、焦麻等，其中的椰子、烟草、焦麻和甘蔗是菲律宾传统的四大经济作物。菲律宾光温条件较好，适合多种农作物生长，农作物资源丰富，特别是热带亚热带水果，资源非常丰富并具当地特色，是菲律宾一大经济来源。菲律宾是世界第三大香蕉生产国，有大规模的种植区以及商业香蕉园。香蕉是菲律宾的主要水果之一，也是产量和出口额最高的水果。香蕉产业是菲律宾最大的国民收入来源，占农业总产值的4.36%。菲律宾还是世界五大菠萝生产国之一，菠萝的种植面积和产量都很大，菲律宾2019年新鲜菠萝出口增长了50%，总出口量从2018年的44.76万吨增加到66.76万吨，仍然保持世界第二大新鲜菠萝出口国位置。菲律宾在2019年的菠萝贸易占全球菠萝贸易的21%，其发货量的增加推动了2019年全球菠萝出口增长5%，达到320万吨。菲律宾菠萝出口的增长主要原因是其种植扩张、生产力提高以及中国进口需求的"强劲增长"。

水稻在农业中的占比与畜牧业和渔业相当，并且大米是菲律宾人的主要粮食作物。但是菲律宾耕地资源较为贫乏，水稻生产整体水平低，不能满足人口快速增长的消费需求。菲律宾政府一直在采取措施以提高大米的产量，但是依然无法摆脱对进口大米的依赖。有资料显示，2001—2010年，菲律宾是世界上最大的大米进口国。为了尽快实现大米自给，菲律宾非常看重杂交水稻的推广应用。目前菲律宾市场上供应的杂交稻品种约有 25 个，当地品种主要来自国际水稻研究所、菲律宾大学、菲律宾水稻所及西岭公司。目前由于菲律宾政府对杂交水稻的重视，以及一些技术的投入和其他国家的合作，大米的进口总量也在慢慢减少。水稻是菲律宾最重要的粮食作物，水稻自给的实现直接关系到其是否能够完成粮食安全目标，故菲律宾价格支持政策最主要的支持对象也是大米，紧急情况下也可能会扩大到玉米、糖和其他基本食品。菲律宾价格支持政策由国家粮食署（NFA）通过管控农产品的购销价格和销售渠道和管理国家粮食储备来实现，主要可以分为三个部分：一是为保障生产者获得合理生产收益，鼓励粮食生产的政府支持价格政策；二是为确保国家粮食安全，稳定供给和价格的国家缓冲库存储备政策；三是确保消费者能够负担得起的政府发行价格政策。价格支持政策通过支持价格、释放价格、政府采购和进口限制机制实施。三者共同构成了菲律宾购销倒挂的价格支持体系。玉米作为菲律宾另一主要粮食作物，主要有白玉米和黄玉米两个品种，其中黄玉米作为饲料使用，白玉米以食用为主。菲律宾农业部将玉米生产由北向南分成 16 个种植区。黄玉米的产量较高于白玉米，玉米总产量除在 2010 年出现低潮之后逐年增长，其每公顷产量曲线和总产量曲线变化走势大体一致，各地区的玉米生产量不同年份间各不相同，基本趋势是逐年增加。

（二）菲律宾椰子油产业基本情况

菲律宾是世界第三大椰子生产国，椰子是菲律宾第一大经济作物，它占菲律宾所有出口农产品的 1/5 以上。2018 年，菲律宾向全球市场出口约 108 万吨椰子油，出口量比 2017 年的 91 万吨高出了 18%。椰子类产品是菲律宾第一出口农产品，据 1997—2001 年统计资料，菲律宾椰子年均出口值 6.3 亿美元，占菲律宾农产品出口值的 30.9%。菲律宾椰子类出口产品很多，但主要是椰子油、干椰子粉、椰肉油饼。椰子油是菲律宾第一创汇农产品，1998—2002 年年均出口 101.6 万吨，其中粗油出口 80.7 万吨，占 80%；精炼油出口 20.9 万吨，占 20%。菲律宾椰子油出口额年均 4.56 亿美元，其中粗油出口额 3.47 亿美元，占 76%；精炼油出口额 1.09 亿美元，占 23%。1998 年菲律宾椰子油出口额高达 7.05 亿美元，占当年菲律宾农产品出口额的 32%。尽管近年来菲律宾椰子油出口量没有大的减少，但出口额减少较大，这表明椰子油的价格在逐步降低。菲律宾椰子油的主要出口市场是荷兰、美国、马来西亚、中国、日本等。荷兰年均进口菲律宾椰子油 38.3 万吨，占菲律宾出口量的 37.7%；进口额 1.69 亿美元，占菲律宾椰子油出口额的 37%。美国年均进口菲律宾椰子油 38 万吨，占菲律宾出口量的 37.4%；进口额 1.8

亿美元，占菲律宾椰子油出口额的 39.6％。马来西亚年均进口菲律宾椰子油 6.2 万吨，占菲律宾出口量的 6.1％；进口额 2 163 万美元，占菲律宾椰子油出口额的 4.7％。中国年均进口菲律宾椰子油 3.3 万吨，占菲律宾出口量的 3.3％；进口额 1 340 万美元，占菲律宾椰子油出口额的 3％。日本年均进口菲律宾椰子油 3.6 万吨，占菲律宾出口量的 3.6％；进口额 1 830 万美元，占菲律宾椰子油出口额的 4％。

中国与菲律宾椰子油的显性比较优势值见表 7-1。从表 7-1 中看出中国有明显的比较劣势，RCA 稳定在 0.06 左右，而菲律宾在该类农产品上表现出极强的比较优势，RCA 稳定在 4.5 左右。

表 7-1　中国与菲律宾椰子油的显性比较优势值

年份	菲律宾	中国
2007	3.584	0.060
2008	4.070	0.077
2009	3.143	0.056
2010	4.887	0.048
2011	5.186	0.051
2012	3.940	0.050
2013	4.676	0.056
2014	4.896	0.058
2015	4.243	0.062
2016	4.080	0.057

（三）菲律宾渔业基本情况

菲律宾是群岛国家，位于亚洲东南部，北隔巴士海峡与台湾遥相对，南和西南隔苏拉威西海、巴拉巴克海峡与印度尼西亚、马来西亚相望，西濒南中国海，东临太平洋，共有大小岛屿 7 641 个，海岸线长达 36 289 千米。菲律宾坐落在珊瑚礁三角区，该区域被认为是海洋生物多样性的全球热点区域，包含超过 76％的浅水珊瑚礁物种、37％的岩礁鱼类，还可见大量的蛏、海龟以及全世界最大的红树林。独特的地理位置和生态环境决定了该群岛水域拥有丰富的渔业资源。根据 FAO《2018 年世界渔业和水产养殖状况》研究报告，2016 年菲律宾海洋捕捞总产量居世界第 10 位，水产养殖总产量居世界第 11 位，海藻养殖总产量居世界第 3 位。菲律宾的渔业对菲律宾的国民经济而言非常重要，它为普通民众提供了就业岗位和收入，满足了当地人们对食品营养及安全的要求，同时为国家提供了大量的外汇。

菲律宾渔业分为商业性渔业和市政渔业，市政渔业又包含海洋市政渔业和内陆市政渔业。根据 1998 年《菲律宾渔业法》及其后修正法的界定，商业性渔业是指渔船的总登记吨位在 3 吨以上、作业水域较深（一般 13 米以上）、需获得渔业和水生资源局许可证的捕捞渔业。市政渔业一般是指传统的、用以维持生计的小规模渔业，渔船登记吨位一般在 3 吨及以下，还包含无须渔船的捕捞作业，依据作业水域的区别，海洋市政渔业通常指在沿岸或当地水域作业，内陆市政渔业是指在封闭的淡水环境下作业，如湖泊、水库等。

菲律宾的水产品，大部分是鲜销和冷冻，其余加工成罐头等。经加工处理的鱼类和水产品大部分就地销售，少量出口。水产品加工处理大多数是在有原料鱼供应的捕捞地区，生产规模从小型村舍工业至中等规模的厂家。除虾类外，其他甲壳类和软体动物经冷却或冷冻后外销，这些产品包括龙虾尾、蟹肉、鲍、墨鱼、鱿鱼、章鱼等。中国渔业技术较为先进，菲律宾与中国在东盟自由贸易区的背景下，将发挥我国传统水产养殖技术、海洋捕捞技术与菲律宾的海洋资源丰富等优势互补，将有更广泛的渔业合作空间。

近年来，菲律宾水产养殖业取得了一定的发展，尤其是海藻、遮目鱼、罗非鱼、对虾和沼虾类等养殖业，这些品种养殖生产成功的主要原因在于政府对养殖业发展及其研究与推广的支持和重视，国内外市场需求的推动、良好的水产养殖发展潜力、养殖业组织化的推动与养殖户的积极性等方面。但是，水产养殖产业的持续发展也受到了很多因素的制约，主要包括以下几个方面：养殖成本尤其是饲料成本过高，很多饲料需要从国外进口，造成了养殖户的收益不高，严重限制了该国水产养殖业的发展；良种是水产养殖产业发展的物质基础和关键，该国良种覆盖率很低，单位面积产量不高；市场价格随季节变化较大，养殖水产品与捕捞水产品存在市场份额的竞争；水产养殖业组织化程度不高，在一定程度上限制了养殖户技术水平提升、信息获取和相关权益的获得，养殖和市场风险较高；渔业资源的管理机构存在着管辖范围不明确，不同部门以及国家与地区之间存在利益冲突，对环境友好型的水产养殖业的发展不利；养殖业容易受到台风、洪水、地震等自然灾害的冲击和影响。

（四）菲律宾林业基本情况

菲律宾属季风型热带雨林气候，温暖湿润，降水量多，土壤肥沃，动植物资源非常丰富，森林茂密，占全国土地面积的 40% 以上。在菲律宾，值得一提的是棕榈藤，它是仅次于木材的森林产品，藤制品所需原料全部来自野生棕榈藤。菲律宾的藤工业相对发达，藤制品以其高品质和精良的设计工艺而著称于世，每年为国家赚取大量的外汇。棕榈藤业支撑着近百万菲律宾人的生计，尤其是高地农村家庭的主要收入来源。

菲律宾的棕榈藤中有 1/3 的藤种为其特有藤，具有商业价值的藤种有 12 种。菲律宾的棕榈藤主要为天然林中的野生棕榈藤，人工种植的棕榈藤面积相对较小。目前，菲律宾有棕榈藤人工林 1.74 万公顷，主要分布在莱特省和巴西兰省。由于野生棕榈藤资源不断减少，菲律宾政府鼓励大力发展棕榈藤人工林，并在政策上提供扶持。在菲律宾，棕榈藤材主要用于制造家具、工艺品和饰品，其中 95% 以上的棕榈藤材用于生产家具。菲律宾的棕榈藤在增加财政收入、提供就业和出口创汇方面发挥着重要作用。20 世纪 80—90 年代，棕榈藤家具年均出口值都在 1 亿美元以上，约有 100 多万人从事棕榈藤相关的工作，包括棕榈藤的采收、加工及贸易。美国是菲律宾棕榈藤家具的主要贸易伙伴，出口值占全部藤家具出口值的 60% 左右，其他出口值较大的国家还有日本、西班牙、挪威、德国、法国和英国等。

（五）菲律宾农产品投资贸易相关政策

为避免国内农产品价格受到国际粮食价格的冲击，菲律宾通过关税和关税配额及一系列非关税措施对外国农产品进口设置"门槛"，以限制国外农产品进口，稳定国内生产者信心。

菲律宾践行 WTO 数量限制措施关税化的要求以来，关税成为菲律宾通过贸易政策保护本国农业的关键工具。菲律宾农产品（HS1-24）的简单平均应用最惠国关税税率由 1999 年的 14.8% 降至 2003 年的 10.2%，2014 年以来仅轻微下降到 9.9%。所有关税细目均为从价税，0~65% 不等，其中最高的被应用于甘蔗。虽然菲律宾的农业关税远低于其约束水平，但对大米、玉米、猪肉和禽肉等敏感农产品仍采取了较高的关税保护。

为避免廉价的进口农产品对国内农产品价格造成较大冲击，1996 年起菲律宾便对大米、玉米、甘蔗、猪肉、禽肉、土豆、咖啡豆等 14 种农产品实行了关税配额制度，配额内关税为 30%~50%，配额外关税为 40%~100%。但自 1996 年以来，大多数产品的配额内关税保持不变，而配额外关税减少至 2005 年已无变化。2005—2015 年，一些商品如土豆、洋葱、大蒜和家禽，它们的配额内和配额外的关税已近乎相等，但其配额制度所覆盖的 14 种产品的整体关税水平仍然很高，从 30%（生猪、活羊和猪肉的配额内关税）到 65%（甘蔗的额外配额关税）不等。而对于大米，菲律宾政府从 2005 年开始一直努力保留大米的最低准入量（MAV），现已将大米特殊待遇条款延期至 2017 年，作为让步，菲律宾以增加进口配额的形式将大米的最低准入量增至 805 200 吨，并将其配额内关税降至 35%，配额外关税仍保持在 50%。

菲律宾主要由农业部的监管机构实施动植物检疫（SPS）措施，分工明确。其中，农业部动物局负责防止外来及传染性动物疾病的进入和传播及动物饲料的控制措施，包括肉类及其制品、蛋类、兽药和生物制品等；农业部渔业与水产资源局负责鱼类及鱼类产品的安全；农业部植物产业局负责植物及植物产品的管理，包括所有进口的转基因植物及植物产品；农业部化肥与农药管理局主要负责化肥、农药及其他农用化学品的监管。自 1995 年 WTO 动植物检疫协议生效至 2016 年 9 月中旬，菲律宾已向 WTO 动植物检疫委员会提交了 350 份通报，涵盖了范围广泛的措施，包括在必要时实施临时进口限制措施。菲律宾对 SPS 措施与国际标准的统一上作出了重要承诺，任何进口商如欲进口任何农业、鱼类和渔业/水产品，以及化肥、杀虫剂和其他农药、兽药和生物制品进入菲律宾，均须在售前或进口前配合相应机构进行进口风险分析（有的产品还需附上相关证明文件），以获取相应部门颁发的 SPS 进口许可。一般来说，在签发证书时只考虑 SPS 标准；然而，在某些情况下，也考虑到国内供应水平，目前主要是对动物产品的进口实行歧视性待遇。

菲律宾于 1996 年便终止了所有农产品的出口税，并且不使用出口补贴。出口活动主要由私营部门承担，并由政府提供最低援助。菲律宾主要通过许可证制度、国营贸易等手段对谷物和谷物制品、糖和糖蜜等农产品实行出口管制，除机构批准外可能还需要许可证；考虑到国内需求、世界价格以及外国政府对菲律宾出口给予的优惠待遇等因素，菲律宾总统可能会对任何商品实行出口配额；在出口认证上，植物产品的出口认证程序和植物检疫认证体系以"国际植物保护公约"标准为基础，而肉类和肉类产品出口证书的发放则是以进口国的要求为基础。此外，根据 WTO 的普通优惠制度和东盟的规定，出口需要原产地证明。对于受管制或禁止的出口产品，可能需要其他许可证和执照。

三、中国—菲律宾农业合作情况

（一）中国—菲律宾政府间合作成效

中菲双方 2001 年成立农业联委会机制以来，双方共同确定优先合作领域，共同务实执行合作项目，取得了实质性成效。2017 年在第五次中菲农业联委会上，两国明确了在中菲农技中心三期、农业产学研一体化合作、蚕桑业发展、产后和机械化开发、农业投资与农产品贸易、橡胶研究推广等领域进一步加强务实合作。2019 年在第六次中菲农业联委会上，中菲两国农业部长一致同意将通过多种形式为加强双方农业投资与经贸往来搭建平台，推动双方企业间的洽谈和投资。此次推介会正是中菲政府在此背景下搭建的双边农业投资合作的创新性平台。中菲政府和企业要对接合作需求，共同探索促进两国农业产业链延伸、产业附加值提升和投资收益水平提高的好伙伴、好项目、好措施，共同推动重点产业的双向投资合作。

菲律宾政府在农业吸引投资上具有较高热情，在《菲律宾综合投资法典》及《2017—2019 年投资优先计划实施指南》中都将农业作为菲律宾优先投资领域之一。2019 年 7 月，在中国—菲律宾农业联合工作组第六次会议上，中菲双方磋商制定《中菲农业合作行动计划（2020—2022）》，拟在能力建设、农业科技合作、农业贸易与投资合作、农产品精深加工等领域展开进一步合作，为中国企业投资菲律宾农业项目提供了良好的发展机遇。

（二）中国—菲律宾农业合作成效

水稻是菲律宾最重要的农作物，然而在很长一段时间里，菲律宾的水稻产量一直在低水平徘徊。西岭热带杂交水稻研究中心董事长林育庆是菲律宾一位华裔企业家。1997 年，看到中国农业巨大发展的他，希望能把中国的杂交水稻技术引进到菲律宾。1998 年开始，中国的水稻专家将杂交水稻技术引入菲律宾，从此，中国的农业技术便在菲律宾田野上扎下了根。为了在菲律宾推广杂交水稻，袁隆平不仅多次亲自赴实地考察指导，还派中国专家带着技术来到菲律宾，现已退休的原中国国家杂交水稻工程技术研究中心研究员张昭东曾在菲律宾驻扎 18 年，培育出了适合菲律宾土壤气候的热带杂交水稻品种——西岭 8 号。这个品种一经推出，便在菲律宾引起广泛关注，它使得菲律宾水稻最高单产大幅提高，从每公顷 8 吨上升到了 11 吨，这给农民家庭带来了更高的收入，而且这一品种在抗旱、抗涝、抗病虫害等方面也显示出超强的优势。湖南禀实农业服务有限责任公司在中国农业农村部支持下于 2019 年在菲律宾达沃执行杂交水稻高产栽培示范项目，建立了 3 公顷的杂交水稻高产栽培技术示范点并开展了两季高产栽培技术示范。通过杂交水稻高产栽培活动，实现了单位面积增收超过 60%，收益增加超过 50% 的经济效益。中国农业机械化科学研究院于 2017 年举办针对菲律宾学员的"发展中国家农田水利自动与灌溉技术"双边培训班，涉及农田动力技术及装备、节水灌溉技术及发展趋势、喷/滴灌溉工程规划设计、农田水利田间规划、水肥一体化技术与应用、国家农业产业政策和地区发展经验、渠道防渗工程及装备以及水泵技术原理及类型选型等专题，积极推进与菲方在农牧渔业装备、农业与食品加工及后处理装备等领域开展的产品贸易、技术研发、培训推广（借助国家援外培训平台）以及生产、加工、冷链物流、资源无害化利用等成套工程项目合作。

中国和菲律宾政府还合作成立了中菲农业技术中心，这是两国政府为了加强两国在农业上的合作，特别是在水稻生产技术上的合作，共同建设的一个中国技术展示、培训中心和中国农业机械使用维修服务中心，目前共同开展了三期农业技术合作项目，涵盖杂交水稻、农业机械和沼气技术等领域。中菲农业技术中心第三期技术合作项目正在实施中（2018 年 10 月—2021 年 10 月），将为菲律宾提供杂交水稻制种、栽培、机插技术等现场培训。截至目前，该项目培训了一千多名菲律宾农技人员；在菲律宾水稻主产区累计推广杂交水稻 1.8 万公顷，惠及 9 000 余农户，促进粮食增收 2.1 万吨。中国农业专家和他们带来的农业科技，不仅推动了菲律宾的农业发展，更将两国友谊的种子播撒到了菲律宾的田野。

（三）中国—菲律宾渔业合作成效

在海洋经济方面，中菲两国渔业合作较为广泛，包括渔业捕捞、水产养殖、渔业加工和技术交流等方面。中国渔业技术较为先进，经常派技术专家前往菲律宾进行培训指导，积极推动企业间开展合作，支持菲律宾发展海水养殖、水产品加工和贸易，并应菲请求转让鱼类种子资源、捐赠鱼苗以及协助建设渔业技术能力。2018 年 11 月 20 日中国国家主席习近平访问菲律宾指出，《中华人民共和国与菲律宾发布联合声明》肯定了中菲渔业合作。2019 年 8 月，在菲律宾总统杜特尔特访问中国期间，中国国家主席习近平主席表示，中方愿进口更多菲律宾的优质水果和农产品，将派专家赴菲传授渔业技术。

2016 年 11 月 13 日中国农业渔业考察团考察菲律宾，2017 年 1 月 11 日菲律宾渔业考察团到中国学习交流。同年 4 月两国农业部门签署《中国—菲律宾现代渔业合作协议》。2017 年 4 月 24 日中菲渔业合作联委会第二次会议在菲律宾马尼拉召开，在农业部渔业渔政管理局局长会上达成中国政府赠送菲方东星斑鱼苗和开展渔业技术培训与交流的基本框架。2017 年 11 月中国水产科学研究院南海水产研究所与菲律宾达成南海所、BFAR 四区、PCSD、WPU 以及企业参与的多方合作意向。中国—菲律宾现代渔业合作项目是在中国政府和菲律宾政府共同下建立的两国友好合作的渔业项目，项目建立的主旨是加强中菲两国的渔业合作交流，提高菲律宾养殖业水平，促进菲律宾渔民就业，减少捕捞，消除渔业争端，保护渔业资源，增加菲律宾水产在国际市场份额。项目内容包括中国—菲律宾水产养殖技术合作交流和培训，优质种质资源交换，东星斑、老鼠版斑、龙虾、白蝶贝、珍珠贝、青蟹、藻类等适宜菲律宾海域养殖的高档海产品的繁育、养殖、销售，也包括中国的武昌鱼、泥鳅、罗非鱼、鲴鱼等淡水养殖鱼类在菲律宾的繁殖和推广，实施地点主要是菲律宾巴拉望和达沃以及吕宋岛。项目管理单位为中国农业农村部渔业渔政管理局和菲律宾农业部渔业和水生动物资源局，技术支持单位为中国水产科学研究院南海水产研究所、中国海洋大学、菲律宾海藻协会、西菲律宾大学，巴拉望发改委。项目主要执行单位为海世界商贸有限公司、巴拉望水产有限公司、巴拉望中菲合作水产有限公司以及中国的合作企业深圳深水网箱科技有限公司、深圳市万国城商业管理发展有限公司。

（四）中国—菲律宾农产品贸易及投资情况

中菲双边农产品贸易总量持续上涨，但其在中国农产品总贸易中占比较低，而在菲律宾农产品总贸易中呈逐年大幅攀升的趋势。2001 年，中菲农产品贸易金额为 2.41 亿美元，其中，中国自菲律宾进口金额为 1 亿美元，对菲律宾出口金额为 1.41 亿美元。双边农产品贸易在中国农产品总贸易中占比 0.87%，在菲律宾农产品总贸易中占比 3.85%。2004 年 1 月 1 日，中国与东盟六国启动"早期收获计划"，率先对部分产品实施"零关税"，中菲相应农产品贸易实现两位数以上飙涨。2010 年 1 月 1 日，中国—东盟自贸区正式建成，"零关税"政策为双边农产品贸易再次注入了新动力。2010 年双边农产品贸易金额首超 10 亿美元，达 11.72 亿美元，增长 24.02%。2012 年，因"黄岩岛事件"，中国自菲律宾进口收缩，农产品贸易增速放缓。2014 年双边农产品贸易金额达 22.16 亿美元，首次突破 20 亿美元大关。2016 年，双边农产品贸易再创历史新高，达 25.58 亿美元，增长 8.11%，较 2001 年增长近 10 倍，双边农产品贸易在中国农产品总贸易中占比为 1.40%，在菲律宾农产品总贸易中占比升至 8.34%，其中，中国自菲律宾进口金额为 6.22 亿美元，下滑 11.14%，对菲律宾出口金额为 19.36 亿美元，增长 16.21%，中方顺差金额为 13.14 亿美元。2018 年，中菲双边贸易额达到 557 亿美元，比 2017 年增长 8.5%。中国成为菲律宾最大贸易伙伴、第一大进口来源地和第四大出口市场。仅仅 2018 年，中国就从菲律宾进口 120 多万吨香蕉，超过了 30 多年来长期居于首位的日本，中国成为菲律宾最大的香蕉出口市场。2019 年中菲农产品贸易总额 31.11 亿美元，其中菲律宾从中国进口 20.86 亿美元，与 2018 年持平；菲律宾向中国出口 10.25 亿美元（表 7-2），同比增长 4.5%，贸易逆差进一步扩大。中菲双方都在努力缩小贸易逆差，中国政府承诺增加来自菲律宾农产品的进口量，菲律宾收到不少中国的农产品订单，并获得中国冰冻水果市场准入，中菲农产品贸易合作潜力巨大。菲律宾主要出口产品为椰子油、椰丝、糖及糖制品、香蕉、菠萝和菠萝汁、未加工烟草、椰子粉粕等。从中菲两国农业实际情况来看，合作具有较强的互补性。中国在农机设备、灌溉设备、化肥、种子、农产品加工等领域具有相对较强的优势，可以补充菲律宾农业发展的物质投入以及产业链升级。菲律宾在热带水果、橡胶、渔业产品生产上具有较强的资源禀赋和生产优势，可以通过向中国出口热带农产品和渔业产品的方式加强与中国的合作。

表 7 - 2　2019 年中国—菲律宾贸易数据

	全年出口金额（亿美元）	全年进口金额（亿美元）	全年出口数量	全年进口数量	全年出口金额比同期（%）	全年出口数量比同期（%）	全年进口金额比同期（%）	全年进口数量比同期（%）
农产品	20.859 7	10.251 7	1 342 639.550	1 459 924.151	-0.97	-7.06	3.79	3.39
畜产品	0.193 1	0.006 1	5 628.041	0.191	-67.83	-70.90	3 357.67	2 628.57
水产品	6.257 8	1.176 6	150 468.312	31 588.279	-12.38	-20.49	26.47	57.35
花卉	0.056 0	0.000 1	1 746.464	2.114	25.83	101.66	-77.69	-75.97
蔬菜	1.915 3	0.015 1	200 651.732	1 034.619	25.09	0.44	-10.25	-9.53
水果	3.746 4	8.075 2	214 723.245	1 278 823.832	17.04	-0.53	3.07	6.31
饮品类	0.568 6	0.026 4	22 946.008	1 766.356	-3.41	-14.74	63.44	42.04
调味香料	0.011 0	0.000 0	190.067	0.000	181.74	16.55	0.00	0.00
谷物	0.104 5	0.000 2	6 221.182	5.534	-75.85	-92.45	941.37	12 197.78
粮食制品	1.211 8	0.068 9	176 113.296	2 358.477	27.46	4.68	-25.00	-22.81
药材	0.000 7	0.000 0	30.906	0.000	45.74	39.33	0.00	0.00
其他	3.099 9	0.294 2	204 874.620	74 128.467	3.26	9.63	11.55	13.62
植物油	0.008 7	0.514 9	507.254	50 082.844	-50.12	-63.71	0.85	29.52
糖类	2.851 9	0.018 7	305 976.582	512.678	4.71	2.19	-52.47	-92.74
油籽	0.578 5	0.000 1	35 331.270	3.870	2.92	0.94	-44.51	-52.22
坚果	0.146 8	0.000 4	7 321.093	6.225	4.24	3.12	1.91	19.05
干豆（不含大豆）	0.077 4	0.000 0	7 916.157	0.000	-12.09	-15.86	0.00	0.00
精油	0.023 0	0.000 0	217.164	0.086	17.73	146.72	132.31	160.61
棉麻丝	0.000 5	0.044 0	0.882	13 587.729	-65.94	-97.21	-35.41	-17.22
薯类	0.001 1	0.000 0	69.000	0.000	240.59	210.11	0.00	0.00
饼粕	0.006 7	0.010 9	1 706.275	6 022.850	-47.40	-27.43	-89.52	-89.28

中国企业在菲律宾的投资范围较广。隆平高科在菲律宾独资成立菲律宾研发中心，与菲律宾合资成立水稻种子产业化公司。新希望集团在菲律宾片区下辖中吕宋公司、塔拉克公司、布拉干公司、伊莎贝拉4家公司，总投资逾2亿元，总产能63万吨，经营范围涉及畜禽水产饲料的生产与销售，目前片区经营业绩显著，正逐渐成为菲律宾市场上有影响力的农牧企业，对于当地农业经济的增长起了很大的推动作用。中联重科自进入菲律宾市场以来，积极扩展工程机械和农业机械业务，目前年销售收入位于在菲中国机械企业前列。旗下农机业务目前已覆盖菲律宾主要农业产区，在菲律宾12个地区设有销售和服务中心，致力于为菲律宾农民提供农业经济高效的机械化方案和服务支持。水稻收割机、玉米收割机等产品为中国企业在菲销售数量第一，且拖拉机、水稻收割机、玉米收割机、烘干机等主打产品已通过菲律宾国家农机检测中心测试，列入菲律宾农业部采购目录。

四、中国—菲律宾农业合作前景分析

（一）加强中国—东盟自贸区建设，降低贸易成本

2010年中国—东盟自贸区建成，中国和菲律宾作为自贸区的重要经济体，需要不断深化经济贸易合作。我们要加强中国—东盟自贸区建设，进一步降低成员间的市场进入成本和关税水平，这不仅有利于中国对菲律宾农产品出口的增长，同时也有利于推动菲律宾的经济发展。特别是在"一带一路"的背景下，两国应在降低贸易成本的基础上，深入开展农产品贸易，实现共赢。

同时，加强同菲律宾政府的经济对话，同菲律宾保持良好的国家关系。一方面可以从贸易方面给予菲方更多的优惠政策；另一方面，可以从金融、旅游、人力资源、通信、基础设施等方面加强与菲律宾的合作，形成经济贸易友好发展的局面，更好地为改进中国对菲律宾农产品出口贸易增长方式提供政治、经济基础。相信在中国与菲律宾双方共同努力下，两国的农产品贸易会更上一台阶。中国通过改进对菲律宾农产品的出口贸易增长方式增进与菲律宾的贸易经济关系，在农产品贸易方面形成良好繁荣发展的态势。

（二）加强中菲两国的渔业合作交流

中菲两国都面临着如何在综合考虑渔业的经济效益、社会效益、环境效益的基础上，把对渔业资源的开发和对环境资源的养护结合起来的可持续性发展的问题，在《中国—东盟全面经济合作框架协议》下，逐步建立双边的协同管理机制，如中菲渔业相关部门定期对话机制、渔业相关领导互访机制等，为双方就共同关注的问题提供协商及交流的平台。此外，还可以考虑成

立民间的渔业联合会，建立渔业资源养护与环境修复示范区，就两国水域内相互入渔条件、水域资源管理、渔业资源评估调查、环境监测、生态资源维护、联合执法等方面的经验进行定期交流。

中菲两国是全球主要的水产品生产国之一，双方加强渔业科技交流与合作是促进双方渔业发展的必由之路。双方可定期组织形式多样的展览会和推介会，鼓励各自的科研院所及企业参展；鼓励国内优势企业到对方国家建立集科研、推广和经营为一体的养殖基地、加工基地、渔业技术示范园、科技合作示范园等，共享成功经验；举办各类渔业相关技术培训班，分专题（如水产养殖技术、良好的操作规范、水产品加工等）进行短期或中长期培训，同时定期举办学术论坛，推动双方的科技交流。

"一带一路"高峰论坛"推进贸易畅通"平行主题会议明确指出贸易畅通的重要性。中国商务部部长钟山指出，贸易畅通是"一带一路"建设的重要内容，它不仅拉动了各国经济增长、改善了民生福利，还促进了产业合作和技术传播，给沿线国家和人民带来了实实在在的好处。加强中菲两国的渔业贸易往来，符合中菲渔业发展的战略需求。

首先，中国应积极利用其与菲律宾的地缘优势，借助相关的中国—东盟基础设施互联互通政策，加强基础设施的建设，便捷的交通可以为促进中菲贸易提供助力。其次，根据菲律宾水产品进出口结构，增强巩固现有优势品种，保证核心产品的竞争力，同时合理调整并优化我国水产品结构，加强中菲的贸易互通。再次，加强中菲水产品自由贸易区研究和建设工作，建立水产品贸易沟通协调机制，提升贸易便利化水平，深化各领域的开放创新。最后，定期举办中菲渔业经贸论坛及投资贸易洽谈会，为双方就经贸问题进行磋商及洽谈搭建有效的沟通平台，促进中菲渔业经贸合作与交流。中菲两国加强彼此的交流与合作，共同推动渔业的资源保护、升级转型与实现渔业的可持续发展是双方渔业发展的必然方向。

（三）加强菲律宾基础设施建设提高产能

加强制造业领域的产能合作。菲律宾要实现工业化，解决贫困人口脱贫致富问题就离不开劳动密集型制造业的发展，特别是出口导向型劳动密集型产业的发展。但是长期以来，出于多种原因，菲律宾制造业发展相对缓慢，目前菲律宾正在调整发展战略，吸引外资，大力发展出口导向型劳动密集型产业。根据2015—2017年菲律宾出口发展规划纲要，2016年和2017年菲律宾出口增长目标分别为6.6%～8.8%和7.7%～10.6%。其中，电子产品和服务贸易是推动菲律宾出口增长的主力部门。目前，电子行业出口约占商品出口收入的一半。服务贸易出口强劲增长。2015年，服务出口收入接近290

亿美元，服务收入约占本国出口收入的 30%。为菲律宾农业发展提供先进技术和经验。菲律宾天灾频繁，农业生产仍未能摆脱"靠天吃饭"的局面。菲律宾平均每年遭遇 20 场台风过境，迫使菲律宾进口大米以填补供应缺口。2015 年，菲律宾农业产值远低于亚洲其他发展中国家的平均增速。2016 年的旱季影响了 800 万菲律宾人民生活，综合损失评估为 1998 年来影响最严重的一次。为此，加强农业发展是菲律宾面临的大问题。未来中国可协助菲律宾解决粮食自给问题。通过亚投行等多种路径支持菲律宾基础设施建设。菲律宾基础设施落后，不仅阻碍菲律宾长期经济增长，也影响当地民众的生活质量。据亚洲开发银行估算，菲律宾 2010—2020 年基础设施建设资金缺口达 1 271.2 亿美元，平均每年需吸引投资 115.6 亿美元。为此，中国可以在基础设施领域扶助菲律宾，特别是铁路、清洁能源等交通、电力基础设施领域予以支持。

（四）加强与菲律宾香蕉和橡胶等热带经济作物产业合作

香蕉、橡胶等热带经济作物产业一直是菲律宾具有较强市场竞争力的热带农产品产业。中国企业可以考虑扩大在菲律宾优势产业合作基础，与菲律宾当地企业开展投资合作，在香蕉、橡胶等产业上合作扩大生产基地面积，完善农业生产基础设施配套，优化技术示范效果，打造优质产品生产基地，完善农产品初级加工，扩大海外出口规模。同时，中国企业在菲律宾果蔬加工、食品安全和农业废弃物利用等领域具有发展农业机械的潜力，扩大中国农机产品出口到菲律宾，向菲律宾提供农业机械配套信息技术服务。

参 考 文 献

丁子涵，2018."一带一路"背景下中菲经贸关系分析 [J]. 合作经济与科技（1）：66 - 68.

窦永生，2013. 菲律宾粮食安全问题及应对措施评析 [D]. 湖北：华中师范大学.

顾尧臣，2006. 菲律宾有关粮食生产、贸易、加工、综合利用和消费情况 [J]. 粮食与饲料工业（11）：44 - 47.

胡迎春，李彦敏，2003. WTO 与菲律宾农业贸易自由化的负面影响和启示 [J]. 国际关系学院学报（4）：33 - 38.

黄韬，黄耀东，2017. 菲律宾：2016 年回顾与 2017 年展望 [J]. 东南亚纵横（2）：37 - 41.

李雪林，唐青生，2019. 新时代背景下的中国与菲律宾金融合作研究 [J]. 时代金融（23）：1 - 3.

陆建人，蔡琦，2017."一带一路"倡议下中国与菲律宾的经济合作 [J]. 国际经济合作（3）：12 - 19.

马燕冰，2007. 菲律宾 [M]. 北京：社会科学文献出版社.

韦红，窦永生，2012. 菲律宾城市化进程中粮食安全问题及其应对措施评析 [J]. 社会主义研究 (5)：133 - 137.

谢迪琼，陈小雪，周梅芳，等，2013. 菲中贸易对菲律宾经济的影响评估 [J]. 东南亚纵横 (5)：24 - 29.

杨逢珉，顾彦，2009. 菲律宾农产品贸易政策浅析 [J]. 经济研究导刊 (31)：162 - 165.

姚微，乔俊果，李莹，等，2018. 中菲自由贸易区经济效应实证研究：基于贸易引力模型测算分析 [J]. 科技与经济，31 (2)：106 - 110.

张柯，梁丹辉，2016. 中国与菲律宾农产品贸易特征分析 [J]. 农业展望，12 (11)：85 - 92.

郑国富，2015. 中国与菲律宾双边贸易发展的实证研究 (1975—2013) [J]. 广西财经学院学报，28 (2)：73 - 79＋106.

郑国富，2018. 菲律宾农产品贸易现状及发展路径探析 [J]. 农业展望，14 (2)：79 - 83.

郑红玲，马树才，2018. 中国与菲律宾贸易增长波动分析：基于 CMS 模型的二阶分解 [J]. 价格月刊 (3)：30 - 36.

张志斋，2019. 中国对菲律宾农产品出口贸易增长方式研究 [D]. 河北：河北大学.

BRIONES R M，2014. Compilation and Synthesis of Major Agricultural Value Chain Analysis in the Philippines [J]. Discussion Papers，35 (3)：250 - 256.

CORORATON C B，COCKBURN J，CORONG E，2005. Doha Scenarios，Trade Reforms，and Poverty in the Philippines A CGE Analysis [J]. SSRN Electronic Journal.

CLARETE R L，2008. Options for national food authority reforms in the Philippines. from parastatals to private trade lessons from asian agriculture.

CORORATON C B，CORONG E L，COCKBURN J，2010. Agricultural Price Distortions，Poverty and Inequality in the Philippines [J]. Agricultural Distortions Working Paper.

MALAPIT H J，RAGASA C，MARTINEZ E M，et al，2019. Empowerment in agricultural value chains：Mixed methods evidence from the Philippines：[J]. IFPRI discussion papers.

PERRET S R，YUERLITA，2014. Adapting to declining fish resources：the differentiation of livelihood systems and fishing strategies in Singkarak Lake's fishing community，West Sumatra [J]. Regional Environmental Change，14 (3)：1203 - 1214.

第八章　新加坡农业发展现状及合作前景

新加坡共和国（Republic of Singapore），简称新加坡（Singapore），位于马来半岛南端、马六甲海峡出入口，是亚洲、欧洲、大洋洲和非洲的海上交通枢纽，北隔柔佛海峡与马来西亚相邻，南隔新加坡海峡与印度尼西亚相望，由新加坡岛（占全国面积的 88.5%）和 63 个小岛组成。新加坡是城邦国家，无省市之分，而是以符合都市规划的方式将全国划分为五个社区（行政区），分别为中区社区、东北社区、西北社区、东南社区、西南社区，由相应的社区发展理事会（简称社理会）管理。在此基础上，新加坡市区重建局于 2019 年 3 月发布了总体规划草案（2019），提出构建四个主要门户的概念，包括中央地区、北部门户、东部门户和西部门户。其中，中央地区是新加坡的市中心，也是全球商业和金融中心的所在地；北部门户是发展科技创新的重要基地，涉及农业技术和食品、数字技术和网络安全等领域，是北部区域新的经济中心；东部门户利用樟宜航空枢纽扩建的机会，重点发展与航空有关的业务，构建创新品质生活商业集群；西部门户是中央区以外最大的商业节点，也是首屈一指的高科技制造中心。

新加坡属热带海洋性气候，雨量充沛（年降水量 2 345 毫米），气温湿热。新加坡是一个城市经济国家，农业可耕地面积不足 10 平方千米，约占国土面积 1.4%，产值占国民经济不到 0.1%。作为全球最大金融中心之一，也是全球第三大外汇交易中心，新加坡属于外贸驱动型经济，以电子、石油化工、金融、航运、服务业为主，高度依赖中、美、日、欧和其他周边市场，外贸总额是 GDP 的 4 倍。在瑞士洛桑管理学院最新发布的 2020 年全球竞争力报告中，新加坡连续第二年排名第一，成为全球最具竞争力经济体。由于国内市场规模小，经济外向型程度高，新加坡政府一直积极参与并推动全球贸易自由化进程，2009—2019 年，新加坡也一直保持贸易顺差状态。根据新加坡国际企业发展局统计数据，2019 年新加坡货物进出口总额为 7 494.8 亿美元，同比下降 4.2%，贸易顺差 313.6 亿美元，下降 24.0%。其中新加坡出口 3 904.2 亿美元，下降 5.2%，主要出口机电产品、矿产品和化工产品；进口 3 590.6 亿美元，下降 3.1%，主要包括机电产品、矿产品、原油、加工石油产品、粮食与果蔬等。新加坡主要贸易伙伴为中国、马来西亚、欧盟、印度尼西亚、美国。

新加坡地域狭小，不断寻找新的经济增长点，这既是其多年探索得出的成功经验，也是保持国际竞争力的重要诀窍。1970—1984 年新加坡采取"选赢家"策略，经济高速增长，GDP 年均增速为 9%，成为亚洲经济"四小龙"之一。这段时期新加坡政府以出口为政策导向，重点发展造船、炼油等资本密集型产业，设计、信息、电脑等技术密集型产业，和金融、贸易、通信、会展、旅游等服务业。1979—1998 年，新加坡提出"经济重组战略"，通过鼓励科研、发展高科技工业、加强教育培训、完善工资政策一系列措施，从劳动密集型工业进入高科技工业，即实行机械化、自动化、电脑化，实现产业提质升级和经济的稳定成长。2002 年，新加坡制定了"7 小时经济圈发展战略"，开始了新一轮的经济大转型，在该经济圈内继续巩固和打造世界贸易中心、海港转运中心、航空中心、会议中心、教育中心、医疗保健中心、国际医药中心、金融理财中心，促进经济持续发展。新加坡未来经济委员会于2017 年 2 月发布未来 5～10 年经济发展愿景，提出深化并扩展国际联系、掌握善用精深技能、加强企业创新能力、增强数码安全能力、合理规划城建方案、完善产业转型蓝图、和促进合作创新与经济增长七大战略，通过保持开放和互联互通、掌握精深和与时俱进的技能、进一步加强劳资政三方合作来落实战略核心任务，实现未来十年设定的 2%～3% 经济增长目标。根据新加坡贸工部最新数据，2019 年，新加坡国内生产总值为 5 075.68 亿新加坡元（约 3 720.62 亿美元），人均国民生产总值为 8.80 万新加坡元（约 6.52 万美元）。受国际贸易摩擦以及全球电子产业低迷的影响，全年实际增速降至0.7%（2017 年、2018 年经济增长率分别达到 3.5%、3.2%），为 2009 年全球金融危机以来最低值。

世界经济论坛（WEF）发布的《2019 全球竞争力报告》指出，新加坡在141 个经济体中排名超越美国，成为 2019 年全球最具竞争力的国家。虽然新加坡是世界上最开放的经济体，但要成为全球创新中心，还需进一步推广创业精神和提升员工技能。

一、对外交流与合作

新加坡奉行和平、中立和不结盟的外交政策，主张在独立自主、平等互利和互不干涉内政的基础上，同所有不同社会制度的国家发展友好合作关系。同时，新加坡奉行"大国平衡政策"，主张在亚太建立美国、中国、日本、印度战略平衡格局，这也是新加坡国防与外交政策的核心。新加坡积极开展以经济外交为重点的对外交往，积极推进贸易投资自由化，已与多国签署双边自由贸易协定，加强同各国和地区的经济合作。新加坡是东南亚国家联盟（ASEAN）成员国之一，也是世界贸易组织（WTO）、英联邦（Commonwealth of Nations）以及亚洲太平洋经济合作组织（APEC）成员经济体之一。1967 年新加坡加入东南亚国家联盟，并且是 5 个发起国之一，致力推进东盟自由贸易区的形成，倡导东盟"成长三角"的经济合作形式。新加坡积极参与亚太区域各种经济合作组织的活动，已加入"全面与进步跨太平洋伙伴关系协定"（CPTPP），倡议成立了亚欧会议、东亚—拉美论坛等跨洲合作机制。截至目前，新加坡共与 175 个国家建立了外交关系。

中国和新加坡自 1990 年 10 月 3 日正式建立外交关系以来，双方从战略高度和长远角度规划两国关系发展方向，使之紧密契合两国的独特优势和发展需求。两国开展了领域广泛、层次多样、务实创新的全方位合作，在各领域的互利合作成果显著。2015 年，两国建立与时俱进的全方位合作伙伴关系。近 30 年来，中新两国签有《经济合作和促进贸易与投资的谅解备忘录》（1999 年）、《中华人民共和国政府和新加坡共和国政府关于双边合作的联合声明》（2000 年）、《中华人民共和国政府和新加坡共和国政府自由贸易协定》（2008 年）、《关于农产品质量安全和粮食安全合作的谅解备忘录》（2013 年）、《关于共同推进"一带一路"建设的谅解备忘录》（2017 年）、《中华人民共和国政府和新加坡共和国政府联合声明》《自由贸易协定升级议定书》（2018 年）等重要双边文件，为中新两国未来全方位交流和合作指明了方向。2015 年 11 月，习近平主席对新加坡进行国事访问，两国发表《中华人民共和国和新加坡共和国关于建立与时俱进的全方位合作伙伴关系的联合声明》，确立了两国"与时俱进的全方位合作伙伴关系"的关系定位，推动两国关系迈向更高水平，并将助推更广泛的区域及国际合作发展。2018 年 11 月，在李克强总理对新加坡进行国事访问期间，两国政府签署了《自由贸易协定升级议定书》（简称《议定书》）。《议定书》的签署不仅将进一步充实中新"与时俱进的全方位合作伙伴关系"的内涵，对进一步发挥中新双边经贸合作潜力及深化中国与东盟的经贸关系具有积极作用。2019 年新加坡全面深化与中国的合作关系，在第二届"一带一路"国际合作高峰论坛期间，两国签署了 5 份谅解备忘录，涉及成立新加坡—上海全面合作理事会、加强第三方市场合作实施框架、实施原产地电子数据交换系统、海关执法合作和设立联合投资平台等方面。

美国一直是新加坡外交的优先方向。自 1966 年新加坡和美国建立正式的外交关系以来，双方在经贸、军事防务、高新技术、人才培养等领域开展了长期、深入且高效的合作。2004 年，《新加坡—美国自由贸易协定》生效以来，美国成为新加坡第四大出口市场和第二大进口来源国，双方互为重要的外资来源。2019 年，两国签署《双边防务合作谅解备忘录》修订版，将防务合作延长 15 年，允许美国继续使用新加坡军事基地。新加坡立足东盟，积极开展多边与双边外交，积极加强与东盟及其成员国的合作。2019 年 4 月，新加坡在第 25 届东盟经济部长非正式会议上签署《东盟服务贸易协议》（ATI-SA）以及修订《东盟全面投资协议》（ACIA）的第四个协议，将进一步加深区域服务业整合，推进东盟一体化进程，提升东盟作为投资目的地的吸引力。新加坡是菲律宾第二大外资来源国。两国于 2019 年签署了关于基础设施发展、水资源管理、技能培训与教育合作、农业贸易、艺术与文化交流、数据保护执法等 8 个领域的合作谅解备忘录。作为缅甸最大的投资来源国，截至 2019 年 8 月，新加坡对缅甸的累计投资金额达 221 亿美元，并且通过签署政府间《新加坡—缅甸投资协议》进一步加强投资合作。2013 年越南与新加坡建立战略伙伴关系，积极加强与越南在金融、教育培训、交通运输、信息技术与传媒、投资贸易、创新技术等领域的合作。目前，新加坡是越南第三大投资来源地，新加坡企业希望依托越南—新加坡合作中心继续加大对越南能源、城市发展解决方案、数字经济等新合作领域的投资力度。新加坡将继续开展经济外交，全面深化与东盟、美国、中国、欧盟、印度与日韩的合作，并积极推动《区域全面经济伙伴关系协定》（RCEP）等相关自由贸易协定的签署，为新加坡经济发展注入新动力。

二、农业发展情况

（一）新加坡农业基本情况

长期以来，农业一直是新加坡的劣势，农产品主要依赖进口，主要原因是：一是农业发展空间小。新加坡自然资源贫乏，且地域狭小，东部为平原地区，西部和中部为丘陵，适宜农业生产的耕地并不多，仅占国土面积的1％。二是人口密度大。这对农业生产需要大量土地和农产品消费需求来说是"雪上加霜"。新加坡人口密度世界排名第二，每平方千米约有 8 000 人，需占用大量土地，用于建设房屋、公共设施、道路、学校、医院和绿化等，各类企业生产制造研发也需占用一定量的土地资源。三是自产农产品数量非常有限。新加坡地处热带雨林气候，全年高温多雨，气候炎热潮湿，年平均温度23～35℃，湿度 65％～90％，这种气候特点决定了发展农业只能因地制宜。为此，新加坡选择了种植经济价值高的椰子、油棕、橡胶和著名的观赏花卉胡姬花（兰花）等，粮食和果蔬等作物种植极少。四是农业规划发展限制。新加坡先后种植过胡椒、甘蔗、香蕉、香茅、烟草、橡胶、菠萝、椰子等经济作物，但 20 世纪 70 年代初新加坡政府倡导农业向集约化经营发展，认为种植蔬菜"是对土地和人力资源的浪费",减少种植业,提高饲养业,农产品产量大量缩减。目前,新加坡农产品的生产量仅满足本国居民消费总需求的不到10%,在种植业结构上,大力发展果树、蔬菜、花卉等经济作物;在产业类型上,以高产值出口性农产品如种植热带兰花、饲养观赏用的热带鱼等为主;在粮食结构上,主要限于鱼类、蔬菜和蛋类的生产,蔬菜仅有5%自产。90%以上的农产品消费需要从国外进口,其中蔬菜主要从马来西亚、中国、印度尼西亚和澳大利亚进口,粮食主要从泰国、越南、印度和中国进口,肉类产品主要从巴西、美国、澳大利亚和新西兰进口,鸡蛋主要从马来西亚和新西兰进口。

从FAO公布的数据可知,1989—2019年30年间新加坡蔬菜产量稳步提升,2019年产量达到最高峰23 138吨(图8-1)。

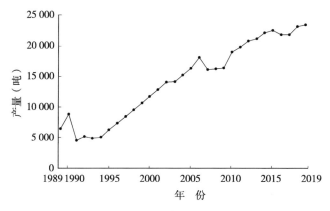

图8-1　1989—2019年新加坡蔬菜产量
资料来源:FAO。

为加速推动农产品行业向高科技转型,实现可持续农耕、渔业养殖等技术创新,减少对进口食品的过分依赖,提高农产品的自给能力,2019年新加坡政府出台了农产品"30·30愿景",并决定成立新加坡食品局,负责推进实现愿景。农产品"30·30愿景"是指到2030年,新加坡生产的农产品将能够满足国民三成营养需求,在国民三成营养需求中,有20%来自水果蔬菜,10%来自鱼肉和鸡蛋等食物所含蛋白质。食品局将采取"三大食物篮子"策略,进一步保障食品安全生产和供应。一是大力推动本土生产策略,提高蔬菜、鸡蛋、鱼肉、粮食等产品自给率,逐步降低对进口农产品的高度依赖;二是寻找多元化的进口食品供应源,不过度依赖某一个国家或地区进口农产品,不把食品安全放在一个篮子里;三是协助本国企业拓展海外市场,把在国外种植的农产品运回国内消费。新加坡根据土地面积小等自身特点,走出了一条通过大力发展都市现代农业的新路子，以追求高科技和高附加值为目标，以建设现代化农业科技园为载体，最大限度地提高农业生产力。为了农产品"30·30 愿景"顺利实现，打造亚洲乃至全球领先的城市农业科技和水产养殖科技枢纽，建立可出口到区域的食品生产模式，新加坡多措并举，加大农业科技投入，以提高农产品生产能力，降低对进口食品的依赖，以便在海外供应时有效缓解冲击。未来新加坡在农业领域有以下几个方面需要改善。

1. 鼓励农场加强创新和提高生产力，打造高科技农业。近年来，新加坡农业发展正逐步向高空发展，其垂直农场在全球享有盛誉，热带地区生态设计（Ecological Design in the Tropics，简称 EDITT）大厦是新加坡垂直农业的代表。垂直农场作为一种新型农业发展模式，是指在高楼大厦里通过技术手段进行各种农业生产，通过模拟农作物生长所需的水、阳光及温度等生长环境、充分利用可再生能源和温室技术，不仅可以提高农业产量和土地利用率，而且可以降低大量的农业用水需求，是一种革命性且可持续性的农业方法。新加坡天鲜农场（Sky Greens）开发了革命性的垂直农业系统，也是世界上第一个低碳水力驱动的农场。该公司开发的 A‑Go‑Gro 垂直系统采用专利低碳液压驱动技术来推动耕种塔的旋转，能让热带多叶蔬菜全年生长，产量是传统耕种方法的 5～10 倍，更能确保蔬菜的安全性、新鲜度和品质。截至 2019 年年底，新加坡共建有 30 个垂直农场。尽管垂直农场仍存在技术含量过高、投资回报周期过长、成本过高等缺点，但这种模式依然被农业科技人员以及政府部门所看好，并且通过科技创新改善相关问题。新加坡国华科艺农场从国外引进新的堆肥机器，能减少人工需求，加快堆肥速度，节省占地空间和降低成本。新加坡 Protenga 公司主要从事生产动物饲料的昆虫养殖，在养殖场中安装了数据传感器，以帮助确定正确的喂养频率和数量，提高产品的质量和数量。

2. 继续扩大采用先进技术的室内农耕生产，提倡和推广叠层式种植技术，发展广受好评的都市农业，鼓励民众在屋顶种植农产品。人工智能系统在农业生产中应用，可以自动调控最有利于果蔬生长的条件，计算并调控果蔬所需各种养分，从而实现提高产量的目标。新加坡 Sustenir Agriculture 公司是一家运用环境控制农业实现在新加坡本土种植舶来品的都市农业公司，采用人工智能系统实施监控作物的生长情况，以提高果蔬的产量和品质。日本松下生产科技亚太（Panasonic Factory Solutions Asia Pacific，简称 PFSAP）室内农场成立于 2014 年，占地 1 154 平方米，是新加坡首个室内菜园，满足市场对稳定、可持续地种植优质农产品的需求。与传统的户外农场、温室菜园或垂直农场不同，它采用可同时控制、监督温度、湿度、光照时间等生长因素的 LED 灯来培植蔬果，完全不依赖阳光，也无须添加农药除虫除草，每年能够生产 81 吨蔬菜。新加坡成春农场采用智能化控制鸡舍，鸡蛋供应量占本地鸡蛋市场的 10%，不仅提高了对土地的利用率和产量，而且有效解决异味、粪便污染环境等问题。

3. 加大农产品科技研发工作投入力度。 新加坡研究、创新与创业理事会将拨款 1.44 亿新加坡元（约合 7.2 亿元人民币），支持农产品科技相关研发工作。新加坡企业发展局旗下投资公司与合作伙伴，将投资逾 9 000 万新加坡元（约合 4.5 亿元人民币），协助农业与食物科技起步公司成长，包括为起步公司介绍生意伙伴，协助它们打入新市场。新加坡主权财富基金淡马锡（Temasek）已经投资了 Sustenir Agriculture 等本国垂直农场，还为高度自动化的多达八层楼的立体养鱼场 Apollo Aquaculture Group 提供 7 000 万新加坡元（约合 3.5 亿元人民币）资金。

4. 依托农业科技园，大力发展都市农业。 新加坡都市农业的主要特色是集约化的现代农业科技园，其发展以追求高科技和高产值为目标。农业科技园的基本建设由国家投资，然后通过招标方式租给商人或公司经营，租期为 10 年。农业科技园是由新加坡农业与兽医管理局（AVA）开发与管理。AVA 对农场的甄选和评估十分严格，坚持宁缺毋滥的原则，确保农场的高端、高科技属性。目前，新加坡建有 6 个农业科技园，共占地 15 万平方米，每个园内都有不同性质的作业，如养鸡场、胡姬花园（出口多品种胡姬花）、渔场（出口观赏鱼）、牛羊场、蘑菇园、豆芽农场和菜园等，每个小农场平均占地 2 000 平方米左右。这些农场应用最新、最适用的技术，包括自动化、工厂化技术，通过集约选育达到遗传性状改良以及饲料的基本分析及选择和水处理再循环系统等。林厝港（Lim Chu Kang）科技园位于新加坡西北部、是面积最大、包含种类众多、功能最完善的现代农业科技园区，不仅有气培蔬菜基地、豆芽生产基地、鸟类繁殖基地，还包含肉、奶、蛋等原料生产以及观赏鱼、青蛙、鳄鱼等休闲产业。豆芽生产基地占地 1 公顷，每天生产不打农药的新鲜豆芽产量约 1.7 吨，气培蔬菜基地占地 5.2 公顷，每天可以生产500 千克的无农药蔬菜。林厝港还有一个占地 10 公顷的农业生物园（ABP），不仅有新加坡生物技术研发中心、产品开发中心，还包含兽医公共研究中心、动植物研究中心、海洋渔业研究部，为食品安全、动植物健康监测和生物技术研发提供了有力支持，对新加坡农业发展有着关键作用。双溪登加（Sungei Tengah）科技园是新加坡面积第二大现代农业科技园，种植了 30 多种优质胡姬花，并以工厂式水产养殖方式培育孔雀鱼和金龙鱼（每年出口的观赏鱼占据世界观赏鱼总出口量的 35%），是以观赏出口为主的农业园区。村井（Murai）科技园位于新加坡西北部，以家禽养殖、胡姬花种植和蔬菜农场为主。义顺（Nee Soon）科技园位于新加坡北部地区，以高科技水培技术应用为主，大力生产高科技农产品，如水培蔬菜、药草和香料等。据报道，水培农场每天可产出大约 1 000 千克左右的新鲜无农药蔬菜。万礼（Mandai）科技园位于新加坡中北部地区，以动物园和热带雨林公园而闻名，发展成为鸟类繁殖基地和大面积的胡姬花生产基地。洛阳（Loyang）科技园位于新加坡东北部地区，靠近巴西里斯海岸工业园，是新加坡重要的水产养殖基地。

新加坡高科技农业园区，已经形成完整的都市农业体系，并取得了良好的经济和社会效益，年出口值达 6 000 万～7 000 万美元，为提高食物供给的自给程度做出了重要贡献。新加坡正在筹建农业食品创新园，汇集高科技农耕、研发与开发活动、包括建立室内植物工厂、昆虫农场和动物饲料生产设施等，预计 2021 年投入使用。

（二）新加坡渔业基本情况

新加坡四面环海，沿岸海水营养丰富，具有水温的季节变化和昼夜变化较小的优势，加上适宜的气候条件，非常适合海水养殖业的发展。由于淡水资源缺乏，新加坡政府鼓励和支持建立现代化渔场开展海水养殖，优先发展被农业技术部门指定的渔场。新加坡养殖品种主要包括石斑鱼、遮目鱼、尖牙鲈、黄金鲷等鱼产品，还有南美白对虾、蟹和贻贝等甲壳类产品。同时，新加坡是世界上主要的养殖和出口观赏鱼中心，渔场主要分布在新加坡北方和西北部，有约 70 个观赏鱼场和 90 多个沿海养殖渔场，渔场配备现代设施，包括包装出口鱼的温度控制精准的包装房、智能化系统、鱼体及水质分析实验室、各种室内外养殖受控环境下的生长系统设备。新加坡是世界最大的观赏鱼输出国，每年观赏鱼出口值高达 1.2 亿新加坡元，占世界观赏鱼总出口值的 1/3。凭借其特殊的地理和贸易环境，新加坡已成为全世界金鱼贸易的集散地，收集到的金鱼品种比中国、日本等金鱼原产地齐全。

考虑到新加坡自身的资源条件和养殖模式，捕捞业在其国内专属经济区内大幅度增产是不现实的，因此，新加坡政府把渔业的发展优先放在水产品贸易、扩大和改进渔港及市场的基础结构，以及水产品加工业上。虽然新加坡没有良好的水产资源，但凭借良好的基础设施成为东南亚商家出口欧美市场的中转地。利用这一优势，新加坡建有东南亚最大的鱼罐头工业中心，除了从本国渔业基地获得水产品原料外，还从国外进口大量水产品进行加工。新加坡企业还将各种低值水产品进行深加工，如甲壳类和软体动物的罐头加工品、水生动物的肉粉和动物饲料、多脂鱼类的鱼油、鱼粉等，不仅供本国消费，而且出口欧美、东南亚地区。

2019 年 12 月 13 日，安迪苏集团在新加坡设立了新水产养殖研发中心。安迪苏水产养殖站（ASA，Aquaculture Station by Adisseo）专注于营养、水产动物健康和创新水产科学技术。安迪苏建立的水产养殖专业团队将主攻营养和健康等关键研究课题。养殖站坐落于新加坡食品局（SFA，Singapore Food Agency）海洋水产养殖中心（MAC，Marine Aquaculture Center）内，能够利用食品局在热带水产养殖方面的专业知识，并借助养殖中心提供的有用生物材料，促进其水产养殖研究。安迪苏水产养殖站旨在通过与亚太地区和世界各地的学者建立强有力的伙伴关系，支持养殖鱼虾行业发展，并应对行业面临的种种挑战。

（三）新加坡投资贸易相关政策

新加坡采取的优惠政策主要是为了鼓励投资、出口、增加就业机会、鼓励研发和高新技术产品的生产以及使整个经济更具有活力的生产经营活动。如对涉及特殊产业和服务（如高新技术、高附加值产业）、大型跨国公司、研发机构、区域总部、国际船运以及出口企业等给予一定期限的减免税优惠或资金扶持等。政府推出的各项优惠政策，外资企业基本上可以与本土企业同等享受。

为了更加集约有效利用稀缺的国土资源，并通过海外投资租赁飞地的方式促进经济增长，新加坡设立了一些特殊经济区域，以促进产业集群的形成。特殊经济区域包括商业园、特殊工业园和自由贸易区。自由贸易区是新加坡境内的指定区域，进口及出售或出口的货物在此无须缴交关税、货物税或消费税。自由贸易区旨在鼓励转口交易。自由贸易区的主要功能是促进海外货物通过新加坡转运，即将货物通过海运或空运出口前将货物临时停放自由贸易区，无须报关手续。

三、中国一新加坡农业合作情况

（一）中国一新加坡政府间合作成效

2007 年，经中方提议，新加坡食品工业公司组团赴吉林省考察生猪养殖合作与建设无规定疫病区的可行性；2008 年，新加坡总理李显龙向时任中国国务院总理温家宝提出共建"中新食品区"的提议；2010 年 5 月，中新双方签署《共同开展建设中新合作吉林食品区的合作备忘录》等重要协议；2012 年 9 月，吉林省政府与新加坡淡马锡公司在人民大会堂签署《食品区项目投资合作协议》，时任中国国务院总理温家宝和新加坡总理李显龙出席签约仪式。中新食品区项目从企业层面上升到政府机制，获得了发展保障。中新食品区项目首先是两国总理会晤重点内容，为此成立了总理级的"高层指导委员会"。中国主导建设境外农业合作开发区的成功经验，对中新食品区具有较好的借鉴意义。中新食品区的建设，一是中方积极性非常高，尤其是地方政府高度重视，省市无论是在政策还是资金等方面都给予了大力支持，将食品开发区作为一个推动当地经济发展的大事来抓。二是项目契合新方对食品安全的需求，在筹备开发区建设前期，首先是推动当地完成申请国家无规定疫病区建设。三是新加坡政府结合对食品安全方面的关切，在开发区建设中大力推进管理模式和软实力"走出去"，科学规划项目，以企业为"走出去"主体，投资主要抓关键环节，如仓储、物流及与市场结合的重点环节。四是食品开发区的建设，无论是开发区基础设施建设，还是招商引资，中国都发挥着关键作用。

2014年，新加坡及其他东盟成员国与中国重新签署一项旨在加强区域食品安全及植物检疫的谅解备忘录，反映区域各国致力提升食物安全。国家发展部兼国防部政务部长孟理齐代表新加坡，在缅甸签署这项谅解备忘录，协议有效期为五年。这项"强化食品安全与植物检疫合作谅解备忘录"，将确保东盟成员国与中国之间进出口的食物、农业及渔业等产品，严格遵循世界贸易组织的相关安全与卫生规定。孟理齐表示，作为高度依赖进口食品的国家，新加坡须在促进、检讨、推广和实施食品安全措施方面，时刻与区域国家紧密合作，以加强新加坡的食安策略。另外，孟理齐也代表新加坡与其他东盟成员国签署一项提倡和推广东盟农产品的谅解备忘录，有效期同样为五年。

(二) 中国—新加坡农业合作成效

中国农业发展正处于传统农业向现代农业发展过程中，农业产业结构正在经历优化调整与升级，国内农业发展面临的市场、资源等约束日益显著。农业"走出去"成为必然的现实选择。中国自身的发展经验表明，经济开发区是推动改革开放、产业发展和技术创新的载体，在解决就业、提升城镇居民生活水平方面起到了巨大的作用。在农业"走出去"的过程中，境外农业合作开发区建设也成为极具发展潜力的合作模式和发展平台。借鉴中国农业发展经验，推动中国农业企业在境外建设农业合作开发区是一条快速、有效的可行路径。

丰益国际有限公司成立于1991年，总部位于新加坡，是当今亚洲领先的农业集团。丰益国际是在新加坡交易所市值排名最大的上市公司。丰益国际在推动与"一带一路"沿线国家农业合作中拥有天然优势：产业全球布局，贯穿农产品的种植、精深加工、研发、品牌销售、物流运输以及客户服务等全产业链，致力于用最有竞争力的价格生产出最优质的产品；注重与当地合作伙伴共同发展事业，实行本土化企业管理，研发生产适合当地市场的优质产品，提倡可持续发展的理念，成为保护环境、造福社会、责任担当的企业。

作为农业综合型跨国粮油企业集团，丰益国际集团先从东南亚的热带油脂业务开始，业务逐渐拓展到南亚、中亚、澳洲、非洲、东欧及俄罗斯远东等地区，在全球的产业布局与"一带一路"沿线国家高度契合。目前，丰益国际在 30 多个"一带一路"沿线国家布局粮油产业：在亚、欧、非洲和美国拥有众多食用油精炼厂；在中国、印度、马来西亚、印度尼西亚、越南、泰国和巴布亚新几内亚等国建有面粉厂；在中国、印度尼西亚、越南、泰国、缅甸等东南亚国家和印度、孟加拉国等南亚国家及非洲拥有数十家水稻加工厂。

2020 年 12 月 15 日，"重庆—新加坡"农产品贸易线上对接会在中新示范项目管理局会议厅举行。对接会由中新示范项目管理局与重庆市农业农村委员会、新加坡食品厂商联合会共同举办，目的是为了进一步实施中新（重庆）农业合作示范计划，帮助企业克服新冠肺炎疫情带来的农产品贸易合作困难。线上对接会将重点推介 10 款重庆特色农产品，参会企业达 70 家。其中，新加坡农产品贸易、经销企业近 50 家。自 2019 年 6 月以来，重庆市中新项目管理局与重庆市农业农村委、重庆海关就推动中新（重庆）农业合作示范计划（简称"计划"）达成共识，并初步制定了《中新（重庆）农业合作示范计划实施方案》，"计划"着力打造以重庆、新加坡为双枢纽的"中国西部—东盟"农业合作新示范，拟从农产品贸易、农业产业合作、农业科技合作出发，整合西部及东盟资源，打通贸易、资金渠道，促进农产品贸易便利化和农业产业提档升级。

新冠肺炎疫情发生以来，重庆市中新项目管理局积极鼓励推动重庆和新加坡企业参与中新（重庆）农业合作计划，由企业根据市场需求，精选重庆及西部优质农产品，努力打开新加坡及东盟国际市场。2019 年，渝贸通与新加坡生记私人有限公司签订 60 吨云阳菊花销售订单；25 吨忠县"忠橙"已于 2020 年 3 月通过陆海新通道进入新加坡市场。在新加坡企业发展局的共同推动下，重庆市肉类协会与新加坡肉商联合会签订了《重庆市肉类协会与新加坡肉商联合会战略联盟谅解备忘录》，计划推动重庆和新加坡在肉类加工和生产、行业发展和食品安全方面加强合作。中新食品区是新加坡管理经验与园区建设模式的输出和创新，其开发建设具鲜明特色，主要是通过政府主导创造合作环境，健全合作机制，保障项目运营；通过系统科学规划，实现有序发展。

（三）中国—新加坡农产品贸易情况

新加坡与中国建立双边自由贸易区，与中国之间的贸易往来尤为密切。中国是农业大国，农产品贸易成为中国对外贸易中的重要组成部分。近几年来，中新农产品贸易的规模不断扩张，总进出口贸易额也急剧增加；农产品贸易结构趋于多样化，以大豆、猪肉、小麦为主的农产品出口量不断上升。新加坡的自然环境和地理位置不适合大规模发展农业，因此中国是它的一大农产品进口国。特别是中国提出"一带一路"倡议，且新加坡位处于海上丝绸之路沿线，这一形势更加促进了中新两国的农产品贸易往来。

2003—2007 年中新自贸区建立的准备阶段，中国对新加坡水产品出口额从 0.26 亿美元增加到 0.32 亿美元，年均增长 5.33％；2008—2012 年中新自贸区建成阶段，水产品出口额从 0.42 亿美元增加到 1.42 亿美元，年均增长 35.60％；2013—2017 年中新自贸区稳定发展阶段，水产品出口额从 2.59 亿美元增加到 2.71 亿美元，年均增长 1.14％。其中，2017 年中国对新加坡水产品的出口额约占新加坡水产品进口总额的 24.85％，中国已逐渐成为新加坡最大的水产品进口国。2019 年，中新农产品全年出口金额为 9.057 0 亿美元（表 8 - 1），同比增长 4.2％；全年进口金额为 3.309 3 亿美元，同比增长 10.18％。主要出口农产品包括蔬菜、水果、饮品等。

四、中国—新加坡农业合作前景分析

（一）发挥产业政策引导作用，扩大中新贸易规模

在经济全球化与后金融危机时代，国际竞争的加剧和各国产业结构的调整浪潮都推动着东亚传统雁型模式的瓦解，新的世界格局正在探索中逐渐形成。中国与新加坡都应该把握发展机遇与历史契机，充分发挥产业政策的引导作用，有效实现产业结构的调整与升级。对于中国而言，将会继续面临来自东南亚产品的进口冲击和国际市场上东盟国家的产品竞争，中国应该根据自身的比较优势，生产优势产品，优化出口商品结构，提高产品的国际竞争力。同时，要不断深入研究新加坡消费市场，在力求满足其国家产品需求的基础上，寻求提高出口竞争力的策略，有力的推动优势产品的出口。

新加坡的对外贸易对港口依赖性很大，是典型的岛屿型经济体，对外依赖性强，因此两国应充分利用南新经济走廊创新两国的经贸合作关系，拓宽合作领域，扩大贸易规模。具体而言，中国有丰富的自然资源及产品、技术与管理经验，基于中新双边在农产品存在极强的互补性，在未来的发展阶段，中国应该充分发挥自身的比较优势，提高制成品、机械及运输设备、杂项制品的附加值和科技含量，增强竞争力，向新加坡出口更多优秀且技术含量高的农产品。

（二）借鉴新加坡标准化发展经验，提升行业质量水平

新加坡在采用世界先进标准、推进标准化进程方面成效显著，国际标准

表 8-1　中国—新加坡 2019 年农产品贸易数据

	全年出口金额（亿美元）	全年进口金额（亿美元）	全年出口数量	全年进口数量	全年出口金额比同期（%）	全年出口数量比同期（%）	全年进口金额比同期（%）	全年进口数量比同期（%）
农产品	9.057 0	3.309 3	369 195.561	100 455.134	4.20	1.98	10.18	19.65
畜产品	0.442 3	0.470 8	12 755.204	4 903.779	-14.42	-0.14	286.13	209.44
水产品	2.554 8	0.123 5	26 399.940	2 042.229	-4.51	1.00	127.75	127.15
花卉	0.115 1	0.000 4	6 371.423	0.950	16.67	16.79	0.00	0.00
蔬菜	1.384 4	0.004 1	132 835.581	33.322	1.69	0.94	-46.45	-47.06
粮食（薯类）	0.000 2	0.000 0	18.426	0.000	-26.57	-51.06	0.00	0.00
坚果	0.094 5	0.002 9	2 188.103	25.321	10.57	4.19	-54.45	-28.70
水果	0.651 3	0.000 5	38 896.605	5.198	-2.50	-7.09	-83.30	-88.06
饮品类	0.627 0	0.560 6	15 750.932	16 472.881	4.10	34.55	-4.08	-10.02
调味香料	0.016 5	0.000 0	343.973	0.409	70.29	23.19	-53.53	-57.97
粮食（谷物）	0.005 9	0.000 0	426.094	0.000	30.30	26.53	-100.00	-100.00
油籽	0.101 8	0.000 8	5 941.791	15.726	-10.24	-12.47	11.42	70.29
药材	0.217 8	0.000 0	2 837.458	0.000	26.20	36.91	0.53	-100.00
其他农产品	2.008 1	1.934 0	48 343.613	73 332.124	35.54	59.58	-6.13	25.14
植物油	0.082 2	0.003 3	6 437.109	159.807	-26.54	-30.26	16.82	103.00

采标率达 80％ 以上。我国应借鉴新加坡的标准化活动经验，积极参与国际和国外相关的标准化组织，通过卓有成效的国际合作，一方面积极借鉴其他国家在提高质量和生产率方面所积累的经验，大力推动我国出口农食产品行业整体质量水平的提升；另一方面积极参与国际标准的制定，将我国国家质量技术基础国际化，更加便利我国与沿线国家的双边经贸往来。借助"一带一路"倡议的契机，充分发挥本国质量技术基础的相对优势，为中国农食产品出口企业走出去铺路搭桥，实现双边共赢的合作新局面。

（三）建立健全食品安全监管体系，保证进出口食品安全

新加坡国土面积狭小，自然资源相对缺乏，大约 90％ 的食品依赖进口。为确保食品安全，新加坡建立了一套健全的食品安全监管体系，有明确的法规规范食品生产、加工、进口和批发等环节，实施严格的安全标准和认证制度。对于管理进口食品，新加坡首先实行了"最严谨的标准"。除极个别本地特色食品外，新加坡的食品安全标准几乎完全与国际食品法典委员会接轨，从源头提高保障水平。在新加坡农粮兽医局的数位专家参与建设下，新加坡星桥企业（现为星桥腾飞集团）和吉林省吉林市共同开发的中新吉林食品区通过借鉴新加坡管理经验打造了食品安全综合保障体系（IFSS）。

为保证进出口食品质量安全，我国应成立横跨农业、环保、市场监督、卫生、海关等部门的重金属安全控制委员会，将风险预警和监控系统引入农产品出口检验检疫实践中，有针对性地开展出口农食产品的检验检疫风险分析评估及管理研究，对出口农产品检验检疫风险因素开展相关理论研究，确立风险因素处理机制，提升风险管理能力。运用跟踪监测和动态分析，加强对食品加工、用水、食品添加剂与储存等全过程的重金属检测监测，严格落实食品生产准入制、责任制，确保食品质量和消费者健康。

（四）提升农产品精深加工技术，加快农产品结构转型

多年来，新加坡企业丰益国际已形成了水稻循环经济、小麦精深加工、大豆精深加工、棕榈油精深加工、油脂副产品绿色加工利用等新型循环经济产业模式，这些新型循环经济产业模式将原粮就地转化和加工增值，带动传统农业和农产品由粗放种植向精准生产转变，由初级加工向精深加工转变，由资源消耗型向高效利用型转变，拓宽了产业领域，提升了产品附加值，也延长了粮食产业链条。在创造更大经济效益的同时，着眼于建设资源节约型、环境友好型社会。

目前中国的粮食储藏和果蔬产后损耗率分别高达 9％ 和 25％，远高于发达国家水平，农产品粗加工多，精加工少；初级产品多，深加工产品少；中

低档产品多，高档产品少。农产品精深加工不足成为我国农产品加工业发展亟待解决的短板和瓶颈。加快农产品贮藏与加工业的产品结构转型，优化产业结构是提高我国农产品贮藏与加工业的全球竞争力的关键所在。目前随着全球化经济的不断发展，国外先进农产品贮藏与加工企业对我国的市场也产生了极大的冲击。在激烈的竞争下，要想实现我国农产品加工企业的高质量发展，提高我国传统食品企业的市场占有率和保障国民食品安全便具有非常重要的意义。我国农产品加工企业应广泛借鉴新加坡农产品精深加工企业的加工技术和管理体系，使农产品贮藏与加工工业和我国巨大的农业市场紧密结合。以振兴农业发展为目标，进而促进农产品加工企业转变发展战略，助力我国传统食品工业走出现有的困局。

（五）搭建学术交流平台，促进沟通与合作

天然资源缺乏和劳动力长期不足是新加坡经济发展的短板。为解决好经济发展和就业等民生保障问题，新加坡政府已将 2021 年协助本地企业和工人转向新兴产业和提供就业机会作为工作重点，继续向具有高增长潜力的中小"企业腾飞计划"、微型企业提供一系列帮扶支持。为提升农副产品自给能力，保障粮食安全，使农业食品科技领域成为经济发展的新支柱，新加坡政府将推出首个农业食品创新园，进一步带动农业食品生态的创新，吸引该领域的国际企业和人才进驻。中新双方应通过搭建国际学术交流平台、引进人才、项目合作等多种方式逐步加大国际合作力度，增强学科的国际影响力；加大政府对农业人才培养的扶持力度，营造良好的农业人才氛围。

参 考 文 献

边红彪，2018. 新加坡食品安全监管体系分析 [J]. 标准科学-政策法规研究 (9)：25 - 28.

陈蓝苏，2004. 新加坡观赏鱼产业与新加坡水族游乐业 [J]. 中国观赏鱼 (6)：6 - 11.

陈蓝苏，2005. 论新加坡观赏鱼产业的特征 [J]. 中国观赏鱼 (3)：21 - 24.

陈思行，2003. 新加坡观赏渔业综述 [J]. 中国观赏鱼 (2)：23 - 25.

陈思行，2004. 新加坡观赏鱼的出口及其包装 [J]. 水产科技情报，31 (2)：86 - 87.

杜军，2017. 中国—新加坡自由贸易区经济效应分析 [J]. 广西财经学院学报 (5).

关红玲，欧阳艳艳，2012. 新加坡金融服务双向贸易的决定因素 [J]. 亚太经济 (2)：70 - 74.

何京，2003. 新加坡观赏鱼产业 [J]. 中国观赏鱼 (1)：23.

郎朗，2015. 新加坡都市农业的发展经验与启示 [J]. 中国乡镇企业 (9)：81 - 83.

林琳，2015. 中国—新加坡自由贸易区的经济效应研究 [J]. 经济问题探索 (11).

刘国信，2005. 新加坡强化对进口食品的检疫检验 [J]. 中国肉业信息 (5)：14.

钱耀军，2015. 中国与新加坡双边贸易的实证分析 [J]. 东南亚纵横 (3).

任燕，2014. 中国—新加坡产业内贸易影响因素的实证分析 ［J］. 赤峰学院学报 （12）.

赵泽琳，2018. 新加坡在 "21 世纪海上丝绸之路" 的枢纽作用 ［J］. 中国民族报 （7）.

ALFREDO C，ROBLES Jr，2014. EU Trade in Financial Services with ASEAN，Policy Coherence for Development and Financial Crisis ［J］. Journal of Common Market Studies，52 （6）：1324 - 1341.

BENAROCH M，2011. Pricing e - service quality risk in financial services ［J］. Electronic Commerce Research and Applications （10）：534 - 544.

CASTELLO M A，2015. The Financial Channel in International Trade ［J］. Procedia Economics and Finance （30）：175 - 186.

GRANT R M，2009. Strategic and Organisational Challenges of Internationalisation in Financial Services ［J］. Long Range Planning （42）：561.

LINDEMANE M，2011. Country's strategy in export of financial services ［J］. Procedia - Social and Behavioral Sciences （24）：960 - 971.

MOOKEIJEEA R，2010. Availability of financial services and income inequality：The evidence from many countries ［J］. Emerging Markets Review （11）：404 - 408.

MUHAMMAD S，2013. The dynamic links between energy consumption，economic growth，financial development and trade in China：Fresh evidence from multivariate framework analysis ［J］. Energy Economics （40）：8 - 21.

第九章　泰国农业发展现状及合作前景

泰国全称泰王国（The Kingdom of Thailand），首都曼谷（Bangkok）。国土面积约 51.3 万平方千米，人口 6 900 万。泰国位于中南半岛中南部，与柬埔寨、老挝、缅甸、马来西亚接壤，东南临泰国湾（太平洋），西南濒临安达曼海（印度洋），属热带季风气候，全年分为热、雨、凉三季，年均气温 27℃。全国共有 30 多个民族。泰国海域辽阔，拥有 2 705 千米海岸线，泰国湾和安达曼海是得天独厚的天然海洋渔场。曼谷、宋卡、普吉等地是泰国重要的渔业中心和渔产品集散地。泰国以其优越的海洋地理位置，成为"21 世纪海上丝绸之路"的重要战略支点国家。

泰国实行自由经济政策，属外向型经济，依赖中、美、日等外部市场。作为传统农业国，农产品是外汇收入的主要来源之一，泰国是世界天然橡胶最大出口国。2019 年泰国国内生产总值约 5 237 亿美元，国内生产总值增长率约 2.4%。泰国以出口导向型工业为主，主要门类有采矿、纺织、电子、塑料、食品加工、玩具、汽车装配、建材、石油化工、软件、轮胎、家具等，工业在国内生产总值中的比重不断上升；农业为传统经济产业，全国可耕地面积约占国土面积的 41%，主要作物有水稻、玉米、木薯、橡胶、甘蔗、绿豆、麻、烟草、咖啡豆、棉花、棕油、椰子等；泰国是世界市场主要鱼类产品供应国之一。2018 年 10 月，泰国首部《国家 20 年发展战略规划》（2018—2037 年）获得哇集拉隆功国王签署批准，泰国将力争到 2037 年跻身发达国家行列，成为稳定、富裕、可持续发展的国家。该规划涵盖社会稳定、增加国际竞争力、发展国民权益、创造机会与社会公平、在保护环境前提下提高人民生活水平、提升政府执政效率等六方面内容。作为泰国《国家 20 年发展战略规划》的关键抓手，巴育政府推出东部经济走廊发展规划，计划以东部沿海的北柳、春武里、罗勇三府为核心，打造"东盟最佳和最现代的经济特区"，以竞争力、包容性和绿色增长为引擎，推动泰国劳动密集型低技术含量的产业向高新技术高附加值的产业转型升级。东部经济走廊发展规划提出了十大类产业布局，其中既包括新一代汽车制造、智能电子、生物科技和高端农业、高端旅游和医疗旅游、食品深加工等传统优势产业，也包括自动化和机器人、航空和物流、生物化工和生物能源产业、数字化产业、医药中心等未来产业。

据泰媒报道，世界经济论坛（WEF）发布了《2019 年全球竞争力报告》，在全球的 141 个经济体中，泰国竞争力得分从 2018 年的 67.5 分上涨到 68.1 分，竞争力排名则从 2018 年的 38 名下降到 40 名。

一、对外交流与合作

泰国奉行独立自主的外交政策。重视周边外交，积极发展睦邻友好关系，维持大国平衡。泰国重视区域合作，2012—2015 年担任中国—东盟关系协调国，积极推进东盟一体化和中国—东盟自贸区建设，支持东盟与中日韩合作；重视经济外交，推动贸易自由化。泰国发起并推动亚洲合作对话（ACD）机制，积极参与亚太经济合作组织（APEC）、亚欧会议（ASEM）、世界贸易组织（WTO）、东盟地区论坛（ARF）、博鳌亚洲论坛（BFA）、澜沧江—湄公河合作、大湄公河次区域经济合作等多边合作机制。2018 年 6 月泰国主办"伊洛瓦底江—湄南河—湄公河三河流域经济合作战略"（ACMECS）第八届峰会。积极发展与伊斯兰国家关系。谋求在国际维和、气候变化、粮食安全、能源安全及禁毒合作等地区和国际事务中发挥积极作用。2016 年泰国担任 77 国集团主席国，2019 年担任东盟轮值主席国。

1975 年 7 月 1 日，中国和泰国正式建立外交关系，翻开了两国友好交往的新篇章。2001 年 8 月，两国政府发表《联合公报》，就推进中泰战略性合作达成共识，两国关系保持健康稳定发展。2012 年 4 月，泰王国总理英拉·钦那瓦访华时，两国签署《中泰战略性合作共同行动计划（2012—2016）》，进一步推动落实各领域合作，建立全面战略合作伙伴关系。2017 年 9 月，两国政府签署《中华人民共和国政府和泰王国政府关于共同推进"一带一路"建设谅解备忘录》，从而为中泰合作对接"一带一路"奠定了坚实的政策基础。2019 年 11 月，李克强总理出席在泰国举行的东亚合作领导人系列会议并对泰国进行正式访问，两国发表《中华人民共和国政府和泰王国政府联合新闻声明》就用好中泰经贸合作联委会、战略对话、防务安全磋商、科技合作联委会、铁路合作联委会、数字经济合作部级对话等双边合作机制平台达成一致，进一步深化拓展相关合作，加快落实中泰两国政府关于战略性合作共同行动计划（2017—2021）。2020 年是中泰建交 45 周年。政治上，双方相互尊重、彼此信赖，战略互信得到深化。两国领导人在双多边场合频繁会面，就重大战略问题坦诚深入交换看法，为双边关系发展指明方向。中国国家主席习近平致贺哇集拉隆功国王陛下加冕，向诗琳通公主殿下颁授中国对外最高荣誉"友谊勋章"。巴育总理等泰国政府、国会领导人多次率团访华，同中国领导人深入交流。2019 年 4 月，泰国巴育总理应邀参加第二届"一带一路"国际合作高峰论坛，进一步深化了双方关于"一带一路"合作的共识，推动"一带一路"倡议下的中国—东盟合作进程。面对国际地区形势复杂深刻变化，中泰两国相互理解，相互支持，照顾彼此核心利益和重大关切，携手面对困难与挑战，在国际和地区事务中保持着良好的沟通与协作。经济上，双方互为重要伙伴，务实合作硕果累累。中泰双边贸易额连年增长，2014—2019 年，中泰双边贸易总额从 636 亿美元增至 917 亿美元，年均增长 6.5% 以上，是建交初期的近 3 700 倍，并且对华贸易总额在泰国对外贸易总额中的比重从 14% 稳步提升至 16%。中国连续 7 年成为泰国最大贸易伙伴，泰国是中国在东盟的第三大贸易伙伴。2019 年中国成为泰国最大外资来源国。2020 年 1—5 月，中泰进出口额在疫情重压下逆势上涨 8.1%，彰显中泰合作的韧性。双方携手共建"一带一路"，中泰铁路建设进展顺利，百余家中国企业落户泰中罗勇工业园，中国铁建参与的泰国 EEC 连接三大机场高铁项目成功签约。"一带一路"倡议下的"第三方市场合作"，将为中泰合作注入新的发展动力。作为中国首创的国际合作新模式，"第三方市场合作"将中国的优势产能、发达国家的先进技术和广大发展中国家的发展需求有效对接，这有助于实现"1＋1＋1＞3"的效果。华为、阿里巴巴、京东等技术领先、实力雄厚的中国企业正与泰国龙头企业强强联合，推动泰国数字经济、人工智能、现代物流、5G 通信等"未来产业"发展，为中泰经济合作增添新动能。人文上，双方坚持开放包容，交流互鉴。2019 年共 3.6 万名中国学生在泰国学习，2.8 万名泰国学生赴中国留学，近 1 500 名中国汉语教育志愿者在泰国工作。中国多年稳居泰国最大旅游客源国，赴泰游客数量连续两年破千万。中泰双方在科技、卫生、艺术等领域的交流合作日益频繁，南京艺术学院与泰国甘拉雅尼音乐学院交流与合作有声有色，泰国电视剧在华热播，中国电影电视剧、网络文学受到泰国年轻人的喜爱，两国人民间的相互了解和友谊不断加深。

近年来，中泰两国政治互信不断加深，经贸合作日益拓展，人文交流更加密切，全面战略合作伙伴关系快速发展，全方位合作取得丰硕成果。中泰合作将为促进中国—东盟合作发挥重要作用，为地区和平稳定与发展作出积极贡献。中泰合作取得的成功经验，不仅将为东盟国家深化对华合作提供仿效样板，而且将在很大程度上直接推动东盟互联互通总体规划对接"一带一路"的合作进程。中泰合作也有助于防范地区安全风险，特别是在南海问题上，促进各方加强对话、管控分歧、深化合作，早日达成符合地区实际、各方共同遵守的地区规则，为地区和国际社会发展提供更有利的地区环境。

二、农业发展情况

（一）泰国农业基本情况

泰国种植业以大米、咖啡、甘蔗、橡胶和热带果蔬为代表，其产量和出口量长期居于世界前列，在国际市场上占有一席之地。农产品出口是其外汇的重要来源，出口最多的农产品是大米和天然橡胶，世界排名第一。泰国的主要农作物有水稻、甘蔗、木薯、玉米、橡胶、棕榈树以及热带水果，其中水稻种植面积最大，占全国耕地面积的 50%，其他大田作物和果树等共占25%。2016 年起，种植业保持连续 14 个月增长，平均涨幅为 6.6%。泰国是世界第一大水稻出口国，水稻出口额约占世界市场水稻交易额的三分之一，泰国从事水稻生产的人口在农业总人口中的占比超过 75%，近十年，泰国水稻产量保持平稳增长。2015 年，由于受厄尔尼诺现象造成的干旱影响，泰国水稻产量下降，出口大米下滑至 980 万吨，经过 2 年的恢复调整，据泰国商业部公布的最新统计数据显示，2017 年泰国大米出口量达到 1 148 万吨，比2016 年增加 15.88%，出口总值逾 51 亿美元，创历史最高纪录，出口量仅低于印度，位居全球第二位。泰国传统大宗农产品还包括了橡胶、木薯、玉米和油棕果等，近年来其生产面积和产量平稳，仍保持国际领先水平。

泰国的甘蔗糖业十分发达，是世界主要甘蔗、蔗糖生产国和出口国之一。近年来，泰国不断扩大甘蔗种植面积，鼓励糖业生产，已成为仅次于巴西的全球第二大糖出口国。2016 年泰国甘蔗种植面积 157 万公顷，覆盖全国 49府，甘蔗总产量 9 298 万吨，东北地区种植面积最广，约占全国种植面积的43%，其次是中部地区 27%，北部地区 23%，东部地区 7%。25 000 户家庭从事甘蔗种植，90% 的甘蔗于当年 12 月至来年 3 月间收获。2016 年泰国产出了 1 079 万吨的砂糖。泰国糖厂数量也从 2010 年的 46 家增加至 52 家，主要集中于东北和中部地区，分别有 20 家和 19 家。泰国蔗糖的主要出口国为印度尼西亚、缅甸、柬埔寨、日本、中国。

泰国是最适合生产各种热带水果的国家之一，全年各个时期都有不同种类的水果成熟、流通、进入市场，在水果生产和贸易上具有巨大潜力。2014年，泰国水果种植品种多达 1 000 多个，全泰国水果种植面积 156.8 万公顷，总产量 1 125 万吨。此外，泰国水果多种多样，质量好、产量高、价格低，深受国内外消费者的喜爱，每年能给泰国带来 10 亿美元以上收入。目前泰国水果出口额在全球排第 17 位，新鲜热带水果出口额排第 3 位，其中榴梿、龙眼、荔枝和山竹的出口量已位居全球第一，在国际市场享有很高声誉。泰国地处热带，土壤肥沃，气候和地形适宜各类蔬菜栽培，多数地区终年可耕作。

据 FAO 数据统计，2014 年泰国的蔬菜生产土地面积为 8.6 万公顷，平均单产 11.5 吨/公顷，产量达 98.9 万吨，主要分布在泰国的北部和中部，分别占全国蔬菜生产面积的 36％和 35％。泰国人在日常饮食中习惯使用大量的蔬菜作为料理，都市化、加工、出口、餐饮业以及国内和国际旅游业的发展，皆为泰国蔬菜产业提供了良好的市场机会。泰国曼谷市区的蔬菜的总需求最高，由其近郊、中部和北部地区供应。泰国蔬菜生产包含自给型农业、水稻轮作、其他作物间作、订单方式和集约式近郊农业等模式。规模较大较知名的是芦笋、玉米笋和秋葵等出口作物的订单农业。泰国的主要蔬菜作物包括辣椒、甜玉米、玉米笋、长豇豆、芥蓝、西瓜、黄瓜、空心菜及南瓜等，且近十年来大宗蔬菜产量与面积逐渐增加，其中又以西瓜、甜玉米及十字花科蔬菜的生产面积增长较为明显，蔬菜消费市场的需求量也逐年增加，以外销增长为主。此外，2016 年马铃薯、洋葱、红葱头和大蒜的产量上升，成为泰国重要的经济作物。

泰国水果在世界水果总出口贸易中稍显劣势，占比仅为 1.48％，排名较为靠后。在东盟地区，泰国水果的出口规模低于越南，仅相当于越南水果出口贸易总额的一半。泰国第一大出口水果——榴梿贸易额为 6.48 亿美元。虽然泰国具有独特自然地理与气候条件，且国内农业基础相对较好，尤其榴梿、山竹等水果品质独特，特色鲜明，享誉世界，但其巨大潜力尚未充分挖掘，未来前景看好。泰国水果出口主要集中在榴梿、山竹、荔枝和龙眼等少数产品上，其他各类产品不足，过度集中于部分产品易导致风险集聚，一旦遇到自然灾害、国际价格下跌就会导致连锁性负面冲击。泰国水果出口多以鲜果类为主，除榴梿、山竹等个别商品价值较高外，其他产品市场价值偏低，深加工不足，附加值低，贸易利益相对有限；且鲜果易受气候等自然因素影响，不易长期保存与便捷运输，价格波动大，外部风险较高。泰国水果出口对象以发展中国家为主，发展中国家经济收入及消费层次制约其产业升级。2017 年，泰国水果一半以上出口至越南，越南亦为世界重要的水果出口国家，泰越两国自然禀赋相近，同质化竞争激烈。泰国在水果出口对象及产品类别与邻国（越南、印度尼西亚等）存在较大重叠，这加剧泰国水果在地区及世界范围内的竞争，增加外贸风险。

泰国水果出口多为鲜果类或初级加工产品，深精加工产品不足，附加值低，利益不显著。鲜榴梿作为泰国水果出口的主导型产品，易受自然气候因素影响，产量、品质与价格起伏大、不稳定；榴梿多处于产品生产环节，在包装、加工、销售等高附加值环节偏弱，近年来，国际采购商对泰国水果价格影响力增强，导致其价格低迷，影响经济利益。邻国越南大量进口泰国榴梿等鲜果，后经国内加工为特色食品（榴梿饼、榴梿糖等）再出口中国等，获得较高经济效益。泰国国内水果检验检疫制度尚不完善，鲜果的农药残留、病虫等问题仍较为突出，出口发达国家市场常遭遇苛刻的非关税壁垒阻碍。

（二）泰国畜牧业及渔业基本情况

泰国畜牧业在过去十几年里获得了迅速发展，使泰国一度成为世界第三大肉鸡加工品出口国。泰国主要畜牧品种有鸡、鸭、猪、牛和羊，全国分为9个畜牧区。其中种猪、肉牛和种牛主要集中在北部，蛋鸡、肉鸡、蛋鸭、肉猪和奶牛等主要集中在中部。泰国饲料业发达，为畜牧业的发展提供保障，饲料以本地生产为主，进口部分原料为辅。2014—2016年泰国畜禽存栏数稳定增长：鸡和鸭的存栏数量有所下滑，但仍维持高位；猪、牛和羊的存栏数量微微上涨（表9-1）。相对应地，泰国肉类产量平稳，2016年禽肉产量达454.14万吨（表9-2）。肉鸡是泰国牲畜和肉类加工出口的主要产品，其在牲畜和肉类加工出口总值中的占比达80%以上。2017年，由于日本市场肉鸡需求持续上涨，韩国也恢复从泰国进口冷冻鸡肉，进一步推动了泰国肉鸡出口增长，出口额达26.5亿美元，同年牲畜和肉类加工出口总值32亿美元，比2016年增长4.5%。

表9-1　泰国主要畜禽存栏数

单位：万头

种类	2014年	2015年	2016年
鸡	26 696	27 364	27 232
鸭	1 522	1 507	1 371
猪	759	764	794
牛	592	541	635
羊	49	49	51
总计	29 619	30 225	30 083

表9-2　泰国主要畜禽产品产量

单位：万吨

种类	2014年	2015年	2016年
鸡肉	175.65	163.72	160.86
鸡蛋	73.16	68.13	68.02
牛肉	16.19	15.64	14.48
牛奶	106.75	110.00	110.00
猪肉	94.89	93.86	94.46
羊肉	0.20	0.19	0.20
鸭肉	5.62	6.54	6.13
总计	472.46	458.08	454.14

泰国是仅次于日本、中国的亚洲第三大海产国，是全球十大渔业国之一。泰国海岸线绵长、海域辽阔，泰国湾和安达曼海是得天独厚的天然海洋渔场，渔场面积达 34.28 万平方千米；同时泰国有湖泊面积 30 多万公顷，湄南河等四大江河在此入海，水中富含有机物质，饵料生物丰富，为泰国渔业的发展提供了极有利条件。泰国渔业主要分为海洋渔业和内陆渔业两个部分，其中海洋捕捞占据整个泰国渔业的 61%，主要有对虾、贻贝、泥蚶、紫贻贝、牡蛎、鲈鱼等。对虾是泰国渔业的第一大产品，泰国曾多年位居世界对虾第一生产和出口国，也是中国在国际市场上最大的竞争对手。泰国对虾主产区集中在泰南、东部沿海和中部，产量占比分别约为 35%、25% 和 20%，此外，安达曼海域也散布着许多小产区。2013—2014 年严重的 EMS 疾病侵害泰国，使其虾养殖业受到重创，经过 3 年的努力应对，其虾养殖业正在慢慢恢复，2016 年泰国虾出口量 30 万吨，同比增加 25%，出口额 17 亿美元，同比增幅 23%。

泰国水产品加工出口以虾和罐装金枪鱼为主要产品，虾和罐装金枪鱼出口在泰国水产品加工出口值中的占比达 50% 以上。2016 年，泰国水产品加工业出口遭遇到外在因素如非关税措施、虾类早期死亡综合征疫情和金枪鱼进口价格波动等的影响，导致出口下滑。自 2017 年年初，情势逐渐缓和，泰国水产品出口总体已缓慢回升。

（三）泰国橡胶业发展基本情况

泰国天然橡胶在种植面积方面列全球第二，仅少于印度尼西亚，而在产量方面则列世界第一。泰国生产的天然橡胶有 40% 出口到国际市场，而且出口量一直保持不断增长的趋势。尽管泰国天然橡胶在产量和出口量方面都在全球名列前茅，但是，泰国橡胶业在发展过程中还存在一些问题，例如种植面积受到限制、价格持续走低、橡胶产品技术含量不高等，这些问题都对泰国天然橡胶出口贸易产生较大的负面影响。随着世界汽车产量和工程机械产量等与橡胶相关产业产品数量的快速增长，对天然橡胶的需求量在持续增加。

按照泰国农业经济办公室的统计，2017 年，泰国天然橡胶的种植面积已经突破 375 万公顷，比 2008 年的 217.7 万公顷增长 157.3 万公顷，泰国橡胶展示出不断增长的趋势。近些年以来，为了满足国际市场对橡胶的需求，泰国政府制定许多政策来促进橡胶种植面积的扩大和产量的增加。泰国橡胶主要种植园大部分集中在南部地区的素叻府、宋卡府、洛坤府、董里府和也拉府等。但是近几年来逐渐向中部、北部及东北部扩张种植地区。由于泰国 95% 为小型橡胶园，由农户自己来照料，使得橡胶质量良好。

虽然泰国橡胶种植面积大，产量却比较低，除去不能产胶的幼树，泰国橡胶亩产平均在 50 千克以下。泰国从 2001 年开始进行橡胶的优良品种推广应用，但是推广的速度比较慢，与马来西亚等其他橡胶生产大国相比，泰国的割胶技术比较差，常常造成严重的伤权，使得胶树更新时间经常提前，造成大量的资源浪费。泰国政府计划 2013 年开始计划减少橡胶种植面积以提振天然橡胶价格，到 2018 年，每年减少橡胶种植面积 20 万莱*。政府许诺给予胶农补贴，计划补贴 1.6 万泰铢/莱给予砍树胶农。泰国的制胶加工技术比较先进，橡胶加工生产的规模也比较大，具有较高的机械化程度，人均劳动生产率也比较高。泰国还十分重视对橡胶产品质量的检验，出口到国际市场的橡胶，必须符合 ISO2002 质量认证标准，否则将禁止出口。橡胶产品在出厂检验环节质量控制也很严格，各生产企业都配备了具有较高素质的质量检验人员，并制定了严格的检验和管理制度。通过这一系列措施，保证了泰国橡胶产品在国际市场的质量信誉。泰国政府对橡胶加工企业制定了许多优惠政策，包括提供低息贷款等，促进企业加快橡胶生产工艺的改进。

泰国政府对橡胶产业的发展十分重视，泰国经营橡胶的企业一般的社会负担都很轻，税费也比较低，而享受许多政策优惠，如对橡胶从生产到销售政府只收取一项费用，即每千克橡胶提取 0.9 泰铢（大约为人民币 0.18 元）的费用，而这笔费用的 85% 最终又返回给胶农，用于橡胶的种植、开垦和技术改进方面。政府的政策支持是泰国橡胶产业获得快速发展的一个关键影响因素。泰国在橡胶行业有四个大型协会，即泰国橡胶协会、泰国乳胶协会、泰国橡胶手套制造商协会、泰国橡胶木材商协会。

2008 年金融危机后的初期，世界经济逐步增长，特别是新兴国家经济增长的速度较快，为工业尤其是汽车工业的较快增长提供了较好的宏观经济环境。需求超过了供给，引起农产品价格上涨，特别是天然橡胶比原来的价格涨了 70%，泰国农产品的出口比原来计划增长了 28.1%。从表 9 - 3 可见，2011 年泰国天然橡胶出口额占泰国 GDP 的比重最高达到 3.55%。由此可以看出，泰国天然橡胶产业对泰国经济增长的重要性。尽管农产品推动泰国 GDP 增长所占的比例只有约 8.6%，而其中天然橡胶推动泰国 GDP 增长所占比例又较小，不过对发展中国家的泰国而言，农产品是泰国经济最重要的基本收入，其出口增长将会带来泰国国民收入的增加，使泰国经济得到进一步发展。由于泰国还不能全靠自己国内的内在因素推动经济增长，超过 60% 的国内 GDP 是依靠产品出口来推动增长的，泰国天然橡胶产业所有产量超过 80% 都依赖于出口，所以天然橡胶作物是泰国出口最重要的战略物资之一。经济全球化和中国经济增长对泰国天然橡胶产业特别重要，有助于推动泰国

---

* 莱为泰国常用的土地测量单位。1 莱＝2.4 亩＝1 600 平方米。——编者注

橡胶产业发展并提高出口规模。天然橡胶产业的发展推动了泰国经济发展，增加劳动就业，提高农民收入并有助于吸引外资来泰国投资。总的来说，天然橡胶产业在泰国经济发展中具有重要的地位。

表 9 - 3   2009—2017 年泰国天然橡胶出口情况

年份	天然橡胶出口额 （百万美元）	GDP （亿美元）	天然橡胶出口额占 GDP 的比重（%）
2009	4 308.00	281.71	1.53
2010	7 896.03	341.11	2.31
2011	13 176.35	370.82	3.55
2012	8 745.80	397.56	2.20
2013	8 233.51	420.33	1.96
2014	6 021.54	407.34	1.48
2015	4 975.09	401.40	1.24
2016	4 413.14	411.76	1.07
2017	6 023.73	455.22	1.32

尽管泰国天然橡胶产业从上游到下游能使得劳动力的收入、就业和生活水平提高，但是泰国大部分都是上游和中游产业，如烟片胶、标准胶、乳胶和皱片胶等，使得胶农的收入较低；若泰国天然橡胶的下游产业能更好发展并提高出口贸易的发展潜力，那就意味着胶农和下游产业的劳动力能提高收入及生活水平，甚至能推动泰国经济向更高水平发展。种植天然橡胶的企业延伸橡胶产业链的内在因素已经很有优势，例如区位优势，这是跨国公司发展对外直接投资时将要考虑的一个重要因素。泰国的区位优势是有利的生产条件，但有些条件，如资源互补、协同效应、降低风险和扩展新市场的能力还得加强；资源的互补效应是以植胶企业为核心的橡胶产业链所追求的目标之一。目前泰国下游加工企业和零售制造业还比较薄弱，需要通过延伸产业链来利用合作伙伴的无形资源，增强竞争优势，提高竞争能力；产业链上企业间的合作会产生各种协同效应，中国作为世界天然橡胶最大的需求国，泰国作为天然橡胶最大的供应国，中泰的橡胶产业合作还不是很广泛，尤其是下游产业的合作比较少。若使两国完善合作伙伴关系，产生的协同可能会超过两倍；企业降低风险的方式之一是进行多样化经营与风险管理，目前泰国天然橡胶的上中游产业具有较好的多样化产品，而风险管理需要进一步增强；延伸产业链有利于开拓新的市场和扩大市场份额。泰国的市场创造力较弱，在经济全球化的背景下，需要增强经营活动中的市场份额，需要加强战略决

策才能适合市场的动态变化。

由于天然橡胶用途广泛，在战略性上非常重要，所以世界各国特别是泰国、印度尼西亚、马来西亚和越南等亚洲国家对天然橡胶产业的发展都相当重视，这些国家属于热带季风气候，全年高温，年降水量大，雨季长，得天独厚的自然条件满足了天然橡胶生长所需要的环境。亚洲约占全球橡胶树种植面积的 9 成，其中印度尼西亚种植面积最大（30.2%），其次是泰国（29.7%）、中国（9.68%）、马来西亚（8.92%）和越南（7.94%）。不过，泰国天然橡胶的累积产量高，土地成本效应比较明显，人口稠密，劳动力较丰富，积累了丰富的种植经验。因此，泰国产量占比最大（37.1%），其次是印度尼西亚（25.1%），越南（8.0%）和马来西亚（4.35%）。从天然橡胶种植国的单位面积产量来看，2018 年越南的单位面积产量为 1.68 吨/公顷，泰国为 1.57 吨/公顷，马来西亚为 1.45 吨/公顷，印度尼西亚为 1.16 吨/公顷。基于生产要素禀赋和地理位置环境的考虑，泰国具有明显的优势，泰国大部分天然橡胶品种的出口量都要比其他国家大，只有在标准胶产品方面略次于其他主要生产国。由于标准胶在全球橡胶市场上的认可度很高，已成为检验橡胶产品的标准，所以目前全球橡胶制造业转而使用更多标准胶作为其产品的原材料。虽然泰国标准胶的质量具有竞争优势，但其成本仍高于印度尼西亚、马来西亚和越南，在出口方面并不占有优势。不过，泰国已经对该产品采取了一系列改进措施。从总体上看，泰国与印度尼西亚、马来西亚和越南等其他竞争对手相比，仍具有显示性比较优势，贸易竞争力较大。2013 年以来天然橡胶价格下跌，全球消费国对橡胶的需求缓慢增长使得泰国出口额的增长率都是负增长，对泰国天然橡胶出口极为不利，迫使农民收入减少，进而影响胶农的生活质量。

（四）泰国水稻种植业发展基本情况

泰国是世界重要的大米生产和出口国，年出口大米在 1 000 万吨左右，居世界首位，水稻的稳定出口给泰国经济的增长提供了强有力的支持。泰国总耕地面积 2 090 万公顷，从事农业人口超 4 000 万，但农业生产技术较为落后，多数为靠天田，有灌溉条件的仅占 20% 左右。作为泰国人民的主要粮食作物，大约有 370 万个家庭（约 1 624 万人口）种植水稻，约占泰国总劳动力的 27%，占种植业劳动力的 45% 左右。2014—2015 年，泰国水稻总播种面积达 1 288 万公顷，占耕地总面积的 61%，平均每户种植水稻 3.68 公顷，平均单产为 3.10 吨/公顷。水稻是泰国国内消费的最重要主食，也是泰国出口创汇的重要源泉，出口量超过总产量的三分之一。水稻产业是农业的主导产业，在近 30 年里，泰国一直是世界上最大的水稻出口国，其水稻出口量占全球水稻贸易量的四分之一以上，远超排名第二和第三的越南和巴基斯坦，每年创汇 20 亿美元左右。泰国农业部为了强化水稻产业的战略地位，专门设置部属水稻司，下设生产开发处、科技管理处、政策战略处、种子处、品种改良推广处、行政管理处，主管全国水稻科技研发与合作、生产规划、项目预算、良种繁育、水稻产品加工和贸易。

与我国不同，泰国的水稻研究中心不是按行政区域设置的，而是根据生态相似性划分研究区域，加强了水稻品种选育、种子生产和技术推广的针对性和有效性。泰国 77 个府共设立 27 个水稻研究中心，这些研究中心由水稻司直属管理，科研人员列入国家公务员序列，科研、种子生产经费由国家全额拨款，并列入国家财政预算。各研究中心分别负责若干个府的水稻生产技术研究，直接给本区域稻农供应良种进行生产推广，同时负责本区域稻农的技术培训和稻作技术交流会，每年集中安排生产现场观摩活动，交流生产技术和田间管理经验，推动水稻生产的发展。泰国水稻研究者重点关注水稻品种改良、种子生产和技术推广，以及国际水稻技术合作和大米贸易合作。此外，在泰国各地设立了 23 个水稻种子生产中心，负责良种的提纯复壮和除杂去劣，保证高品质种子的繁育和供应。目前，泰国水稻育种研发重点是水稻品种质量、产量和抗性。

泰国除了在优质水稻市场上占有相当高的市场份额外，其中低档次水稻以及蒸谷米、糯米的市场竞争优势也很明显。泰国大米的国际竞争力除了来源于优良的品种，还包括良好的加工技术和严格的质量控制。泰国的大中型大米加工厂大多数都配备了先进的碾米机、抛光机、光谱筛选机和色选机等先进设备。大米加工质量控制主要包括 3 个方面：一是水稻加工前的收割、清洁与储存。加工企业通常要求农户对水稻的收割时间控制在成熟度为 90%～95% 时进行。水稻送到米厂后，先用谷物清洁机和去石机清洁杂草、泥土、石沙等杂物，同时检测水稻含水量。水分≤14% 直接入仓保存，超过 14% 的则送入烘干机干燥降水分后再入库保存，大型烘干机 1 小时可以烘干稻谷 100 吨。稻谷不经太阳暴晒，直接采用烘干机烘干，稻谷在 38～40℃ 的温度间逐步降低到适宜水分含量，在磨碾过程中可不同程度减轻谷粒的断裂。二是加工过程的质量控制，可最大限度提高整精米率、降低碎米率。通过调整砻谷机的进料量及胶轮间隙等有关参数，实现一次脱壳率通常控制在 90% 左右，尽量减少断米和碎米的出现。糙米用白度仪检查加工质量。白度的等级包括 20 级，泰国普遍采用多次碾白的方法提高整米率。为提高大米的商品质量和档次，优质大米的加工还要进行抛光处理，显著提高白度和亮度。三是大米色选和分级。泰国米厂对大米进行严格分级。按照泰国大米行业标准，白米分级主要是按照米粒外形尺寸来划分，根据整米率和碎米率的比例来确定等级。优质米整米率高，碎米率低，颗粒均匀。企业十分重视出厂前质量检验，建立了专门的米样检测室，对米的外形、米粒长度、米粒完整度、碾磨程度、碎米率、食味、水分含量进行专人检验，合格的才包装出厂销售。企业根据水稻生产和米业贸易要求制定了大米分级、分等的质量标准，对大米实行严格的质量管理。同时，泰国特别注重大米及其附产品的精深综合开发，例如帕图木稻米加工经营公司利用谷壳发电；HereChai 种子公司利用稻壳制成育秧配方土；还有的公司利用碎米、米糠等制作米粉、米糠油、饲料、化妆用品和洗浴用品等。不仅提高了副产品的加工效益，增加生物能源，更重要的是消除了加工污染，清洁了环境，实现了社会化的文明生产。

泰国水稻生产面临的问题主要有如下几方面：①农田灌溉设施不足，仅有 20％的稻田具有灌溉条件；②土壤肥力不断降低，内陆盐碱化严重；③水稻连年种植，病虫害发生严重；④因土壤肥力降低，病虫害发生导致稻米品质下降；⑤生产成本不断升高，产量低，水稻生产效益低下；⑥种业属于公益性的产业，企业参与很少，农民用种主要由水稻司下辖的种子中心负责提供，但其生产能力不足，农民用种有大部分为自留种，种子质量难以保证，导致产量与品质下降；⑦稻农年龄不断增长，青壮年劳动力不足；⑧农业用地增加，需水量增加，水资源紧张。另外，洪水以及长期干旱也是泰国水稻生产面临的重要挑战。

泰国研究杂交水稻技术虽然起步较早，但政策连续性不强，一段时间政府非常重视，希望发展杂交水稻增加大米产量，一段时间又因国际大米市场疲软、财政预算紧张或其他原因变得不够重视。总体来说，投入较少，且投入分散，没有长期发展规划，导致从事杂交水稻研究人员少，团队力量薄弱且不稳定，研究条件也非常有限，缺少系统的配套研究条件。在杂交水稻研究领域，资源是品种研发的基础，资源缺乏意味着培育出产量潜力大、米质好的品种的可能性显著降低。利用有限的资源来研究杂交水稻，难以培育出符合市场需求的品种。杂交水稻技术是一项系统工程，育种、制种、栽培各环节不但技术要求高，经验也非常重要。目前泰国参与杂交水稻技术研究的人员少，且大部分研究人员主要研究的是常规水稻，杂交水稻只是其研究的一个部分，在杂交水稻研究领域的技术水平与经验均不足。在育种、不育系种子生产与制种等要求经验丰富的环节，往往不能生产出合格的亲本种子和杂交种种子。

泰国政府对于水稻生产技术开展的培训很多，包括技术人员培训和农民培训。水稻司经常针对下属水稻研究中心和种子生产中心开展技术培训，研究中心与种子生产中心也经常组织辖区内农民培训。但这些培训主要是常规水稻方面的内容，关于杂交水稻技术方面的专门培训很少，而且主要是针对研究人员与技术人员，农民很难接受到相关培训。

从世界范围来看，大米是亚洲地区多数国家的主要主食，因此亚洲地区的大米生产和消费在全球的大米生产中均占有重要的地位。2004—2017 年，亚洲地区的水稻生产和消费分别占全球的 90％和 86％左右（USDA，2015）。而中国则拥有世界最大的水稻市场，占据着重要地位。除中国以外，亚洲其他的国家如印度、泰国、越南、孟加拉国均是世界主要的水稻生产和贸易国家。2017 年，中国大米产量为 1.46 亿吨，占世界大米产量的 30.20％；泰国大米产量为 0.20 亿吨，占世界总产量的 4.22％。中国的大米产量远高于泰国大米产量，是泰国产量的 7.3 倍。

2004—2017 年，中国大米产量增长了 15.31％，平均增长率为 1.10％；泰国大米总产量增长 8.00％，平均增长率为 0.56％。从中国的增长趋势来看，中国的大米产量已经达到相对稳定的状态。完善的灌溉系统、种植面积的增加、超级稻品种的采用以及化肥和农药的使用，使得中国的水稻单产处于较高水平。泰国是世界主要的大米出口国家，泰国的大米产量是其国内消费量两倍，这使得泰国一直是世界主要的大米出口国家。泰国大米产量增长较为稳定，年均增长率为 0.56％，但是泰国的大米单产较低，这是由于泰国的水稻种植多为雨养农业，并且多采用为传统的低产品种。此外，泰国种植水稻的大多数地区成熟期相同，造成劳动力和机械加工的紧张，也造成收获后耗损较高。

泰国出口的大米包括长粒米、茉莉香米以及蒸谷米。2004—2012 年，泰国大米出口量一直位于世界第一的水平。但 2012 年，泰国的大米出口量出现了大幅的下降，领先位置被印度取代。这是由于泰国政府的"典押"政策抬高了泰国大米的市场价格，使得泰国大米在世界大米市场失去了竞争力所导致。2013 年泰国的大米出口量相比 2011 年，降低了 38％。2014 年之后，泰国暂停大米"典押"政策，大米出口量有所回升，恢复至与印度同一水平。2016 年，泰国大米出口量达到 988.3 万吨。

根据表 9 - 4 数据显示，中国大米 RCA 指数相对较低，多数年份低于0.4，不具有比较性竞争优势，大米出口竞争力较弱。而泰国大米的 RCA 指数相对较高，均大于 10，具有很强的大米出口竞争力。

2001—2003 年，中国大米的 RCA 指数为 1.19～1.22，具一定的比较优势；但从 2004 年起，中国大米的 RCA 指数开始下降，由 2004 年的 0.4 下降到 2016 年的 0.13，2004—2016 年平均 RCA 指数为 0.23，不具有比较竞争优势。2001—2011 年，泰国大米的 RCA 指数均为 20～30，但从 2012 年开始，泰国大米的 RCA 指数有所下降，稳定在 15 左右。

表 9 - 4　2005—2016 年泰国—中国大米显示性比较指数（RCA）

年份	泰国	中国
2005	22.33	0.32
2006	22.09	0.51
2007	22.30	0.43
2008	26.84	0.26
2009	20.94	0.30
2010	20.24	0.20
2011	21.30	0.18
2012	15.29	0.22
2013	14.94	0.17
2014	17.12	0.15
2015	15.40	0.16
2016	16.13	0.13

泰国是世界主要的大米出口国，泰国的大米在世界上具有较强的竞争力，2011 年占全球出口量的 29%。泰国一直是大米的净出口国，2012 年成为世界领先的出口国，泰国大米的高质量、供给的稳定性使得泰国大米在国际市场上具有较好的信誉，从而具有很强的竞争力。大米在泰国的农业部门占主导地位，是出口收入的重要来源。

（五）泰国农产品投资贸易相关政策

泰国除部分产品因自然气候或地理条件差异而形成的产业内贸易合作指数较高外，其他绝大多数农产品的产业内贸易合作程度普遍偏低。现代农业经济发展落后，在研发、生产、加工等领域参与国际合作程度有限且进展滞缓，农产品产业内贸易发展低迷。泰国水果产业内贸易集中体现为水平型产业内贸易，垂直型产业内贸易合作程度不高。

泰国水果总体竞争优势为中度竞争优势，与世界水果主要出口国家相差较远，除在个别产品上具有较强竞争优势外（如鲜榴梿、鲜山竹等），其余各类产品国际竞争优势均普遍薄弱。在出口对象方面，中国同为越泰两国主要的水果出口市场，两国水果的品种与时令有较多相似性，而越南水果凭借其地缘优势涌入中国，给泰国水果增扩对华出口造成一定影响。

缺少足够的技术研究是泰国天然橡胶产业发展的一个制约因素。目前泰国国内大部分的天然橡胶企业是小型企业，缺乏资金来做研究和改善生产技术，更缺少天然橡胶生产和质量提高方面的研究人员，也缺少开展相应研究的实验室，对天然橡胶市场的前期调查研究做的工作也很少。而泰国橡胶研究机构与企业的联系不是很紧密，因此，研究成果对企业的帮助也不大。泰国企业的大部分天然橡胶生产技术都需要从国外进口，缺少自主研究与开发。泰国天然橡胶的种植面积和产量都在增加，而单位面积的产量反而下降了，农业生产水平已经出现降低的趋势，原因主要是天然橡胶的生产技术和橡胶园的管理体制有问题，没有管理好的橡胶园延伸到不适合种植橡胶树的地区，政府在促进农民种橡胶树时并没有控制好种植地区，没有培训农民种橡胶树的技能，如橡胶树之间距离、割树的技术、天气和气候等基础知识都没有培训，导致农民生产效率不高。目前泰国天然橡胶生产成本较高，比越南还要高，大部分成本（约一半）投入在劳动力的费用上面。这些问题造成了泰国橡胶产业不能得到较好发展，并阻碍了产能和品质的提高，已经存在严重的问题。

全球公认泰国生产优质大米。与其他国家比较来看，在 2011 年之前，泰国具有最强的比较显性竞争优势。但 2011 年，泰国政府的"典押"计划提供的过高抵押价格，并采用控制大米出口的政策使得泰国大米在世界丧失了较多的竞争力。这也是 2012 年，泰国大米 RCA 指数发生下滑的主要原因。2011 年泰国政府的"典押"政策承诺给国内稻农过高的大米抵押价格，并在国际市场试图通过缩减大米出口数量，进而提高国际大米价格的政策失误造成的。在此期间，泰国在国际市场上的主要竞争对手——越南和印度，抢占了部分市场份额。在 2012 年大米"典押"政策的暂停之后，泰国再次依靠其较高的大米质量、较低的碎米率以及稳定的供应，使泰国的大米出口份额回升至与世界领先水平。泰国之所有具有大米比较优势，是因为泰国具有竞争力的大米生产和加工效率，2012 年泰国稻田占农业用地总量的 47%，约为 1 120 万公顷（约为 2 770 万英亩）。泰国大部分的水稻种植都是机械化的。稻农通常租拖拉机和联合收割机种植和收割，并在耕种和收割环节雇佣合同工。2013 年，泰国大米加工厂约有 3.7 万个，雇用约 78 000 名工人。绝大多数工厂都位于泰国东北部，大米加工行业的产能过剩，其大米加工行业在全世界具有竞争优势。但是，由于劳动力不足造成的生产成本的上升也是泰国面临的主要挑战，泰国的农户生产环节成本为每吨 272 美元，进一步上升的劳动力成本会降低泰国大米的比较优势。泰国一家中等成本的生产商，平均生产成本（COP）比缅甸高出 50%，是越南的两倍。泰国的劳动力成本在东南亚最高。而导致泰国大米生产成本较高的原因包括：第一，长期劳动力短缺，因为城市和工业就业吸引工人离开农场；第二，2013 年泰国确立了最低工资，劳动力成本增加；第三，能源成本高于其他东南亚生产国，这反映出泰国机械化程度高于其邻国。泰国的生产成本上涨源于农民决定生产质量较高，产量较低的水稻品种，虽然这些成本通常被这些品种在全球市场上的价格溢价所抵消。

三、中国—泰国农业合作情况

（一）中国—泰国政府间合作成效

1997年4月，中国与泰国正式签署了《中华人民共和国农业部与泰王国农业与合作部农业合作谅解备忘录》，成立农业联合委员会，会议每18个月在中国与泰国轮流召开。农业联合委员会是中泰两国农业机构合作的一个非常重要的渠道，受到双方农业部门的高度重视，双方交流与合作领域涉及粮食生产、杂交水稻、食品加工、畜禽养殖、农业推广体系、农业耕作制度、农药管理等。2017年9月两国签署《中华人民共和国政府和泰王国政府关于共同推进"一带一路"建设谅解备忘录》，中泰双方同意加强协调配合，提升两国贸易便利化水平，促进互利共赢。双方将落实好两国政府关于农产品贸易合作的谅解备忘录，为中泰合作对接"一带一路"奠定了坚实的政策基础。近年来中国在农业领域对泰投资发展迅速，产业影响力进一步提升，2018年中国对泰投资为17.4亿美元，仅次于美国与日本，同比增长2.2倍。2019年泰国农产品贸易总额531.86亿美元，同比增长1.66%，与中国的农产品贸易总额78.967亿美元，同比增长17.97%，中国成为泰国最大农产品贸易国。

中国具有竞争优势的农产品为园艺产品、水产品及加工农产品，而泰国具有竞争优势的农产品为谷物、加工农产品、园艺产品、畜牧业类农产品。两国在农产品种类方面分别具有自身优势，如中国的水产品具有竞争力优势，而泰国的谷物具有竞争优势。中国与泰国应从所具有资源禀赋优势出发，侧重于发展竞争力较强的农产品，规避竞争力较弱的农产品。随着贸易全球化成为不可阻碍的趋势，农产品市场国际竞争愈发激烈。中国是农产品贸易大国，但距离成为农产品贸易强国仍有很大一段距离。中国农产品国际竞争力整体较弱，销往泰国的农产品与其他国家相比并不具备较强的竞争优势。中泰两国农产品贸易仍为简单的农产品之间的互换，没有形成产业化、品牌化特征。

随着农业领域不断对外开放，中国应继续推进"一带一路"倡议，与泰国及其他沿线国家积极探讨、交流经验，共享开放的国际关系。中国不断地输出优秀农业从业者，带动双方农业技术共同进步；发挥自身所具有的比较优势，进口我国所需要的农产品，实现合作共赢。两国政府高层应发挥自身作用，引导两国农产品贸易合作，进一步明确合作的方向，拓展农产品贸易合作领域，以期提高双方农产品贸易合作层次。不断完善两国基础设施建设，积极推动中泰铁路等项目合作，从而提升中泰两国的互联互通水平，减少农产品运输所消耗时间，提高农产品竞争能力。

（二）中国—泰国农业合作成效

泰国加工业主要集中于饲料加工、小麦制粉、冷冻食品加工和油料加工等领域。其饲料加工业位于世界先进行列，根据奥特奇 2017 年全球饲料调查报告，亚太地区饲料产量增加了 3%，达 3.8 亿吨，主要源于泰国和印度分别增长了 8% 和 7%，猪和宠物饲料产量增加。泰国正大集团、Betagro Group 和 Thai Foods Group 三家企业多年来饲料年产量均跻身世界 100 强之列，其中泰国正大集团饲料产量世界排名第一，2017 年高达 2 765 万吨，领先第二名中国新希望 765 万吨。饲料的主要原料是玉米、面粉、大豆及豆粕，近年来泰国政府鼓励使用木薯、甘薯等块茎研发新的饲料配方，以带动种植、畜禽养殖和加工等相关产业的发展。制粉业也在泰国发展迅速，主要生产个人消费面粉和虾饲料用粉。

正大集团成立于 1921 年，是泰籍华人谢易初先生创办的知名跨国企业，在泰国亦称卜蜂集团，英文为 Charoen Pokphand Group，简称 CPGroup。正大集团秉承"利国、利民、利企业"的核心价值观，历经近百年的蓬勃发展，已从经营单一业务的"正大种子庄"，发展成以农牧食品、商业零售、电信电视三大事业为核心，同时涉足金融、地产、制药、机械加工等 10 多个行业和领域的多元化跨国集团公司。集团业务遍及全球 100 多个国家和地区，员工超 35 万人，2018 年全球销售额约 620 亿美元。

截至目前，正大集团在中国设立企业超过 400 家，下属企业遍布除西藏以外的所有省份，员工超 8 万人，总投资超 1 200 亿元，年销售额近 1 300 亿元，拥有正大饲料、正大食品、正大鸡蛋、正大种子、卜蜂莲花、大阳摩托、正大广场、正大制药、《正大综艺》等具有广泛知名度的企业、品牌和产品。正大集团在中国的投资业务涵盖了农牧食品、零售、制药、工业、地产、金融和传媒等领域，其中，农牧食品是正大集团在中国最主要的投资项目，正大集团中国区农牧食品企业超 350 家，总投资额约 516 亿元，员工近 5 万人。饲料企业 78 家，饲料年产能 1 600 万吨。食品企业 19 家，食品年加工产能 100 万吨。养殖企业 76 家，其中产蛋鸡存栏 780 万羽，年产蛋品 11.4 万吨；肉鸡年出栏 3 亿只；生猪年出栏 335 万头；肉鸭年出栏 1 500 万羽；年供应虾苗 245 亿尾。

近年来，正大集团积极响应中国政府"振兴乡村战略"和"精准扶贫"的号召，着力发展现代农业为主的新农村建设项目，先后在江苏、河北、山东、安徽、四川、湖北、陕西、吉林等省推进规模化种植、养殖、屠宰、加工等种养结合项目，包括平谷 300 万只蛋鸡现代化产业项目、正大慈溪现代农业生态园项目、嘉峪关正大新农村现代农业合作示范项目、正大襄阳 100 万头生猪产业化项目、陕西咸阳 100 万头生猪养殖全产业链项目、吉林榆树 1 亿只肉鸡产业化项目，以及秦皇岛现代化食品厂、青岛现代化食品厂等一批具有先进科技的现代化代表性项目陆续建设投产。

为积极响应"一带一路"倡议，正大集团积极向泰国政府建言献策，推进和参与泰国东部高铁项目的发展。在泰国政府的大力推动下，东部经济走廊（Eastern Economic Corridor，简称 EEC）特区应运而生，涵盖了基础设施、新兴产业和新城发展三大板块。泰国总理巴育多次重申，EEC 已做好了全面对接"一带一路"的准备，EEC 就是"一带一路"倡议的一部分。正大集团将继续本着"共商、共建、共享"的原则，发挥自身优势，整合各国资源，继续为中国改革开放事业和推进"一带一路"倡议走出国门发挥更大的作用。正大集团长期看好中国的发展前景，并将继续坚定不移地推进在中国的投资发展战略，提供更多、更好的产品和服务，满足广大消费者对美好生活的追求，为新时代中国的经济建设和社会发展做出新的贡献，并努力为促进中泰友好和合作经贸交流发挥更大的作用。

中国热带农业科学院与泰国农业机构在蔬菜、木薯、腰果、香料饮料、热带水果等领域开展紧密合作，共同执行中泰政府间科技联委会项目 5 项（苦瓜抗白粉病基因的遗传分析及分子标记定位、苦瓜高密度遗传连锁图谱构建及主要农艺性状数量性状位点分析、腰果病虫害无公害防治技术研究与应用、腰果新品种选育及评价鉴定体系建立、木薯抗虫生理及蛋白质组学研究）、国家外国专家局引智项目 2 项（抗白粉病苦瓜种质资源引进、评价与创新利用，腰果快繁技术的引进推广）、海南省重点研发科技合作项目 1 项（苦瓜枯萎病抗性遗传分析与新品种选育）、农业农村部 948 项目 1 项（菠萝加工技术引进与产业化），与泰国兰纳皇家理工大学农业技术研究院、泰国国家科技发展署、泰国农业大学、清迈大学、泰国皇家项目基金会果树研究推广部、宋卡王子大学等单位开展了广泛交流与合作。

（三）中国—泰国农产品贸易情况

中国与泰国在国际市场中占据重要的地位，双方保持着密切的贸易来往。中国是泰国农产品贸易的第一大合作伙伴，泰国是中国在东盟中的第二大农产品进口贸易伙伴。两国在基本国情、产业贸易结构、农产品出口市场等方面较为相似，农业作为双方重要的创汇产业之一，对本国经济的发展具有重要的作用，扩大农产品出口成为推动经济持续发展的重要内容。泰国作为亚洲唯一的粮食净出口国以及"21 世纪海上丝绸之路"的积极倡导国，未来中泰双边农产品贸易合作潜力巨大、前景广阔。

2007—2018 年，中泰双边农产品贸易规模不断扩大，2007 年农产品贸易总额为 18.67 亿美元，2019 年贸易总额达到 107.42 亿美元（表 9 - 5），贸易金额增长了近 5 倍，年均增长率为 36.57%。2007 年世界金融危机的爆发使中泰 2008 年农产品贸易增速暂时减慢，但 2010 年东盟自由贸易区的建成为中泰农产品贸易迅速发展注入新的动力，中国对泰国农产品出口额由 2010 年的 11.84 亿美元增长到 2011 年的 17.34 亿美元，对泰国农产品进口额由 2010 年的 24.34 美元增长到 2011 年的 29.24 美元。此后，中国对泰国农产品进口额持续增长，2014 年农产品进口额达到 50.18 亿美元后，开始小幅度减少，2019 年达到峰值 70.20 亿美元。2007—2019 年，中国对泰国农产品贸易表现为持续逆差，2010—2015 年及 2017—2019 年中泰农产品贸易逆差均达到 10 亿美元以上，其余年份农产品贸易逆差均在 10 亿美元以下。

中泰双方政府对农产品贸易的发展给予了很大支持，构建了许多区域合作平台，包括"一带一路"倡议、"泰国 4.0 战略"、中国—东盟自由贸易区与 RCEP 协议等。2002 年，中泰两国签订的《中国—东盟全面经济合作框架协议》，标志着双方贸易合作拉开新的序幕。在此框架下，受益于"早收"计划及中泰水果蔬菜零关税协定，中泰两国农业合作不断加强，农产品贸易快速发展。2016 年泰国提出的"泰国 4.0 战略"与我国"一带一路"的发展目标及倡议理念十分吻合，有利于双方进一步开展深层次合作。在"一带一路"倡议下，中泰贸易往来明显增加。中国通过与参与国家建立利益共同体，促进了本国贸易发展与战略升级；泰国得益于"一带一路"倡议，吸引到大量外商投资，促进本国经济发展。新的区域合作平台将提供更多的政策支持，改善中泰双方农产品贸易便利化、自由化不高的情况，为双方农产品贸易给予更广阔的市场。

四、中国—泰国农业合作前景分析

（一）根据自身需求促进农产品进口结构调整

相对于幅员辽阔、农业生产多元化的中国来说，泰国因较小的国土面积和典型的热带季风气候，农业生产结构多集中于热带农业，出口品种相对集中。现今泰国出口农产品主要是以初级产品为主，高级产品为辅，产品的附加值较低。中国进口泰国的农产品主要集中于某些热带食用果蔬、大米等方面，而其他农作物则相对较少，进口农产品结构并不合理，品种单一。据近年来中国消费者调查意见反馈，泰国农产品出口结构仍未能满足中国消费者的需求。

表 9 - 5　2019 年中国—泰国农产品贸易数据

	一至当月出口金额（亿美元）	一至当月进口金额（亿美元）	一至当月出口数量	一至当月进口数量	一至当月出口金额比同期（%）	一至当月出口数量比同期（%）	一至当月进口金额比同期（%）	一至当月进口数量比同期（%）
农产品	37.231 0	70.195 4	1 823 625.583	8 033 804.954	11.31	14.73	21.49	-8.90
畜产品	1.441 6	2.381 5	13 015.154	76 110.347	-29.68	-13.70	203.92	255.90
水产品	10.194 7	6.206 4	211 584.272	138 060.523	13.94	16.92	32.42	43.35
蔬菜	8.330 5	0.383 0	629 809.801	8 095.201	5.99	24.32	-6.04	3.98
干豆（不含大豆）	0.050 7	0.104 9	5 076.112	11 167.038	45.25	29.77	39.66	24.58
坚果	0.554 4	0.467 8	18 285.658	9 671.654	29.47	10.45	1 000.14	1 452.96
水果	7.987 7	33.438 2	409 670.885	1 725 111.265	5.27	-1.78	62.14	63.81
饮品类	0.818 5	0.796 6	13 761.561	75 310.159	25.67	0.90	-6.28	-2.26
调味香料	0.148 0	0.005 3	2 152.400	40.121	141.21	121.19	32.26	22.84
谷物	0.033 1	3.898 9	7 456.195	569 374.719	25.89	32.30	-28.82	-39.34
粮食制品	1.271 6	7.531 3	182 070.885	1 579 889.709	24.15	20.09	-6.66	-2.29
油籽	0.546 2	0.039 4	36 897.563	757.363	-2.72	-2.22	-17.08	-18.41
药材	0.243 7	0.033 9	3 803.437	3 227.937	-0.59	0.29	33.91	2.75
植物油	0.051 7	0.192 3	1 384.815	13 880.437	-8.35	9.40	36.02	21.47
其他	4.317 6	5.572 7	152 931.740	465 871.238	52.76	33.72	16.17	1.97
糖类	0.992 2	3.194 4	119 594.104	868 142.190	21.60	18.54	117.57	180.89
饼粕	0.015 4	0.000 0	7 232.880	0.000	-75.01	-44.76	0.00	0.00
精油	0.052 4	0.008 0	281.130	23.794	-16.10	-19.08	-44.43	94.83
棉麻丝	0.032 4	0.179 8	1 434.044	64 196.568	29.89	102.49	7.18	20.68
花卉	0.144 3	0.154 8	6 820.582	7 101.804	17.99	32.76	-9.66	-5.24
薯类	0.004 4	5.606 2	362.365	2 417 772.887	492.63	381.80	-43.53	-41.82

中泰两国农产品具有互补性与竞争性并存的特点。因此，中国应充分发挥好自身的比较优势，及时调整与优化农产品产业结构。某些农产品要保障自给率，而某些农产品要适当进口。应根据中国自身的需求，中国可向泰国进口自身竞争力较弱的农产品，重点进口中国缺乏比较优势的土地密集型农产品及其加工品，以保障国内农产品的供给。通过下订单的方式，提前或者及时向泰国传递中国的农产品需求信息，避免因为政局、经济的动荡及自然灾害而造成农产品损失致使无法及时进口。

（二）密切合作制定互利的农产品贸易政策

近年泰国政局有些动荡混乱，示威游行频繁，交通受阻，企业不能正常营业，阻碍了外国投资者在泰的投资计划，严重制约了泰国的经济发展。泰国国内政治的不稳定也影响了其农产品出口的基本政策，致使经贸政策时有变动，连贯性较差，同时也间接影响了其农产品的出口价格，使得中国对从泰国农产品进口发展趋势的可预测性降低，双边农产品贸易风险有所提高，不利于中国进口。

为了促进中泰两国贸易的顺利进行，中泰两国应进一步巩固和发展睦邻友好合作关系，政治层面互信融洽，外交层面互尊平等，政策层面互惠扶持，为农产品贸易合作营造良好的环境。两国可通过签订相关协议进一步消除关税和非关税壁垒，建立健全统一的进出口检验检疫标准体系，适当简化通关的手续，保证贸易的顺利进行。对于近年局势出现的新变化和经济不稳定因素增加的情况，两国政府应尽力保障农业政策及出口相关政策的稳定，为规避农产品贸易风险提供服务。

（三）开辟合理海陆空通道，促进两国农产品贸易合作

据统计，2013 年中国从泰国进口的农产品物流费用占进口产品总额的18％。中国从泰国进口的农产品中，大部分是新鲜的水果和蔬菜，这些产品储存时间不宜过长，对保鲜有效期的要求较高。而中泰两国之间适宜大宗货物运输的水路和陆路运输并不发达，如泰国到中国的公路路途遥远，新鲜的农产品因长途运输难免会腐烂磕损，间接地增加运输成本。陆上运输方式的不足，需要通过海运方式来弥补，然而在海运途中为了能降低农产品的损耗，泰国需要使用 20 英寸*长的集装箱进行装运，但泰国国内该尺寸的集装箱数量较少，难以达到泰国农产品的出口需求量。此外，中泰两国制定了相对严格的海运管理标准，阻碍了两国海运的发展，同时也限

---

* 英寸为非法定计量单位，1 英寸≈2.54 厘米。——编者注

制了农产品运输到中国的方式。这些运输条件的限制，无一不导致较高的运输物流成本。

为了降低中国进口泰国农产品的运输成本，最大限度地缩减农产品在途时间，保障农产品的质量和果蔬新鲜程度，两国政府相关部门要积极进行磋商，为货物运输开辟较为安全且更为正规的海陆空通道，促进两国农产品贸易合作。同时，可在中国农产品进口运输的选择上进行积极的尝试，大量开发建设方便直接运输的公路，使出口到中国的泰国农产品以及相关制品从泰国北部进入老挝、越南，直达中国广西，再进一步销往中国各地，可减少农产品及其相关制品的运输成本。

（四）培育龙头企业，提升农产品加工技术

除了初级农产品的生产之外，农产品的初级和深加工在农产品出口中也发挥着关键作用。在技术水平不断发展的过程中，农产品加工也应遵循不断精细化的路线，使农产品的价值逐步增加。积极构建产品合作平台，增加补贴，积极参与国际贸易展览会，增加学习机会，培育龙头企业，通过主导作用不断增强企中小企业实力。完善农产品加工制度，引进先进技术和管理模式，不断开发新产品，以适应国际市场的需要。

目前中泰双方合作模式较为单一，开发规模有限、生产效率不高，为了进一步扩大企业规模，在传统合作形式上，企业要不断创新合作模式，例如，可以由双方共同出资建设中泰农业科技合作产业园，双方共同引进人才，共同承担风险和收益，所获研究成果就近转化。同时由双方出资共建中央农产品加工基地，将双方优势农产品集中到基地内进行加工，基地内实现农产品加工销售一体化，打造一批中国—泰国合作的农产品知名品牌。

（五）重视文化差异，积极培养国际化人才

我国企业在对外农业投资的过程中，文化差异不容忽视，特别是对需要利用大量东道国劳动力的农业企业而言，尊重当地文化差异，能够缓和与当地政府的关系，提升当地劳动力的工作效率。企业可以在东道国参与各种公益活动，如支持基础设施建设、辅助当地农民开展先进机械的试点工作等，可以通过扩大生产、加强产品质量，提高市场占有率，扩大收益，但绝不能牺牲产品质量以获取更高收益。企业只有树立了良好的口碑，才能进一步在国外开展对外投资，并提高竞争力，提高国际地位。同时，企业需要积极培养国际化人才，并不单纯表现在当农业部在开展人才招聘计划时积极参与，还可以通过与高校合作，定向培养，引导学生在企业进行实习等。

参 考 文 献

CHAWISA S（吴玲），2019. 泰国对中国农产品出口影响因素研究［D］. 北京：北京交通大学.

陈格，汪羽宁，韦幂，等，2019. 泰国农业发展现状与中泰农业科技合作分析［J］. 广西财经学院学报，32（3）：26 - 35.

郭晓合，鲍丽萍，2009. 泰国贸易结构变化对长三角与泰国双边贸易的影响初探［J］. 学术论坛，32（3）：100 - 104.

黄雪贞，2012. 中泰贸易的互补性与竞争性：基于显示性比较优势的实证分析［J］. 中国经贸导刊（13）：43 - 44.

胡超，王新哲，2013. 中泰农产品市场一体化的影响因素分析［J］. 华南农业大学学报（社会科学版），12（3）：96 - 103.

胡琳子，魏霜，李志勇，2020. 泰国农食产品技术性贸易措施体系［J］. 检验检疫学刊，30（3）：137 - 140.

旷乾，汤金丽，2012. 中国与泰国农产品的贸易竞争性与互补性分析［J］. 理论探讨（5）：82 - 86.

李颖，2015. 中泰自由贸易区框架下的农产品贸易效应研究［J］. 对外经贸（10）：21 - 24.

李婷婷，梁丹辉，2019. 中国与泰国农产品贸易竞争性和互补性研究［J］. 中国农学通报，35（1）：159 - 164.

李晓灿，2020. 中国与泰国农产品贸易发展提升路径研究［J］. 农村经济与科技，31（13）：155 - 158.

廖东声，周媛，2014. 中泰两国农产品贸易的比较分析［J］. 学术论坛，37（3）：76 - 80.

三木，2019. 泰国农牧业发展和贸易概况［J］. 中国畜牧业（19）：45 - 46.

TONGKAW N（志远），2015. 泰国与中国农产品贸易的竞争性与互补性研究［D］. 北京：首都经济贸易大学.

王禹，李干琼，李哲敏，等，2017. "一带一路"背景下中国和泰国农业合作研究［J］. 农业展望，13（1）：54 - 57.

颜小挺，祁春节，2015. 碳排放下中泰水果贸易影响因素和贸易潜力的实证研究［J］. 东南亚纵横（2）：50 - 54.

尹晓波，钟小英，2013. 中泰两国农产品贸易的竞争性与互补性研究［J］. 华侨大学学报（哲学社会科学版）（4）：23 - 30.

游京华，2017. 影响泰国农产品国际贸易竞争力的因素分析［D］. 北京：对外经济贸易大学.

张美慧，2016. 泰国农产品国际竞争力实证研究［D］. 北京：对外经济贸易大学.

郑国富，2017. 泰国农产品贸易发展的特征、问题与建议：以 2001—2016 年数据为例［J］. 东南亚纵横（5）：32 - 37.

周晓枫，2020. 泰国果蔬出口中国物流的发展现状、困境及策略［J］. 对外经贸实务

(7)：49－52.

GOSS J，BURCH D，2000. Rickson R E Agri－Food Restructuring and Third World Transnationals：Thailand，the CP Group and the Global Shrimp Industry ［J］. World Development，28（3）：513－530.

NA A，NP A，SS A，et al，2020. Assessment of climate change impact on rice yield and water footprint of large－scale and individual farming in Thailand ［J］. Science of The Total Environment，726.

PANUWET P，SIRIWONG W，PRAPAMONTOL T，et al，2012. Agricultural pesticide management in Thailand：status and population health risk ［J］. Environmental Science & Policy，17：72－81.

PETER W，WALEERAT S，2020. Agricultural Productivity Growth and Poverty Reduction：Evidence from Thailand ［J］. Journal of Agricultural Economics，72（2）.

WALKER A，2003. Agricultural Transformation and the Politics of Hydrology in Northern Thailand ［J］. Development and Change，34（5）.

WARR P，SUPHANNACHART W，2020. Agricultural Productivity Growth and Poverty Reduction：Evidence from Thailand ［J］. Journal of Agricultural Economics.

第十章　越南农业发展现状及合作前景

　　越南社会主义共和国（Socialist Republic of Vietnam），简称越南（Vietnam），是亚洲的一个社会主义国家，位于东南亚的中南半岛东部，北与中国广西、云南接壤，西与老挝、柬埔寨交界，国土狭长，面积约 33 万平方千米，紧邻南中国海，海岸线长 3 260 多千米，是以京族为主体的多民族国家。越南地处北回归线以南，气候属热带季风气候，气温高、湿度大（年平均湿度达到 84%）、风雨多。越南矿产资源丰富，种类多样。主要有近海油气、煤、铁、铝、锰、铬、锡、钛、磷等，其中煤、铁、铝储量较大。有 6 845 种海洋生物，其中鱼类 2 000 余种、蟹类 300 余种、贝类 300 余种，虾类 70 余种，森林面积约 1 000 万公顷。越南的煤炭主要集中分布在与中国广西接壤的广宁省，已探明的储量有 35 亿吨，从 300 米往下至 900 米的深度，估计还有 20 亿吨的储量。整个越南的煤炭储量大概在 60 亿吨左右，仅广宁省的储量就达 55 亿吨，占全国储量的 90%，堪称越南名副其实的"煤都"。越南石油资源集中分布在几个沉积带上——北部的红河沉积带、南部的九龙江沉积带和中国顺化、岘港沉积带，全国预测总储量近 100 亿吨。目前越南已经投产的油田，都位于大陆架之上，年开采总量在 4 000 万吨左右。越南的天然气资源也主要分布在南方的九龙江平原和北方的红河三角洲平原。越南有一南一北两大"谷仓"，即南部的九龙江平原和北部的红河三角洲平原，盛产稻谷；位于南部的西原和东南部区的红土地带是热带作物，如橡胶、胡椒、咖啡等的种植基地。

　　越南属发展中国家，在借鉴中国改革开放经验的基础上，于 1986 年开始实行革新开放以扭转经济颓势。1996 年越共八大提出要大力推进国家工业化、现代化。2001 年越共九大确定建立社会主义定向的市场经济体制，并确定了三大经济战略重点，即以工业化和现代化为中心，发展多种经济、发挥国有经济主导地位，建立市场经济的配套管理体制。实行革新开放的二十多年来，越经济保持较快增长速度，1990—2006 年国内生产总值年均增长 7.7%，经济总量不断扩大，三产结构趋向协调，对外开放水平不断提高，基本形成了以国有经济为主导、多种经济成分共同发展的格局。2006 年，越南正式加入WTO，并成功举办 APEC 领导人非正式会议，越南与世界贸易往来迅速增多。目前，越南和世界上 150 多个国家和地区有贸易关系。2013 年以来越对外贸易保持高速增长，对拉动经济发展起到了重要作用。2010 年货物进出口贸易总额约为 1 556 亿美元，贸易逆差 124 亿美元，其中出口 716 亿美元，增长 25.5％，进口 840 亿美元，增长 20.1％。其中服务贸易进出口总额 157.8 亿美元。2019 年越南进出口总额达到 5 170 亿美金，是 2010 年总额的 3 倍以上，充分体现了越南经济结构中国际贸易的增长和可持续发展。2019 年越南工贸部继续通过谈判和签署贸易协定促进越南的出口活动，参加谈判并签署了 16 项自由贸易协定，其中 12 项自由贸易协定已生效。2019 年，外国投资者协议投资总额达 380.2 亿美元，同比增长 7.2％，到位资金达 203.8 亿美元，越南全国新签外商投资项目 3 883 个，同比增长 27.5％，均创历史新高。从投资领域来看，外国投资商对越南 19 个领域进行投资，其中，加工制造业是吸引外资最多的领域，协议资金达 245.6 亿美元，占协议总额的 64.6％；房地产经营活动领域排名第二，协议资金达 38.8 亿美元，占 10.2％；批发零售业位居第三。2019 年共有 125 个国家和地区对越进行了投资。其中韩国协议资金达 79.2 亿美元居首位，占协议总额的 20.8％；中国香港协议资金达 78.7 亿美元位居第二；新加坡协议资金达 45 亿美元排名第三，占协议总额的 11.8％。

越南主要贸易对象为美国、欧盟、东盟其他成员国、日本以及中国。2013 年，越南 10 亿美元以上的主要出口商品有九种，分别为煤炭、橡胶、纺织品、石油、水产品、鞋类、大米、木材及木制品、咖啡。4 种传统出口商品煤炭、橡胶、石油、纺织品均在 40 亿美元以上，其中纺织品为 90 亿美元。主要出口市场为中国、欧盟、美国、日本。主要进口商品有摩托车、机械设备及零件、纺织原料、成品油、钢材、皮革。主要进口市场为中国、新加坡、日本、韩国。近两年越南对外贸易仍存在农产品等商品的市场多样化水平不高、外国直接投资企业出口对地区和全球供应链依赖程度高等问题，越南工贸部采取促进贸易方面的主要措施是巩固和拓展出口市场，充分利用自由贸易协定优势；实现进出口市场多样化，尤其是一些小市场；实现出口产品多样化，提高出口产品竞争力，开发商标等。越南是中国在东盟的最大贸易伙伴。2020 年，中国与越南贸易逆势增长 18.7％，中国是越南第三大外资来源国。中越产业高度互补，两国企业在纺织服装、农业开发及食品加工、电力工程和产品、农机等机械制造和五金制品、皮革和鞋业、医疗器械、塑料制品、建筑材料、电子电器、跨境电子商务等行业都有合作商机。

2019 年，越南被世界经济论坛（WEF）评为全球竞争能力指数和排名改善最显著的国家。据世界经济论坛（WEF）公布的《2019 年全球竞争力报告》，越南的竞争力指数在 61.5 点排名第 67 位，较 2018 年上升 10 位，增加了 3.5 点。世界经济论坛认为，越南能够取得上述良好成果的原因在于不断努力进行体制改革并积极改善经营投资环境，进而使越南的经营条件明显好转，行政审批手续进一步简化，有助于越南企业节省时间和成本。

一、对外交流与合作

越南对外关系奉行开放、全方位、多样化的独立自主外交路线，扩大并实现国际关系的全方位、多样化，以各国值得信赖的朋友和合作伙伴的身份融入区域和国际社会，重视发展同周边国家和大国的关系，积极参与和推进地区、国际的合作进程，为实现和平、独立和发展而奋斗，其对外工作重点是"融入国际社会、搞好周边关系、妥善处理与大国之间关系"。越南于1977年加入联合国，自从加入联合国以来，越南一贯主张发挥联合国和多边主义的作用，促进尊重《联合国宪章》、国际法、各国之间平等、合作与发展的关系和各民族自决权，反对国际关系中的压迫、侵略和单方面禁运行为。越南也积极落实联合国的各项目标和活动计划并取得积极成果。越南被联合国和国际社会评为实现千年发展目标的成功典范，并且是一个认真落实《2030年可持续发展议程》及《巴黎气候变化协定》的国家。越南还积极促进联合国改革倡议，特别是被评为率先开展联合国的"统一行动"倡议以提高联合国在国家一级的工作效率的国家之一。越南两次当选为联合国安理会非常任理事国，即2008—2009年任期和2020—2021年任期，其中，2008—2009年任期越南被评为出色完成联合国安理会非常任理事国的角色。越南不仅是东南亚的积极核心一员，而且还是连接东盟内地与域外各经济体的桥梁。越南在东盟对外关系发展方面发挥着日益独特而重要的作用。越南于1995年正式加入东盟，成为东盟组织的第七个成员国，这是越南融入地区经济和地区合作进程的伟大里程碑。加入东盟为越南更加全面地融入地区经济，融入国际经济敞开大门、注入强大动力，有助于提高越南的国际地位。2020年越南开始担任东盟轮值主席国职务，实施建成东盟共同体的要求和任务，对越南乃至东盟具有重大意义。2006年，越南成功举办APEC领导人非正式会议，被世贸组织接纳为第150个成员。随后，2007—2018年越南相继加入其他重要的自由贸易协及国际组织，包括东盟经济共同体（AEC）、跨太平洋伙伴协议（TTP）、越南与欧亚经济联盟（EAEU）、越南—韩国贸易协议，以及越南—欧盟贸易协议。

1991年越共七大提出了对外工作的方针，即"维护和平，扩大友好合作关系，为社会主义建设和保卫祖国事业创造有利的国际环境"，为恢复中国关系正常化以及和美国建交做好了政治铺垫。越南与美国于1995年正式建交。1997年双方首任大使抵任。2006年越美就越加入WTO达成协议，结束双边市场准入谈判，美国不再把越南列入"宗教特别关注国家"，给予越南永久正常贸易关系待遇。2017年越南政府总理阮春福对美国进行正式访问。访问期间，双方发表了《越南社会主义共和国和美利坚合众国关于推进全面伙伴关系的联合声明》，标志着两国关系提升为全面伙伴关系，将进一步推进双方在政治、外交、科技、国防、经贸等领域的合作。美国一直是越南最大出口市场，是越南纺织品服装最大出口市场。而越南是美国增长最快的出口市场，是向美国出口最多的东南亚国家。美国与越南的贸易额在 1994 年约 4 亿美元，到了 2019 年已经大幅增长到 775 亿美元，增长了 192 倍。尤其是在越南担任东盟轮值主席国职务期间，双方在政治、经济、军事、安全、经贸、等领域合作不断升温。

日本是越南重点合作的国家之一，被视为可靠伙伴和越南最重要的经济伙伴。两国于 1973 年正式建交。建交后两国关系快速发展，双方在经济、政治和文化交流等领域的合作不断扩大，两国人民的互相了解和互相信任日益加深。2002 年两国确立了长期稳定的信任伙伴关系的框架，2009 年两国一致同意设立战略伙伴关系，2014 年将其提升为全面战略伙伴关系。日本成为与越南设立战略伙伴关系的七国集团首个成员。目前，两国仍然维持越日合作委员会、关于外交国防安全的越日战略伙伴对话、越日副部长级防务政策对话、副部长级安全对话等对话机制。日本是越南第一大官方发展援助国，占越南国外官方发展援助资金的 30%；是第二大外资来源国，日本对越南投资总额为 420 多亿美元，占越南引资总额的 15%；日本是越南第四大贸易伙伴，截至 2019 年 11 月，双边贸易额达到 367 亿美元。

越南和中国是山水相连、唇齿相依的邻邦，两国人民毗邻而居，友好交往的历史源远流长。两国于 1950 年正式建交，中国也是世界上第一个同越南建交的国家。20 世纪 70 年代后期，中越关系恶化。1991 年越共七大对外政策调整后，越共中央杜梅总书记访华，标志着两党两国关系实现正常化，两党两国关系全面恢复并深入发展，高层保持频繁互访和接触，双方在各领域的友好交往与互利合作不断加强。1999 年，两党总书记确定了新世纪两国"长期稳定、面向未来、睦邻友好、全面合作"关系框架。2000 年，两国政府共同发表关于新世纪全面合作的《联合声明》，对发展双边友好合作关系作出了具体规划。2003 年，越共中央农德孟总书记对华进行工作访问，两党两国领导人均表示要继续加强和发展中越传统友谊和全面友好合作关系，进一步充实和丰富"长期稳定、面向未来、睦邻友好、全面合作"16 字方针的内涵，把中越关系不断提高到新的水平，使两国和两国人民永做好邻居、好朋友、好同志、好伙伴。2005 年时任国家主席胡锦涛访问越南，将中越两党两国睦邻友好与全面合作关系提高到了一个新的发展水平，同时也将对本地区和世界的和平、稳定、发展与合作产生积极影响。2008 年，越共中央农德孟总书记访问中国，双方发表《联合声明》，确定将两国关系提升为全面战略合作伙伴关系。2013 年李克强总理对越南进行正式访问，双方发表《新时期深化中越全面战略合作的联合声明》，进一步深化新形势下中越全面战略合作。2015年国家主席习近平对越南进行了国事访问，就进一步深化两党两国关系及共同关心的国际和地区问题与越共中央阮富仲总书记达成了重要共识，为进一步推动中越两国两党加强合作、各领域深化合作指明了方向。2017 年国家主席习近平对越南社会主义共和国进行国事访问并出席亚太经合组织第二十五次领导人非正式会议，就新形势下进一步深化中越全面战略合作伙伴关系达成了重要共识，并共同发表《中越联合声明》。2020 年是中越建交 70 周年，两党两国关系迈上新的历史起点。疫情之下中越双边贸易等合作呈现出强劲增长势头，彰显了中越关系的韧性和潜力。面对世界百年未有之大变局加速演进，中越双方始终坚持共产党领导和社会主义制度，坚持两党高层政治引领和理论经验交流，深化对社会主义事业规律性认识，坚持推进后疫情时代双边务实合作，不断发掘合作潜能，推进"一带一路"和"两廊一圈"对接合作，坚持弘扬两国传统友谊，夯实民间友好根基，培养两国青年永做中越世代友好的传承者和接班人，坚持捍卫多边主义和维护国际公平正义，通过友好协商解决矛盾和分歧，维护世界和地区和平发展良好势头。越中经济合作继续成为两国关系中的亮点。目前，中国是越南第一大贸易伙伴、第一大进口市场和第二大出口市场（仅次于美国）；越南同时是中国第八大贸易伙伴，是中国在东盟最大贸易伙伴、第五大出口市场和第九大进口市场。2019 年，双边贸易额达 1 168.7 亿美元，这是两国贸易额连续第二年突破 1 000 亿美元。越南对华出口额为 414.1 亿美元，同比仅增长 1.5 亿美元，增速为 0.36%，自华进口额为754.52 亿美元，同比增长 100 亿美元，增速为 15.3%。截至 2019 年 5 月底，中国在越南投资项目共有 2 387 个，注册资金为 151 亿美元，在对越南进行投资的131 个国家和地区排名第 7 位。当前国际环境正在发生重大变化，越南和中国在意识形态和价值观上的趋同性、在文化上的同源性、在经贸上的互系性、在外交战略上的契合性，都为两国合作发展创造了有利条件。双方要全面有效落实高层领导的共识，增进政治互信，推动各领域务实合作，进一步加强民间交流，巩固两国关系的社会基础，共同维护地区的和平稳定，妥善处理分歧，推动越中全面战略合作伙伴关系稳定、健康、深入发展，造福两国人民，并为世界和地区的和平、稳定作出贡献。

二、农业发展情况

（一）越南农业基本情况

农业是越南国民经济的支柱产业，农业产值约占国内生产总值的 30%。

粮食作物包括水稻、玉米、马铃薯、番薯和木薯等，经济作物主要有咖啡、橡胶、腰果、茶叶、花生、蚕丝等。粮食作物以水稻为主，水稻产量占粮食产量的85％以上。据越南农业与农村发展部统计，越南十三大主要农产品包括水稻、咖啡、橡胶、腰果、胡椒、茶叶、蔬果、木薯及其制品、猪肉、禽肉和禽蛋、查鱼、虾类、木材及其制品等。

2018年越南农业继续取得了令人印象深刻的成就，增长率达3.76％，是3年来最高水平，其中农林产品出口超过400亿美元，刷新历史纪录；全国新成立的农业企业共2 200家，同比增长12％。未来十年，越南力争进入世界上农业最发达的15个国家名单，其中在农产品加工领域跻身世界前十名。另外，越南致力成为世界上一流的木制品和林产品加工出口中心和虾类生产基地。

（二）越南主要农产品种植业基本情况

新思界产业研究中心发布的《2018—2022年越南大米市场投资环境及投资前景评估报告》显示，越南大米已出口到世界132个市场，其中中国仍是越南大米最大进口国，占越南大米出口市场份额39.8％，越南对该市场的大米出口量和出口额连续增长。据中国天津检验检疫局工作人员介绍，2017年经该局检验检疫的进口大米达3.32万吨，其中越南大米占大米总进口量的73.9％。

从FAO发布的数据可知，1989—2018年近30年间越南水稻产量稳步提升，2018年产量达4 400万余吨（图10-1）。

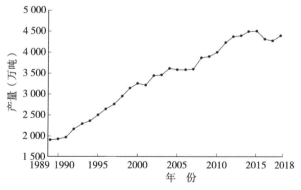

图10-1 1989—2018年越南水稻产量

资料来源：FAO。

水稻在越南国民经济与农业发展中占有极其重要的地位，越南农业与农村发展部于2016年5月23日发布了《越南水稻产业2020年重建战略及2030年展望》，旨在塑造越南大米品牌、提升农业生产效率。

玉米是越南重要的粮食作物，集中于北部丘陵山区（如山罗省）、西原地区（如多乐省）等地，种植面积 100 万公顷左右。红河平原、湄公河三角洲及沿海平原地区主要种植蔬菜，面积约 85 万公顷。从 FAO 发布的数据可知，1989—2018 年近 30 年间越南玉米产量稳步增长，2015 年达 528 万余吨，后受种植积影响，2018 年下降至 487 万余吨（图 10 - 2）。

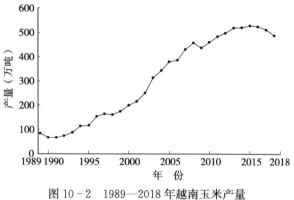

图 10 - 2　1989—2018 年越南玉米产量

资料来源：FAO。

越南是世界第二大咖啡出口国，2016 年，越南咖啡总种植面积已达 64.5 万公顷，咖啡豆总产量达 141 万吨，居世界第二，全国超过 100 万人从事咖啡生产与加工，部分省份咖啡对当地 GDP 的贡献达到 30%。从 FAO 发布的数据可知，1989—2018 年近 30 年间越南咖啡产量稳步提升，2018 年达到 161 万余吨（图 10 - 3）。

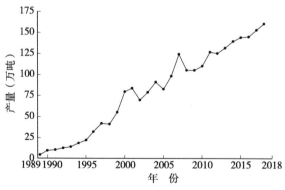

图 10 - 3　1989—2018 年越南咖啡产量

资料来源：FAO。

越南橡胶产量在 2015 年突破 100 万吨，目前种植面积约 80 万公顷，橡胶产业为越南第二大出口创汇产业，其中中国是越南橡胶及其制品主要进口国。从 FAO 发布的数据可知，1989—2018 年近 30 年间越南橡胶产量稳步提升，2018 年达到峰值 113 万余吨（图 10-4）。

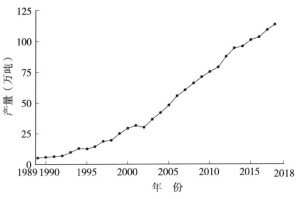

图 10-4 1989—2018 年越南橡胶产量

资料来源：FAO。

在越南的农产品中，腰果是经济价值比较高的农作物之一。在国际市场上，越南腰果如果能够卖出很大的销量，将会大大促进越南经济的发展。从 FAO 发布的数据可知，从 2000 年开始，越南腰果产量激增，2018 年达 266 万余吨（图 10-5）。

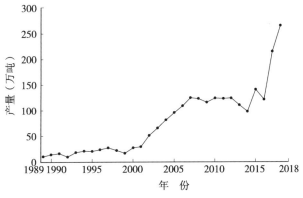

图 10-5 1989—2018 年越南腰果产量

资料来源：FAO。

越南农业与农村发展部农产品加工与市场发展局表示，截至目前，越南成为世界第七大茶叶生产国和世界第五大茶叶出口国。目前，越南全国茶叶种植面积为 12.4 万公顷，茶叶加工生产厂 500 家，年均干茶叶产量为 50 万吨。从 FAO 发布的数据可知，从 2000 年开始越南茶叶产量稳步增长，2018 年达 27 万余吨（图 10-6）。

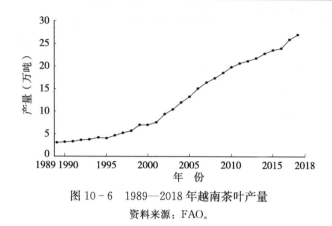

图 10 - 6 1989—2018 年越南茶叶产量

资料来源：FAO。

（三）越南农资市场基本情况

越南全国化肥需求量呈逐年上升趋势，由 2000 年 500 万吨需求量增加至 2018 年约 1 100 万吨，从化肥增量上也可看出越南农业发展状况及重要程度，肥料需求比例为尿素需求量约 220 万吨，生物氮肥约 90 万吨，钾肥约 90 万吨，磷酸二铵约 90 万吨，复合肥约 400 万吨，磷肥约 180 万吨。

越南肥料有 50% 左右磷肥及 95% 以上复合肥自己生产外（大部分掺混肥料），其他肥料基本靠进口，特别是钾肥几乎全部进口。

越南国内大小肥料生产企业有 500 家左右，总设计产能约 800 万吨，较大的生产企业有富美氮肥、金瓯氮肥、越南化学工业公司等。中越之间肥料贸易往来始于滇越铁路。1992 年 6 月 8 日，原云南红河州磷肥厂（现为云南云天化红磷化工有限公司）在中越口岸河口县设立红磷商行，开启中越贸易。1996 年 8 月，该公司通过日本三井物产公司向越南出口磷酸二铵 30 吨、复合肥 60 吨，从此该公司磷铵系列产品不断流入越南境内。目前该公司每年近 50 万吨产品在越南市场销售，运输渠道也由铁路扩展到公路及海运，较大程度上推进了越南农业发展与农户的增产增收。

越南市场上广受欢迎、销售最好的复合肥配比有 20 - 20 - 15、16 - 16 - 8、15 - 15 - 15（S）等，肥料市场竞争非常激烈，很多厂商为某一作物设计开发专用肥，并添加中微量元素、腐殖酸等提升产品附加值。磷酸二铵市场上，竞争空前激烈，个别厂商为抢占市场，已几乎将产品品质提升到极致，韩国厂商推出高水溶性磷酸二铵（产品水溶磷≥43%，氮≥17.8%），云天化推出高氮优质磷酸二铵产品（18 - 48 - 0，总养分 66%）。

越南沿海和平原地区适于机械化种植与收割，但自身产能有限。据相关统计数据，目前越南境内农业机械只能满足 15%～30% 的农业收割需要，大部分的农民由于缺乏资金仍然采用手工收割。此外，越南的水稻田相对于国外无水稻田更潮湿泥泞，这也限制使用从国外进口的现代农业机械。据《越南经济时报》报道，越南农机协会主席黎玉坑表示，目前，越南从日本、中国、韩国、泰国等进口的农业机械占七成，本国生产和组装仅占三成。中国东风、玉柴等农机价格实惠，在越南享有很高的知名度。

越南经济改革比中国晚。在农药行业，越南与中国在市场竞争方面有一定差距。从产业来看，越南目前农药产品种类只有 3 000 多个，而中国农药产品登记的种类已经超过了 27 000 多个。在越南的各类农作物中水稻是使用农药的第一大作物，而且杀菌剂的用量是三类农药中用量最大的。水稻的病害主要有黑条矮缩病、黄萎病、叶瘟、穗子瘟、斑点条纹细菌，玉米主要发生的虫害是欧洲玉米螟和蚜虫，病害是纹枯病；龙眼、荔枝等南方水果的病毒病发生也较为严重，例如龙枝病这种病毒病。可以看出，越南的农药市场潜力很大，值得中国农药行业深入关注。

越南政府根据市场需求鼓励农民发展畜牧业尤其注重发展瘦肉型猪，增加牛、羊、家禽养殖。越南全国生猪存栏 2 000 万头左右，黄牛、水牛、奶牛及家禽存栏量逐年上升。畜牧业的发展为越南国内提供丰富的产品，而且已经出口到国外市场。同时，越南也大力发展其他农业经济，近年来从事农业、林业、水产业的户数结构也发生了变化，从事水产业、林业的户数增多，从事农业的户数下降。

（四）越南农产品投资贸易相关政策

越南大米作为越南农业发展的重要组成部分，得到了越南政府的大力支持。在越南大米的贸易过程中，越南政府以一个支持者的身份，以防止越南大米的发展受到损害。如果某年越南的大米滞销，越南政府会以高于市场价格的价格向农民购买大米，保证农民收益。越南政府还向参与出口贸易的农民提供补贴，提倡越南农民积极参与国际贸易，扩大产品的销售市场。越南政府制定了合理的质量检测标准，帮助农民种植、生产合格的农产品，从根本上保证出口农产品的质量。

越南现行关税制度包括 4 种税率——普通税率、最惠国税率、东盟自由贸易区税率及中国—东盟自由贸易区优惠税率。普通税率比最惠国税率高50％，适用于未与越南建立正常贸易关系国家的进口产品。原产于中国的商品享受中国—东盟自贸区优惠税率。

根据中国—东盟自贸区货物贸易协议，越南 2018 年前对 90％的商品实现零关税，2020 年前对其余商品削减 5％～50％的关税。中国 2011 年实现 95％的商品零关税，2018 年对其余商品削减 5％～50％关税。申报中国—东盟自贸区优惠关税应满足原产地规则和直接运输规则。根据东盟规定，2018 年起，越南与东盟成员国之间农产品、食品等多数商品将实现零关税。

三、中国—越南农业合作情况

（一）中国—越南政府间合作成效

中国与越南同为农业大国，农业合作历史悠久，合作是两国农业发展的共同利益诉求，能够促进利益共享、优势互补。中国和越南山水相连，两国在意识形态、发展道路、社会制度、价值理念等方面高度一致，把双边关系发展好符合两国和两国人民根本利益。自中越关系稳定和正常化后，双方市场充分打开，发展势头良好。2015 年，两国农业部签署了关于加强农业合作的谅解备忘录，成立了副部级的中越农业合作联委会机制。该备忘录务实推动两国农业领域的合作，具体包括农业研究、技术、贸易和动植物品种的培育、追踪和疾病防控；农业机械设备的生产；农产品加工、专家交流和信息互通。农业合作联委会首次会议于 2018 年在河内成功召开，确定了杂交水稻、跨境动植物疫病防控、农业经贸、能力建设等重点合作领域。区域合作方面，中越双方在东盟与中日韩、中国与东盟、澜沧江—湄公河合作、大湄公河次区域经济合作等合作框架下相互支持、相互协调、相互配合，取得了很好的效果，为维护地区和全球粮食安全做出了积极贡献。

2010 年，中国—东盟自贸区顺利建成，较低水平的农产品关税成为中越两国加强农产品市场贸易的坚实基础；2013 年，中越双方签订《农产品贸易领域合作谅解备忘录》；2016 年，中国越南成为东盟中第一大贸易伙伴国；2018 年，中国成为首个与越南双边贸易额突破 1 000 亿美元的贸易伙伴；2019 年中央一号文件明确提出加强"一带一路"沿线国家农业领域合作，要求拓宽农产品贸易渠道，并扩大国内紧缺农产品进口；2020 年再次明确"增加适应国内需求的农产品进口"。当前，随着"一带一路"倡议的深入推动，中越两国农产品贸易关联度不断提高，前景广阔。

（二）中国—越南农业合作成效

2020 年，越南农业与农村发展部与中国海关总署召开视频会议，签署《越南烧仙草出口中国植物检疫要求议定书》，越南农业与农村发展部部长阮春强对中国海关总署署长倪岳峰和中方有关人员积极推动签署越南烧仙草出口中国植物检疫要求议定书给予高度评价。双方就进一步促进两国市场开放和贸易往来的措施展开讨论，从而为口岸通关顺畅创造便利条件。

中国已同意指导双方有关部门以线上形式或视频形式对越南产的燕窝进行评估和审定。阮春强希望中方早日对越南榴梿和红薯开放市场。他建议中国海关总署运用同燕窝一样的灵活检查方式（线上形式或视频录播形式）对有关产品进行检查。继榴梿和红薯之后，阮春强建议中方优先向越南柚子和百香果发放许可证。对于包括燕窝在内的养殖业产品，在进行线上评估之后，阮春强建议中国海关总署加快推动签署各项手续，早日签署协定书，就出口检疫证达成一致，向具备出口条件的越南企业提供编码。对于奶类产品，中国有关部门已积极配合向越南5家乳制品工厂提供向中国出口产品的许可证。阮春强建议中方继续支持并优先向具备条件的11家乳制品生产厂中的部分工厂发放许可证。对于水产品，目前中国已向750家越南水产品加工厂、7家螃蟹和龙虾包装厂、69家养殖场发放许可证，越南共有128类水产品和48个水产品种类获准向中国出口。阮春强建议中方增加向部分水产品加工企业和包装厂以及部分水产品发放许可证。

中国海关总署署长倪岳峰表示，双方在红薯和榴梿产品的风险评估中取得了积极成果，但由于受新冠肺炎疫情影响，中国未能派遣专家赴越进行实地检查。对于柚子和百香果，中方已向越方通报有关风险评估的结果并等待越方答复。对于燕窝，中方已完成风险评估资料档案。双方可继续讨论具体的技术条件以便推动该产品早日向中国出口。对于增加向越南部分乳制品生产厂、水产品企业和水产品发放出口许可证事宜，倪岳峰表示，中方正在按照程序完成档案资料的审定工作，在不久的将来，部分企业将获得向中国出口上述产品的许可证。对于刚刚签署的RCEP协定，阮春强和倪岳峰同意继续致力促进两国经贸合作关系发展，为各自国家的经济发展做出积极贡献。越南农业与农村发展部将积极配合有关部门，以便在签署议定书之后开展有关工作。

双方同意两国有关部门开通热线电话，及时解决两国在贸易中存在的困难和问题，满足两国农业发展的需求。双方同意加强打击走私和动物检查工作，强化跨境动物传染性疾病防控工作，提升双方检疫能力。对于中方提出的杂交水稻种子进出口问题，阮春强表示，越南高度评价并支持中国的杂交水稻种子在越南播种。该部门将指导各研究院对此事加以研究。

目前，越南是中国在世界上的第七大贸易伙伴和东盟的第一大贸易伙伴。双方在农业领域签署了13项合作文件，旨在促进两国农产品贸易。越南和中国的互补性较强。越南对中国出口的主要产品包括食品、经济作物、热带蔬果、水产品。中国向越南出口农业物资和设备、温带产品、加工农产品等。

（三）中国—越南农产品供应链合作成效

越南土地肥沃、水热充沛，与中国山水相依，是我国农产品进口的主要来源地之一。2004年，中国与东盟为推动自贸区建设启动"早期收获计划"，农产品贸易率先实行"零关税"，越南等国的农产品便纷纷进入中国市场。

中国庞大的消费市场，就是越南农产品企业的巨大机遇。越南为了适应中国高端市场需求，乐威福公司采取"公司＋农业基地"的生产模式，在农产品生产过程中建立了完整的产品质量信息溯源体系，每一个西瓜都能查询到生产基地和运输、检验等信息。他表示，随着中国"一带一路"建设和越南"两廊一圈"建设的开展，中国与越南之间的交通、物流更加便捷，目前至少有 3 条高速公路连接中越边境的陆地口岸，产自越南的农产品能够越来越快地运达中国市场。

为了拓展中国市场，乐威福公司一直在寻找中国的合作伙伴。2018 年，乐威福公司副总裁阮越俊在越南中国商会广西企业联合会会长欧奎的陪同下，乘车从越南河内前往南宁参加第十五届中国—东盟博览会。在高速公路服务区休息时，他们巧遇了同样参加博览会的广西靖西万生隆投资公司董事长杨万生。

作为从事陆地口岸综合体建设运营的中国企业，万生隆公司在中越边境龙邦口岸投资的国际商贸物流中心，是"一带一路"、中国西部陆海新通道的重要项目，也是越南等国对接中国的贸易、物流通道和枢纽。有了初见之缘，两家公司组团到越南南部果蔬主产区、北部边境地区，以及中国贵州、四川、重庆等地开展联合考察。在成都、重庆，乐威福公司副总裁范玉印考察多个农贸市场发现，越南的农产品受到消费者的青睐。而龙邦口岸直达重庆、四川的高速公路已经建成通车，更是坚定了他与中国企业合作的信心。

经过多轮讨论，双方决定投资 20 亿元人民币，在与龙邦口岸相连的越南茶岭口岸共同建设面向中国市场的现代化农产品中转中心，依托"互联网＋"和智慧口岸服务体系，构建从原材料产地到工厂，再到终端配送环节的现代化贸易、物流、仓储、信息、金融服务的农产品跨国供应链和价值链。茶岭口岸位于高平省，是越南北部主要的陆地口岸。2017 年 1 月，越南茶岭—中国龙邦跨境经济合作区试点建设，口岸建设迎来了新的发展。

"越中两国友好合作全面发展，两国企业共建的乐威福农产品中转中心将成为中越农产品贸易合作的枢纽平台。"阮越俊说，2019 年，越南农产品出口总额达到 420 亿～430 亿美元的目标，中国成为越南农产品的主市场。

2020 年是中越建交 70 周年，也是中国广西与越南边境四省党委书记举行新春会晤 5 周年。此次新春会晤活动以"增进传统友谊、深化务实合作"为主题，在友好、坦诚、务实的气氛中，各方共同回顾并高度评价了 5 年来特别是 2019 年在越南谅山会晤联谊以来取得的丰硕成果。各方一致认为，当前和今后一个时期是中越全面战略合作伙伴关系重要发展期，应深入贯彻落实两党两国达成的重要共识，以本次新春会晤为契机，加强战略沟通，深化务实合作，共同研究未来合作方向和重点，为从地方层面更好服务中越全面战略合作伙伴关系持续健康稳定发展提供新动力。

（四）中国—越南农产品贸易情况

2019 年，中国与越南农产品贸易规模较 2018 年呈弱增长态势，进出口规模达 616.69 亿元，其中中国进口 233.67 亿元，出口 383.02 亿元，中国处于顺差地位。全年贸易总额仅增长 4.1%，低于 2019 年中越贸易 9.6% 的增幅。从进口商品品类看，2019 年，中国从越南进口最多的农产品是水产品，进口额达 9.75 亿美元；其次是食用水果及坚果，进口额达 8.85 亿美元；再次是麦芽淀粉等制粉工业产品，进口额 3.13 亿美元。其他农产品中，中国从越南进口谷物 2.4 亿美元，进口蔬菜水果制品 1.79 亿美元，进口饲料及食品工业残渣 1.82 亿美元。从出口商品品类看，2019 年，中国对越南出口最多的农产品是蔬菜，出口额达 18.6 亿美元；其次是水果及坚果，出口达 14.2 亿美元。其他农产品品类，水产品出口 2.5 亿美元，茶及调味香料出口 2.65 亿美元，蔬菜水果制品出口 2.7 亿美元，配制饲料及食品工业残渣出口 2.1 亿美元，其他动物产品出口 3.75 亿美元。

四、中国—越南农业合作前景分析

（一）积极挖掘农业科技合作潜力，提升中越两国农产品贸易总量

"一带一路"倡议的提出，为中越农业科技合作质量的全面优化提供了良好条件。双方应积极挖掘农业科技合作潜力，更好地利用这一机遇加速农业的升级。新常态下，我国急需与国际农业进行全方位对接与合作，以解决深层次的结构性矛盾。越南则受限于其农业发展阶段及整体科技研发水平，农业科技需求较为迫切，需求面较广。近年来，两国政府及地方科研机构、院校等的合作应多集中于作物种植技术推广示范、种质资源引进与示范、动植物疫病防治、渔业等方面，我国的农产品加工技术及养殖技术等在越南也越来越受欢迎，这些均可作为中越双方今后重点合作领域来共同推进。依托两国地理与气候差异形成互补性优势，充分挖掘中越两国内地消费市场，增扩贸易总量。推进两国海关、质检部门协商，增大进口农产品种类将是有效提升中越两国农产品贸易总量的重要途径。

（二）共同交流，开发两国互补性农业技术

水稻是越南第一大粮食作物，大米是其重要的出口创汇商品。2012 年，越南首度超越泰国成为世界第一大米出口国。但是，目前中越农业科技合作探析种技术发展较慢，种子主要依赖进口，每年杂交水稻种子进口量约 2 万；品种选育进展缓慢，新品种主要引自我国，试种后在越南全国推广。由此可

见，中越两国在种子技术方面仍具有可观的合作潜力和前景，可在杂交水稻自主选育、制种新技术等方面进行深入合作。

共同开发利用有机肥料是中越农业科技合作的一个重要契机。越南肥料工业发展较慢，肥料研发能力不高，近年来对我国肥料的年进口量均达 400 万吨以上。无机肥料和化肥占越南肥料总使用量的 90％以上，有机肥占比较小，因此肥料使用效果通常只有 45％～50％。越南每年约产生 6 000 万～7 000 万吨农业废弃物及 2 000 万吨可用于有机肥生产的水产养殖废弃物，此外，越南丰富的污泥资源对于有机肥生产也极具价值。

我国畜牧业养殖技术较发达，经验丰富，近年来从事畜牧业生产劳动的人口已超过 1 亿，畜牧业产值已占我国农业总产值的 34％。近年来越南生猪养殖技术发展较快，工业化养殖程度较高；养牛业相对发展较慢，技术相对落后，目前主要依靠农户以传统方式小规模散养，牛肉加工技术欠发达，产量较低；禽类产品产量巨大，但养殖周期高于全球平均水平，且所用兽药及饲料均依赖进口，因此产品价格也远超全球平均水平。此外，越南畜禽饲料研制和加工技术落后、设备紧缺，饲料质量及经营规模也远远落后于我国。

越南在农机研发制造方面进展非常缓慢，且主要偏向价格低廉的小型农业机械的生产，质量及专业性较差。直至 2015 年，越南农机仍只能满足 32.6％的市场需求，农机化水平急需进行跨越式发展。我国的农业机械研发水平较高，生产技术较为先进，且农机产品品牌众多，质量过硬且价格仅为越南当地同类产品的一半，因此在越南市场广受欢迎。

（三）促进生产链合作投资，保证食品质量安全

近年来，越南和中国之间的农产品贸易取得了积极的发展。然而，由于新冠肺炎疫情的影响，2020 年前 9 个月，越南与中国之间的农产品进出口总额仅超过 98 亿美元，同比下降 8.6％。越南对中国的大部分主要出口产品均下降，蔬菜和水果的出口额仅为 14 亿美元，下降 25.9％。越南的水果和蔬菜出口企业显示出快速适应和稳定增长的能力，运往中国的蔬菜和水果基本得到维持。

尽管出口许多食品和农产品到中国，越南的企业仍然很难了解中国市场新消费趋势。这导致越南对出口到中国市场的产品的投资与生产仍然遇到诸多困难和阻碍。越南食品企业需要提高产品质量，改进产品型号，打造品牌。对于食品（如新鲜农产品，肉类和牛奶），最有效的营销策略是将出口产品工业化。食品公司应该把重点放在价格政策上，并确保数量和质量的一致性，扩大对营销的投资，建立和推广品牌。对于特殊食品，企业需要聘请合作伙伴深入研究市场。

两国当局应集中于普及建立地方、行业协会、商业团体，以掌握政策变化和新法规等，从而提高执行和满足双方市场法规的能力，促进农产品的进出口。促

进越南和中国企业在生产链上的合作与投资，确保食品质量，安全标准符合中国市场法规。为双方提供共同利益，并发展稳定和可持续的农产品消费市场。

（四）提高农产品加工技术，促进农业产业可持续发展

越南农业加工行业需求较大，主要包括建立中小型农产品加工企业，以及大宗农产品和蔬果、鲜花等采后保鲜和加工、农产品废弃物的资源化利用等技术需求。我国农产品加工业经过多年发展，规模化趋势明显，目前已成为支柱产业和重要民生产业，也是近年来国内发展速度最快的产业之一，加工设备已初步满足行业基本需求，加工工艺及技术水平大幅提高。此外，我国每年产生农业废弃物资源超30亿吨，农业部也大力倡导和支持废弃物资源化利用。

中国与越南地区农产品产业成本差距不大，并且在加工环节具有一定的规模优势；通过探究各环节的成本构成，中国的土地、机械及化肥等各项投入费用要明显高于南亚和东南亚的地区，较高劳动力、土地及其他生产资料投入费用是造成中国水稻生产环节成本较高的主要因素。在加工环节，较高的劳动力及运输费用是推高中国加工商单位成本的主要因素；在交易商环节最主要的成本依次为劳动力成本、仓库及摊位租赁费用及交通运输工具燃料及维护费；而在中国地区的零售商环节，较高的劳动力成本及摊位及仓库租用费用也是造成中国零售商成本较高的主要原因。在中国水稻产业竞争力不断下降的当前，投资越南水稻产业升级，互利互助是不错的选择。

（五）提升农产品国际竞争力，提升农业人才素质

越南政府应高度重视高附加值农产品产业，急需按照国际农产品市场要求，对标先进国家，建立符合自身农业国情的农业加工标准体系，提升农产品国际竞争力；急需引进和吸收先进的农产品加工理念、标准、经验和技术对本国企业进行提升，将本国丰富的农业资源转化为实际的生产效益，保持国企对外资企业的竞争力；急需大量相关高层次人才进入加工产业，提升从业人员的专业技能和平均素质；急需更多的资金注入，吸引更多投资向农产品加工产业倾斜，建立可持续的金融支持体系。

加强中越两国企业联合，建设面向中国市场的现代化农产品中转中心，依托"互联网＋"和智慧口岸服务体系，构建从原材料产地到工厂，再到终端配送环节的现代化贸易、物流、仓储、信息、金融服务的农产品跨国供应链和价值链。完善农产品贸易协商机制，增扩贸易规模推动两国高层合作共识与政策的有效落实，加强相关部门对话协商，完善双边农产品贸易合作机制，及时化解贸易纠纷，减少贸易摩擦，为两国农产品贸易合作发展营造良好的氛围。

鼓励我国农业科教单位加大对越农产品加工技术交流和人才培训，同时，

对越方入华参加各类农产品加工技术和人才交流合作项目给予支持。在以上工作的基础上，积极引导越南农产品加工产业与国际市场接轨，形成规范体系。引导越南面向我国农产品进口的需求，提供互补性优势农产品，以利于我国逐步扩大对越农产品进口。

参 考 文 献

成汉平，2020. 中越外交七十年：传承与创新［J］. 北京：人民论坛·学术前沿（6）：76‐83.

黄国安，1988. 近代中越关系史资料选编［M］. 南宁：广西人民出版社.

梁丹辉，2017. 中国与越南农产品贸易特征变化研究［J］. 北京：中国食物与营养，（1）：47‐50.

廖雨葳，罗富晟，2019. 中越天然橡胶产业对比分析［J］. 襄阳：农村经济与科技，（16）：129‐131.

匿名，2019. 近期全球咖啡市场产销动态［J］. 世界热带农业信息（12）：33‐35.

匿名，2016. 越南农产品出口的动力及展望［J］. 世界热带农业信息（4）：21‐22.

匿名，2016. 越南橡胶业的发展前景［J］. 世界热带农业信息（11）：12‐13.

匿名，2017. 越南农业部拟扩大转基因玉米种植面积［J］. 沈阳：农药，56（1）：64.

潘航（PHAN THI VIET HANG），2018. 越南农产品出口贸易竞争力研究［D］. 武汉：武汉大学.

阮玉光，2017. 越南茶叶出口业务的现状与对策研究［D］. 北京：北京交通大学.

佟光霁，刘畅，2020. 中越农产品贸易特征及影响因素实证研究［J］. 北京：商业经济研究（15）：136‐140.

熊波，2020. 中越全面战略合作行稳致远［N］. 北京：国际商报，（004）.

张晋创，2011. 胡志明文集［M］. 河内：越南真理国家政治出版社，4‐5.

PHAM H V，DINH T L. 2020. The Vietnam's food control system：Achievements and remaining issues［J］. Food Control，108：106862.

RAVALLION M，WALLE D，2006. Land Allocation in Vietnam's Agrarian Transition［J］. Policy Research Working Paper，116

REARDON T，2015. The hidden middle：The quiet revolution in the midstream of agrifood value chains in developing countries［J］. Oxford Review of Economic Policy，31（1）：45‐63.

SAENGER C，TORERO M，QAIM M，2014. Impact of Third‐party Contract Enforcement in Agricultural Markets：A Field Experiment in Vietnam［J］. American Journal of Agricultural Economics，96（4）：1220‐1238.

TRAN D，GOTO D，2019. Impacts of sustainability certification on farm income：Evidence from small‐scale specialty green tea farmers in Vietnam［J］. Food Policy，83：70‐82.

WANG H，MOUSTIER P，Loc N T T，2014. Economic impact of direct marketing and contracts：The case of safe vegetable chains in northern Vietnam［J］. Food Policy，47：13‐23.